Com certeza: Leda Nagle

Com certeza: Leda Nagle, melhores momentos

AGIR

Capa e projeto gráfico
MARCELO MARTINEZ | LABORATÓRIO SECRETO

Foto de capa
SIMONE MARINHO | AGÊNCIA O GLOBO

Foto de quarta capa
ACERVO ARACI NAGLE

Preparação de original
JORGE AMARAL

Revisão
ALEXANDRE ARBEX
REBECA BOLITE

Produção editorial
MAÍRA ALVES

AGIR EDITORA LTDA. – uma empresa Ediouro Publicações
Rua Nova Jerusalém, 345 – CEP 21042-235 – Bonsucesso – Rio de Janeiro – RJ
tel. (21)3882 8200 | fax.(21)3882 8212/8313
www.ediouro.com.br

CIP-BRASIL. CATALOGAÇÃO-NA-FONTE
SINDICATO NACIONAL DOS EDITORES DE LIVROS, RJ

N1431

Nagle, Leda, 1950-
Com certeza: Leda Nagle, melhores momentos / Leda Nagle. – Rio de Janeiro: Agir, 2009.

ISBN 978-85-220-0838-4

1. Celebridades - Brasil - Entrevistas. I. Título.

09-0684.   CDD: 920.02
CDU: 929

Texto estabelecido segundo o Acordo Ortográfico da Língua Portuguesa de 1990, em vigor no Brasil desde 2009.

Ao Duda,
meu filho e meu amigo.

INTRODUÇÃO

Como a palavra escrita tem força... E olha que eu faço televisão há mais de trinta anos. Entrevistas na TV, há trinta. E sou muito feliz por isso e com isso. Não fico tensa, leio sobre os assuntos, me preparo, mas não elaboro perguntas nem faço planos ou questionários. Gosto de conversar e acho que uma boa entrevista é uma boa conversa, sem voz empostada, sem maiores dramas. É natural, simples. Uma coisa puxa a outra e acontece. Ou não. Algumas entrevistas não acontecem nunca, algumas eu sei por quê, outras só posso especular, supor, rir ou lamentar.

Mas como a palavra escrita tem força... Bastou a ideia de transformar as entrevistas em livro para virar um drama, um "deixa para amanhã", um adiar sem fim. A princípio eu queria que todas as entrevistas fossem definitivas, o que é impossível. Tudo muda a toda hora. As perguntas, os projetos, as ideias. Mas algumas entrevistas são boas ontem, hoje e amanhã. Foi com esse espírito que selecionei essas conversas que aqui estão. Entrevistas que marcaram grandes momentos na minha vida em tempos diferentes.

Tomara que vocês gostem de ler esses papos como eu gostei de vivê-los. Com certeza.

ENTREVISTAS

ALCIONE

Alcione é minha irmã. Solidária, amiga, generosa, afetiva. Adoro a Marrom. Gosto tanto dela que brinco dizendo que meu nome é Leda Nagle Nazareth, só pra oficializar a nossa "irmandade". A casa da Alcione está sempre aberta, assim como o coração dela, para os amigos. E é sempre alegre, com muita comida, muitas gargalhadas, muitas histórias. Alcione está sempre, verdadeiramente, preocupada em ajudar. Está sempre prestando atenção no outro. Ela gosta de compartilhar, de dividir, de somar. É do tipo que chega junto mesmo, que gosta de fortalecer o outro ou os outros. É a mesma Alcione dos tempos de Copacabana, do bolo de aniversário que subia pela janela do apartamento da Bolívar como se fosse um piano. É a Alcione que ama o Maranhão, seus tambores e sua riqueza cultural. É a rainha das frases bem-humoradas, tipo "Mulher branca é que fica nervosa, mulher da minha cor fica putona", "De minha autoria e Jamelão, fui", "Tô na área, se derrubar é pênalti", "Neguinha é seu passado". É como ela mesma diz: "Não é uma qualquer"...

L.N: **O começo foi duro?**

A: No Maranhão eu tinha uma proteção. Quando você está na sua terra tem a vizinhança, seus pais, seus irmãos, a cidade, todo mundo te protege. Mas quando você chega no Rio de Janeiro, uma cidade grande, é completamente diferente. Vim para a casa da minha tia Dorvalina e morava com o meu irmão. Tinha que saber algumas coisas: que tinha de arrumar um emprego, me comportar, não podia dar trabalho para o meu irmão, não podia fazer vexame. Enfim, uma porção de coisas que você traz escrito na cabeça. Cuidado com o que pode acontecer, porque você tem uma família que ficou lá.

Tem um nome a zelar.

Tem o nome da família a zelar. Já não é nem o meu. É o da família. Então, dá um trabalho danado.

E você se comportou?

Menina, para dizer a verdade, procuraram me tirar do sério. Mas eu sempre procurei me comportar. Aprendi que não podia brincar com a liberdade que os meus pais tinham me dado. Aprendi a usar essa liberdade em meu benefício, em benefício do meu trabalho. Graças a Deus, nunca me droguei. Não fumo, não bebo. E tive oportunidade de fazer qualquer uma dessas coisas. Para não dizer que não fumo, de vez em quando gosto de fumar um charuto. Sabia? Não sei, acho que recebo um preto velho de vez em quando e vem essa vontade. Uma vez ou outra. Mas não tenho vício nenhum. Não sou dependente de nada. Consegui sobreviver.

Dependente só do samba.

Só dependo da minha voz e de Deus. Dependo de cantar para viver.

A família é grande?

Lá em casa não tinha televisão naquela época, aí você sabe como é. São nove irmãos. Cinco homens e quatro mulheres. Família bem nordestina. Minha irmã Maria Helena canta também, mas hoje ela trabalha mais na minha produção. Solange canta bem à beça, mas é a produtora da família. Os outros são músicos.

Quando o clarinete entrou na sua vida?

Foi quando meu pai começou a escrever arranjos até de madrugada. Ele tinha uma caligrafia musical muito bonita e eu achava linda a rapidez com que ele fazia aquilo, passava o borrão em cima. Naquela época se usava caneta-tinteiro. Um dia, eu quis copiar também. Ele me deu um pedaço de papel pautado. Fui tentar copiar e aprendi a fazer as cópias do meu pai. Ele me perguntou se eu queria aprender música. Eu disse: "Quero." Aprendi pelo método Paschoal Bona. Depois foi que aprendi clarinete, meu primeiro instrumento. Depois saxofone e, depois, trompete. Um pouquinho de cada um.

E o teu pai gostava de te imaginar cantora, te incentivava a assumir essa carreira?

Não. Meu pai queria que eu fosse professora e me casasse com um sargento do Exército. Morasse no Maranhão, fosse uma moça casada, professora. E ficasse ali, bonita, só indo dar aula. A vida que ele pensou pra mim foi essa. Fui professora, mas não casei com o sargento do Exército.

Também não precisava exagerar.

Ele queria que eu me casasse com um militar como ele. Achava que era uma coisa mais segura e que eu, sendo professora, ia levar a vida tranquila, não precisaria vir para uma cidade grande. Pra quê? Se eu tinha minha casa, minha família lá. Depois de dois anos ensinando no Colégio São Luís, no Maranhão, ele disse que eu poderia vir embora para o Rio.

E você foi uma boa professora?

Não tinha talento para ser professora. Fiz a vontade do meu pai, porque ele foi um homem que lutou muito para criar nove filhos. Eu tinha que dar esse prazer a ele. Era o mínimo que podia fazer. Ele queria me ver formada professora e ensinando. Eu me formei, ensinei por dois anos. Não nasci para dar aula. Nasci mesmo foi para cantar. Mas era até uma certa diversão ensinar. Claro que não ia querer ficar ganhando aquele salário até hoje. Não mesmo. Paga-se muito mal ao magistério no país. Acho que deveria se prestigiar mais a categoria. A professora é a segunda pessoa da sua família. No Maranhão, somos educados a respeitar em casa pai e mãe e, em segundo lugar, o mestre. Eu tinha o mesmo poder de pai e mãe na época em que era professora. Não tinha caô, não. Era a palavra do professor, do pai e da mãe. Na verdade, nunca tive muita paciência para aturar filho dos outros, insubordinado. Então, o que eu fazia? "Olha, se vocês ficarem calados, no final da aula eu canto uma musiquinha para vocês." E ficava todo mundo quietinho. No final da aula tinha show.

E o que você cantava nesses primeiros shows da sua vida?

Cantava músicas da Ângela Maria, fado, Núbia Lafayette. Um belo dia, eles me viram tocando na televisão e pediram para eu levar o trompete. Tinha uns programas de televisão em São Luís que eu fazia. Falei: "Não vai dar certo." Levei o trompete escondido. Eles se comportaram que nem uma maravilha. Eu tinha que fazer o show. Subi na mesa e mandei um solo. Ah, meu Deus. Não deu certo. Aí o diretor Luís Rego me demitiu.

Você adorou ser demitida ou ficou arrasada?

Arrasada. Ser demitido não é bom. Mas quando o meu pai soube que foi porque eu havia tocado trompete, ele não ficou chateado. Deixou que eu seguisse o meu destino. Vim embora para o Rio de Janeiro.

E como foi no Rio de Janeiro?

Por mais difícil que possa ser a batalha antes de chegar a algum lugar, quando você vem de uma família musical, isso facilita bastante. Ter uma família musical, com sensibilidade e espiritualidade fortes, ajudou muito. Eu cantava na noite e era muito bom. Eu sempre preocupada com aquilo que falei: olha a família no Maranhão! Um dia, saio de uma boate de noite, com o meu trompete dentro de uma sacola das Casas da Banha. Chego na esquina para pegar um táxi. Aí, vem um policial naquele camburão preto e branco. "Ô neguinha, está fazendo o que aí?" Respondi: "Neguinha é o seu passado." Sou desaforada também. O policial me botou na caçapa do camburão. Já tinha uma moça sentada lá dentro, olhando pra mim e perguntando: "É nova na área?" Aí pensei: "Tenho que me abaixar aqui, porque se o povo do Maranhão me vir numa situação dessas, fico difamada para sempre na cidade." Já pensou, eu, professora primária lá na minha terra, chegar no Rio e ser colocada num camburão? Fomos para a 12ª DP. Perguntaram: "O que tem aí nessa sacola? Ah, toca trompete? Toca aí um pouquinho para nós." Toquei logo um blues. Eles eram chiques, só queriam ouvir jazz. Nisso chegou o Jacaré, que era um policial das antigas, da noite. "Essa menina, não. Ela é música, além de cantar muito bem. Eu conheço. É uma pessoa muito guerreira. Pode despachar, deixa ela ir embora." O cara ia me dar uma vadiagem. Coitada de mim. O Jacaré livrou a minha cara e, quem sabe, até o resto.

Era difícil cantar na noite e ser respeitada?

Não era difícil ser respeitada na noite, não. Isso foi um incidente. Cantei no Beco das Garrafas, no Little Club, no Bacará, no Bolero, no Senzala, no Preto 22, no Number One. Tinha muitos companheiros na noite: Toni Tornado, Emílio Santiago, Djavan, Maria Alcina, Joanna. Nós somos dessa falange aí. Cantávamos de tudo, porque o cantor da noite é o seguinte: um cara chega às quatro horas da manhã, fim de festa, coloca cinco paus em cima do piano e manda você cantar "Tico-tico no fubá". Você pode não saber — aliás, eu nunca consegui decorar a letra de "Tico-tico no fubá" —, mas inventa a letra, enrola na harmonia e sai cantando. Cinco paus era muito dinheiro naquela época.

O bom humor é uma marca sua, não?

Eu não sou baixo-astral. Nunca me aborreço pela metade. Só me aborreço muito. Eu tenho um lado passional muito forte. Depois que entrei para a espiritualidade, consertei muitas coisas em mim. Tenho certeza de que não sou mais a mesma pessoa. Já consertei o rompante. Precisamos compreender as imperfeições dos outros, porque também temos as nossas. Não estou fazendo concurso para ser canonizada, não. Só sinto que estou um pouquinho melhor do que antes.

Vamos falar da fé, da religião, de Deus na sua vida.

Deus é o máximo, né? Tenho fé, rezo. Não sou fanática. Acho que você não tem que andar toda hora batendo terço. Tem que ter uma consciência de Deus, de que Ele existe, está aí. Ter o primeiro pensamento do dia voltado para Ele. E o último da noite também. E ver Deus em todas as coisas. O trabalho da gente, o nosso corpo, o nosso espírito, até pensar bem das outras pessoas, tudo é Deus. Já me surpreendi, atualmente, rezando para inimigo. Eu não era disso. Inimigo meu, queria ver pelas costas. Hoje não. Aprendi com a espiritualidade que temos que rezar até para os nossos inimigos. Não podemos deixar que a preguiça tome conta da gente. Rezar pela família, pelos amigos, por aqueles que estão trabalhando com a gente. Pelos que estão nos presídios, debaixo dos viadutos, nas ruas, nos hospitais, nas UTIs, nossos inimigos. Não parece, mas hoje faço essas coisas, sim.

Você tem uma religião específica?

Sou espírita. Entrei no espiritismo pelas mãos do [diretor de TV] Augusto César Vanucci, depois que perdi a minha voz e fui operada na Fundação Espírita Doutor Fritz, lá no Recife, quando era o doutor Edson Queiroz quem recebia o doutor Fritz. Hoje sou voluntária do Lar de Frei Luiz [no Rio de Janeiro] e de qualquer outro, pode ser umbanda, candomblé. Não tenho preconceito contra a religião de ninguém. Se precisar do meu apoio, da minha palavra, estamos juntos.

E essa moça que nasceu no bumba meu boi e é integradíssima na Escola de Samba? Parece que a Escola de Samba sempre existiu na sua vida.

Acredito que isso seja uma coisa de destino porque, veja bem, tinha tudo para ficar no bumba meu boi, lá no Blofão [brincadeira popular que acontece no Sábado de Aleluia], lá no Maranhão. Tinha a maior vontade de sair no bloco de sujo, mas meu pai nunca deixou. Conheci a Mangueira por causa das cores. Sempre via naquela revista *O Cruzeiro* o verde e rosa. Dizia: "No dia que eu chegar no Rio de Janeiro, quero ir lá ver como esse pessoal faz para ficar assim tão bonito." Fui para a Mangueira pelas mãos de Bira, que era relações-públicas da escola e depois foi presidente. No primeiro ano que fui desfilar, fiquei totalmente perdida. Mandei fazer minha roupa e fui para a avenida. Não sabia nem onde eu ia sair. Queria vir no chão. Tinha um carro, sem ninguém lá em cima, porque o destaque ficou no meio da estrada, com o carro que deu defeito. Bira perguntou: "Você quer ser mangueirense?" Respondi: "Eu sou mangueirense." Ele mandou que eu subisse no carro, e eu obedeci. Vim durinha o desfile inteiro, porque estava com um medo danado de cair dali.

Você gosta mesmo é do asfalto?

Do chão a gente não passa.

As unhas de porcelana enormes e os anéis são a sua marca registrada, não é mesmo?

Gosto muito de anel. Mas essa é minha pedra espiritual: a azul. É um topázio azul. E espiritualmente é uma pedra que me faz bem.

E qual é seu charuto preferido?

Atenção, meus fãs: é um charuto que não acho há muito tempo em lugar nenhum. É o chamado Diniz. Não é forte. Eu não trago. Lá em casa, quando acendo o charuto, meu sobrinho já pega o atabaque e começa a batucar.

É verdade que você tem uma coleção de bonecas?

Tenho trezentas. É capaz de ser até mais, porque andei ganhando umas no meu aniversário. Já tive meu lado Imelda [Marcos], de colecionar sapatos também. Mas não estou mais nessa, não. Sapato agora é mais para andar, fazer show, porque gosto de usar um sapato bonito no palco, mas não estou mais nessa de coleção.

Roupas de show, como você escolhe?

Depende do espírito do show. Tem época que gosto muito de me vestir de preto, outra de branco ou de amarelo. Já não gosto de andar muito no brilho. Estou mais para o fosco. Mas quero estar chique. Não me arrependo de ter tido a fase do brilho, foi ótimo. Adoro brilhar.

Sua cantora preferida?

Você me meteu numa confusão. Tenho muitas cantoras favoritas. Por exemplo: gosto muito de Leny Andrade. Comecei imitando Núbia Lafayette. Adoro Ângela Maria. Maria Bethânia, amo. Sandra de Sá cantando "Tô indo embora". Não tenho uma cantora predileta. Para não dar confusão nesse plano, vamos a outro. Clara Nunes, porque ela está lá e as daqui não precisam brigar. Viu como sou esperta?

E você canta em casa?

Eu não canto minhas músicas em casa, mas ouço meus discos logo que saem. Para verificar se está tudo direito, para curtir. Depois não ouço, porque também começa a tocar nas rádios. Ouço mais outros artistas do que eu. E cantarolar, só as músicas dos outros. Em casa quero ser Sandra de Sá, Tim Maia, Gal. Eu adoro imitar Bethânia, Nelson Gonçalves, Clementina de Jesus.

O prato preferido de Marrom.

Torta de caranguejo. Quer a receita? Tem que ter muito caranguejo, tirar aquela carnezinha dele, com muita calma para não se espetar. Depois bote alho, óleo, cebola e cebolinha na panela. Cozinhe o caranguejo como quem vai fazer um ensopadinho de carne. Em seguida, bata primeiro as claras em neve e depois junte as gemas. A essa altura do campeonato, você já cozinhou umas batatinhas que são colocadas também na panela que está com o caranguejo. Aí, pegue um pirex, untado com manteiga, bote o caranguejo. Pegue a primeira parte do ovo que está batido, e misture. A outra parte cobre a mistura. Leve ao forno e deixe ali durante uns trinta minutos. Depois é só rezar para Deus perdoar seus pecados.

O arroz também é famoso.

No Maranhão tem o arroz de cuxá. O cuxá exige um ritual. Você tem que socar no pilão a farinha seca com o camarão seco e com a pimenta-de--cheiro, a cebola, o cheiro verde. Depois, doure o gergelim na panela. Não deixe ficar preto, senão ele pode azedar o cuxá. Quando o gergelim estiver bem amarelinho, soque ele bastante no pilão e misture com aquela farinha. E bote a vinagreira, uma verdura que tem no Maranhão, para cozinhar. Ela tem que estar bem lavadinha, porque o cuxá vai ser feito com a água que cozinhou a vinagreira. Depois que ela estiver bem cozida, passe no liquidificador e reserve a água até esfriar. Primeiro, dissolva a farinha nessa água fria para não embolar, e só depois jogue na água quente. E vá mexendo para um lado só. Tem que ter o rebolado e cantar. Eu tenho uma musiquinha que canto nessas horas. Qualquer música, mas tem que dar o tom certo. É molecagem, não tem que cantar nada. Mexa para um lado só para não desandar. E eu não gosto de deixar outra pessoa mexer panela que eu estou mexendo. Não é bom. Lá no Maranhão dizem que desanda. Bom, mexa até dar o ponto. O ponto é quando dá aquela primeira bolinha. Abaixe o fogo e deixe ali. Depois jogue a vinagreira batida no liquidificador ali dentro. Depois, coma com a torta.

E ainda tem a farofa de Neston. Essa foi você quem inventou?

Não. Marluce, uma menina que trabalhava comigo, foi quem fez pela primeira vez. Eu adorei. E ela é rapidinha. Pegue o bacon, corte em fatias, coloque na panela, vá deixando ele fritar, tirando aquela gordura e separando. Não deixe o bacon ficar muito queimado. É só pra ficar crocante. Pegue o Neston, jogue dentro, pegue a gordurinha reservada e vá molhando.

Qual o samba e a canção que você acha mais bonitos?

É aquele do Silas de Oliveira que diz assim: "Ao longe, soldados e tambores, alunos e professores/cantavam assim/ já raiou a liberdade/ a liberdade já raiou" ["Heróis da liberdade", 1969]. É um dos maiores sambas que já escutei do Império Serrano. E a canção mais bonita que já ouvi na minha vida, acho que tem que ser "As rosas não falam", de Cartola. Tem que estar no céu uma pessoa dessas.

É bom ganhar prêmio?

Eu acho ótimo. Tenho uma sala na minha casa que só tem troféus, faixas, discos de ouro. Porque toda Marrom tem seu dia de Emilinha. Eu gosto de ser uma Marlene, uma Emilinha de vez em quando. Ganhar minhas faixas. Elas conheceram o sucesso antes da gente, quando não havia televisão. Essas mulheres realmente são rainhas. Por que não quero parecer com Marlene e Emilinha? Quero, sim. Quero ganhar minha faixa, meu troféu. Estou com elas e não abro.

Aplauso é bom?

O quê? E quem não gosta?

ARACY BALABANIAN

Toda vez que vou entrevistar a Aracy Balabanian acontece a mesma coisa. Eu tenho a impressão de que somos amigas. De infância. Impressão não. Certeza. Não sei se a cumplicidade vem das nossas origens – ela, filha de imigrantes armênios; eu, de imigrantes árabes – ou se é ela mesma que fala de tudo com tamanha simplicidade, fica sempre tão à vontade, sem ser vulgar ou pretensiosa, que favorece esse clima de amizade. Para ser sincera, nem posso dizer que somos amigas. Nunca fui à casa dela, nem ela à minha. Também não somos do tipo que faz confidências com facilidade. Mas a força de Aracy me emociona. Suas histórias me fascinam e seu humor vivo, sempre crítico, me encanta. Ela me passa a ideia de um porto seguro, com aquele olhar vivo, as palavras serenas, as escolhas precisas, o viver atento.

L.N: **Nascida em Campo Grande, Mato Grosso do Sul, filha de armênios, estudou em São Paulo e adolescente se descobriu atriz. Vamos começar por Campo Grande da infância e da descoberta da atriz.**

A.B: Eu conto uma história que todo mundo diz que, por causa dela, a minha professora de catecismo se remexe no túmulo até hoje. Eu fazia aulas de catecismo, porque eu tinha loucura pra coroar a Nossa Senhora no mês de maio. Não que a minha família não fosse cristã. Meu pai era ortodoxo, minha mãe também. E você sabe que o povo armênio foi um dos povos que seguiram Cristo. Só que as minhas irmãs mais velhas eram contra a Igreja. Não queriam mais saber, não queriam fazer Primeira Comunhão. Eu fazia aula de catecismo escondida porque queria coroar a Nossa Senhora no mês de maio, me vestir de anjinho, queria fazer a cena. Aí a professora de catecismo dizia: "Você não pode, tem cara de turca." Nunca coroei a Nossa Senhora. Quando já era atriz, voltei para passar o Natal com a família e por acaso estava a equipe da TV local. "Aracy, uma mensagem de Natal para a sua terra." E me deu aquele estalo. Eu tinha acabado de fazer, no dia anterior, na Arquidiocese do Rio de Janeiro, ao lado do Walmor Chagas, um auto de Natal, como Nossa Senhora. Aí falei para a TV: "Gente, sonhe. Nunca mais deixe de sonhar. Eu não consegui ser anjinho para coroar Nossa Senhora aqui em Campo Grande. Cresci, fui pra São Paulo, depois para o Rio, me tornei atriz, e consegui ser Nossa Senhora na Candelária, ontem, no Rio de Janeiro." Com certeza foi em Campo Grande, querendo ser anjinho, que tudo começou.

E a atriz mesmo, você descobriu em São Paulo?

Eu lia jornal, a coluna de teatro, e pedia para minhas irmãs me levarem ao teatro. Aos 12 anos entrei para ver Maria Della Costa fazendo *Mirandolina*, do Goldoni. Ali eu chorei. Eu tinha achado o meu lugar. "É aqui que eu quero viver, é para isso que eu quero viver." Chorei o espetáculo inteiro e era uma comédia. Logo percebi que teria muita dificuldade com papai. Ele era severo, severíssimo. Mas papai era um homem sábio, e dizia: "Não é nada contra a sua profissão, é contra essa profissão neste país." E ele tinha toda a razão, porque, por incrível que pareça, até hoje, acho que é uma profissão que não te leva muito a sério. O Márcio Vianna, que faleceu recentemente, disse uma coisa que venho comentando há algum tempo: "Se fecharem as televisões, acho que acaba numa revolução, acontece uma guerra civil; se fecharem os cinemas, algumas pessoas vão protestar; mas, se fecharem os teatros, somos nós que vamos gritar e ninguém vai nos ouvir." É uma profissão que não faz falta pra vida do brasileiro. Então, acho que meu pai tinha muita razão. Um dia, ele me lançou um desafio: ele tinha ido assistir ao Sérgio Cardoso em *A raposa e as uvas*...

Ah, ele gostava de teatro.

Ele gostava muito. Depois da peça, ele me disse: "Se eu tivesse certeza de que você teria a capacidade desse ator, ficaria mais tranquilo, mas você não chega lá." Depois de todas as dificuldades que ele me impôs, fiz Escola de Arte Dramática escondida, junto com Faculdade de Filosofia, e ele acabou me vendo numa novela ao lado do Sérgio Cardoso. Aí ele virou tiete. Chegava nos lugares e dizia: "Sabe quem eu sou? Sou o pai da Aracy Balabanian." Hoje acho que foi muito legal a posição que meu pai tomou, porque me fez ter uma visão muito mais concreta e real da minha profissão.

E não deixou que você se deslumbrasse com o sucesso.

De jeito nenhum. Nunca permitiu. Ele me cobrava isso. O tempo todo. Eu sou riso frouxo em cena. Meu pai me dizia assim: "Ô minha filha, conta piada direito. Deixa os outros rirem de você, não ria você primeiro." É uma aula de teatro que ele me deu. E, enfim, essas cobranças foram extremamente úteis para minha vida.

E o teatro é o seu lugar?

A arte de representar. Eu me dou muito bem na televisão, me sinto muitíssimo à vontade. Sem preconceito algum. Aliás, eu acho que fui uma das primeiras a fazer novela. Eu entrei para a televisão pra fazer uma tragédia grega, *Antígona*, de Sófocles. Nós, hoje em dia, não temos um grande teatro na televisão. Mas nós tínhamos grandes teatros aos domingos e às segundas-feiras. E eu entrei pra fazer teatro. Foi quando o Cassiano Gabus Mendes me viu e me convidou para fazer um teste de fotogenia, para ver se combinava com novela. E aí nunca mais deixei. A primeira novela mesmo foi ao lado do Hélio Souto, que era o galã da época, chamava-se *Um rosto perdido* [1965-66]. Foi a partir de *Antonio Maria* [1968-69], ao lado de Sérgio Cardoso, que estourei mesmo na televisão. Depois fiz *Nino, o italianinho* [1969-70], *A fábrica* [1971-72] e não parei mais.

Você teve vários grandes personagens.

Com certeza. Dona Armênia [personagem da novela *Rainha da sucata*, 1990], por exemplo, me deu uma enorme alegria. Todo o povo armênio tem uma grande preocupação em se divulgar para o mundo. A Leda é descendente de árabes, eu sou descendente de armênios, e no Brasil viramos turcas. Os armênios sempre tiveram muita preocupação, é um povo muito pequeno, e sempre muito dominado. E, onde quer que o meu pai esteja, ele me viu divulgando o país dele através da minha interpretação como armênia. Os armênios têm uma dificuldade no mundo todo de serem reconhecidos, porque logo depois de serem dominados pelos turcos, com o genocídio terrível que houve na Primeira Guerra, eles foram dominados pelos russos. A Armênia fazia parte da União das Repúblicas Socialistas Soviéticas, e há pouco tempo se tornou independente. E é um país extremamente pobre, sem ainda muitas características próprias desenvolvidas.

E a colônia armênia?

Ela é muito forte em São Paulo, mais forte na Argentina. E bem menos aqui no Rio de Janeiro. Algumas pessoas da colônia gostaram muito, se identificaram. Alguns não. Teve um dia que o *Fantástico* saiu comigo pela rua pra ver a reação do público, aí veio um senhor e começou a falar comigo em armênio. Aí a repórter imediatamente virou e perguntou: "E aí, o senhor gosta?" "Eu não gosta, esse ignorante fazendo papel tudo errado, falando errada, armênio não fala desse maneira." Depois me xingou e foi embora.

Você não tem sotaque do Mato Grosso do Sul. Nem de paulista.

Meu pai saiu de Mato Grosso na época em que os filhos precisaram entrar na faculdade. Eu, que sou a caçulinha, fui na rabeira. Praticamente fui criada em São Paulo. Fiz EAD [Escola de Artes Dramáticas, da USP], e havia uma professora fantástica de impostação, dicção, Maria José de Carvalho. Ela fazia questão de que a gente usasse a pronúncia oficial, que é a estabelecida entre o eixo Rio–São Paulo. Nem tão carioca, nem tão paulista, nem tão paranaense. Eu sou muito imitadora. Se fico amiga de um gaúcho, daqui a pouco eu estou falando tudo em tu, mais gaúcho do que ele. Na época da Filomena [personagem de *A próxima vítima*, 1995], percebi que eu andava muito carioca. E a personagem era da alta sociedade italiana em São Paulo. Então limpei a minha carioquice e veio aquela música do italiano mais do Norte, e aí surgiu o sotaque. Eu gosto de trabalhar isso. Eu gosto de trabalhar a palavra, o som, a música do falar.

Você acredita que seu trabalho de atriz tenha uma função social, política?

Quando decidi que ia ser atriz, me cerquei de pessoas da melhor qualidade. E tive sorte. Eu estudava num bom colégio, e de repente o Augusto Boal foi fazer uma conferência lá. Eu me entusiasmei e ele disse: "Vai lá fazer Teatro Paulista do Estudante." Teatro Paulista do Estudante era um teatro amador, cujos componentes eram Gianfrancesco Guarnieri, Oduvaldo Vianna Filho, Vera Gertel, gente da melhor qualidade que estava se transformando em profissional do Teatro de Arena e não queria deixar que o grupo de estudantes acabasse. Aí eu chego lá, e quem está fazendo o teste? Beatriz Segall, porque tinha largado o teatro para ser mãe mais tranquilamente. Ela me viu muito nova, com vontade, com toda essa oposição do pai, e sempre me dizia: "Você precisa estudar. Talento você tem." E eu tomei muita consciência de que você tem responsabilidade quando aparece diante de uma tela, quando se abre o pano do teatro. Então é preciso que você assuma essa responsabilidade. Como ser social que você é. E eu tenho muita consciência disso, trabalho, estudo, pesquiso, e acho que, a cada sucesso, a arte me propõe mais um desafio.

E a responsabilidade aumenta...

É, porque tem mais gente te ouvindo. Tenho muita preocupação, por exemplo, de fazer publicidade. Há muitos anos, fiz com o Juca de Oliveira uma propaganda de um biscoito. A mãe de uma amiga minha botou o biscoito na mesa e ela perguntou: "Que biscoito é esse?" Era um lançamento. A mãe não hesitou: "Aracy diz que é ótimo." Porque, na verdade, hoje em dia, as pessoas já sabem que você é um ator, que você faz esse personagem, que você faz aquele. Mas, nas entrelinhas, eles percebem quem você é, o que você é. E eu tenho muita consciência disso. Eu sou absolutamente apaixonada pelo meu trabalho. E acho que devo muito disso à educação que eu tive. Meu pai sempre dizia: "A única coisa que eu posso deixar pra vocês (claro que tinha a cabeça de quem passou por guerra, ele e a mamãe) é algo que ninguém vai poder tirar." E, realmente, deixou o estudo, o conhecimento, a capacidade de trabalho. Tudo isso foi, na verdade, o que me salvou. E a capacidade de se relacionar também, de estar no mundo. Porque eu não me salvei sozinha, eu tinha um círculo já arrumado à minha volta, que me segurou e me levantou. Então, sou apaixonada pelo meu trabalho.

Seus pais passaram pela guerra e se conheceram onde?

A história da minha família é muito engraçada. É uma história de guerra mesmo. Porque meu pai veio casado e minha mãe veio casada. Mais ou menos na mesma época, papai parou em São Paulo, indo pelo interior até chegar em Mato Grosso, e mamãe ficou em São Paulo. E os dois ficaram viúvos na mesma época. Então, papai tinha cinco filhos, e mamãe tinha um. E eles se casaram meio pra acertar a vida, ele precisava de uma mãe para aqueles cinco filhos e ela precisava demais de alguém para cuidar dela e do seu filho. A colônia juntou os dois. Eu sou a única do casamento dos dois. Eu assisti a uma história de amor entre meu pai e minha mãe. De amor verdadeiro mesmo, duas pessoas que se tornaram cúmplices na vida. Eles eram muito amigos, muito unidos. O papai fazia o brabo, o que não deixava, que tirava a minha mesada, mas a mamãe sempre tinha um dinheirinho por debaixo dos panos. "Você tem jeito, vai lá." Depois fiz análise e ficou claro que era tudo combinado entre eles.

Ninguém mais na sua família é ator?

Na verdade, dentro da minha casa, eu sou a menos atriz. As minhas irmãs são grandes atrizes. Fazem cenas maravilhosas, dramáticas. E elas adoram me dar broncas. Quando parei de fumar, eu engordei, obviamente. E o Marco Aurélio, figurinista dos mais severos, quando a gente engordava um pouquinho, ele apertava as roupas e a gente ficava sem poder andar. Mas ele resolveu ser bonzinho comigo e fez umas roupas mais largas. No meio da novela fiz um regime, até mesmo para agradá-lo, porque ele foi muito gentil comigo. As minhas irmãs não perdoaram: "Tá muito gorda, viu?" "É, parei de fumar, até o Marco Aurélio está me botando uns camisões pra disfarçar." "Mas, Miguinha, tu tá de papada. Dá pra ver, não adianta botar camisão." Uma crueldade. Aí eu peguei, e falei: "Bom, estou de papada, mas vocês têm papada e estão fumando." "Ah, mas nós não somos atrizes", elas arremataram, acabando comigo. Podem me criticar à vontade, que em casa eu já tenho a pior crítica, a delas. Elas não são fáceis.

O cinema nunca te fascinou?

Adoro cinema, mas ele não me adora. Dizem por aí que sou muito teatral. Meu único consolo é que diziam o mesmo do Rubens Corrêa. "As pessoas de cinema sempre disseram que eu era muito teatral" — ele me contou um dia. Então, de repente, cheguei à conclusão de que não quero mais fazer cinema. Deixa isso pra lá. Mas claro que me fascina, adoro cinema.

Você venceu algumas dificuldades na vida como, por exemplo, o incêndio do seu apartamento no Rio. Como é essa tragédia de chegar em casa e encontrá-la destruída?

Eu fiquei com a roupa do corpo, literalmente, e fui para a casa de uma amiga. Isso em 45 minutos. Eu cheguei, e minha casa não existia mais. Quando era criança, tinha uma preocupação muito grande de o mundo acabar. Eu vivia perguntando e várias pessoas fizeram com que eu me sentisse louca por ter essa preocupação. Em criança eu pensava muito. Meus pais, meus irmãos foram muito fortes para eu ter esse entendimento. Diziam que o mundo não acabava, éramos nós que acabávamos e iríamos para outro plano. Enfim, tentavam suavizar essa crise existencial da criança. Com o incêndio, tive a exata sensação de que o mundo acaba e que o que fica somos nós. Eu tenho uma ligação com casa muito grande. Adoro viajar, sair, mas sempre tenho o meu canto e até os amigos brincam que eu tenho um canto, literalmente. E tenho mesmo. Tenho um cantinho onde eu me sento mais, o sofá está mais fundo ali. É onde leio, decoro textos, escrevo. E a sensação foi essa, a de que o mundo acabara, mas eu continuara. Quem era eu nessa história? Eu era uma pessoa que nunca teve dúvidas dos meus amigos. Sempre amei muito meus amigos e sempre me senti muito amada por eles. Mas precisei passar por isso para os meus amigos me paparicarem. Eu não deixava. Tinha tanta preocupação em não incomodar um amigo que ia para casa, chorava sozinha. Com a perda, eu aceitei o enorme carinho que todos eles me deram. E foi uma coisa extremamente comovente. Ninguém teve o menor pudor. Foi desde o paninho de prato com crochêzinho em volta até a geladeira. E era uma briga. "Não, porque sou eu quem vai dar isso." "Não, eu é que vou dar aquilo." E tudo isso foi feito no final das contas em um chá, na casa de uma amiga, e ninguém teve pudor de levar um presente caro ou barato. Coisa muito bonita. Você não pode fraquejar mesmo diante de tudo isso.

Você é capaz de programar seu videocassete, de lidar bem com computador?

Estou aprendendo a duras penas. Perdi uma grande amiga que fazia isso tudo para mim, a Guta. Logo em seguida uma outra amiga assumiu toda essa parte de arquivo, conta no banco on-line, essas coisas, mas depois ela teve um aneurisma. Então, tive de chegar e assumir: pelo amor de Deus, não sei mexer num caixa eletrônico. Aí, estou aprendendo. Ando com muitos manuais. Cada aparelho, cada hora que apaga a luz, e toda hora está apagando, ficam aqueles relógios piscando. Só para acertar aqueles relógios é uma tarefa. Mas acho que já aprendi bastante. Já consigo acertar os relógios da casa, desde o do micro-ondas até os do aparelho de som. Acho que fiz grandes progressos.

O que não pode faltar no seu café da manhã?

Maçã com casca. Exatamente o oposto do efeito da maçã sem casca, aquela papinha que as mães dão para as crianças para prender um pouco o intestino. A minha com casca é o contrário, é a minha água morna. Eu ainda boto um pouquinho de limão.

Qual é o melhor lugar do mundo?

É a minha casa. Com os meus amigos todos lá dentro. Agora estão todos presentes lá. De uma maneira ou de outra.

Melhor hora do dia?

Sou um problema, porque adoro de manhã cedo, adoro de tarde, adoro de noite, adoro de madrugada e adoro dormir.

O que te irrita?

A burrice, a miséria. A mediocridade que impera principalmente na convivência de um condomínio, de um prédio. Como as pessoas são mixas. Eu tive oportunidades de ver isso. Felizmente há pessoas grandiosas, como eu já disse.

Como você pensa que vai ser a sua velhice? Trabalhando ou do tipo "tira a Aracy do sol, bota a Aracy no sol"?

Trabalhando até o último dia. Com certeza. Tenho a impressão de que vou ter um piripaque e, puf, acabou. De preferência, no palco ou no estúdio. Uma amiga minha, americana, me disse: "Aracy, nunca te vi tão bem." Falei: "Estou fazendo tratamento ortomolecular com o João Curvo." Ela: "Pra quê? Pra viver 100 anos?" Ela acabou comigo. "Quem vai aguentar teu centenário? Vai ter dinheiro para viver até 100 anos?"

O bom humor é uma das suas características, com certeza.

Acho que é a carga genética de um povo, porque eu tenho grande admiração pelo povo armênio. Com tudo o que passou, não perdeu o encanto pela vida. Não se isolou. Quer continuar vivendo. A minha mãe morreu com câncer dizendo "sou muito feliz". É um povo muito alegre, sempre amando muito. Acho que tenho essa herança. Acho a vida extraordinária.

BIBI FERREIRA

Ela não gosta de ser chamada de diva. Prefere o nome pelo qual é conhecida. Bibi. Filha do ator Procópio Ferreira e da bailarina espanhola Aída Izquierdo, foi por conta desta família que estreou no palco aos 24 dias de idade. Disciplinada, diz que não sabe ser de outro modo: "Indisciplina, para mim, é não saber tomar conta do instrumento com o qual você trabalha." Ama o palco, adora atuar e cantar, se encanta ao dirigir atores e atrizes e gosta de ser dirigida. Mas não tem prazer em se ver na televisão. Já gostou de fazer televisão, mas perdeu a vontade quando inventaram o videoteipe. Bibi Ferreira acha a glória ter saúde, não tem o menor prazer de falar ao telefone, gosta de desenhar seus próprios sapatos, sempre com saltos altos. Bibi se confessa ciumenta demais e admite que foi ela mesma quem estragou seus relacionamentos. Casou-se cinco vezes, mas acha amar um grande sofrimento, e não tem certeza se teve um grande amor.

L.N: Você é uma mulher de 86 anos. A vida inteira você se torturou com essa coisa de idade ou não? Sempre falou, nunca escondeu?

B.F: Nunca me torturei. Acho que é uma questão de você estar bem de cabeça. De estar bem com você. De estar bem com o que você está fazendo. Estou dentro de um sucesso enorme. O Juca de Oliveira, meu amigo há mais de vinte anos, é o autor de *Às favas com os escrúpulos* e de várias outras que eu já dirigi, como *Gato vira-lata, Procura-se um tenor, Meno male, A babá*. Fiz muitas coisas dele. Um dia, pedi a ele para escrever uma peça para mim. Aquelas coisas inconsequentes. Aí ele falou: "Já tenho a peça. Escrevi especialmente para você." Que é essa, *Às favas*. É uma grande honra porque considero Juca o nosso clássico. Daqui a pouco, ele será o nosso Martins Pena porque mostra toda a nossa sociedade de hoje, nosso cotidiano, a nossa vida política, a nossa moral. E esta peça é sobre adultério e política. Isto ele transporta muito bem em comédia.

Ele é um repórter do nosso tempo?

Ah, sim! Maravilhoso. Daqui a alguns anos, será considerado um clássico mesmo.

Mas é um desafio uma mulher de 86 anos fazer uma peça desse porte, ficar o tempo todo em cena, de salto alto, lotar teatro de seiscentos lugares por mais de um ano e tal. Não é?

Sim. Tenho uma habilidade muito grande que me deixa levar uma vida disciplinada. Tenho de tomar cuidado. Não posso falar demais quando tenho uma sessão atrás da outra. Não beber gelados, não tomar sorvetes, porque pode me acontecer uma afonia, como já aconteceu. Em São Paulo, fiz duas semanas apoteóticas com muita festa, muito jantar, enfim, muitos prazeres. Falei tanto, tanto, tanto, que teve um dia que fui falar e a voz não saía. Não tinha voz. Entrei em afonia total.

Entrou em pânico?

Entrei. Meu Deus do céu, se eu não posso mais falar, se eu não posso mais cantar, eu vou bordar para fora. É a única saída.

E você borda?

Bordo bem. Ponto de cruz muito bom. Aquele pequenininho.

Você faz coisas, dá presentes?

Não, não. Não sou de dar presentes da minha própria lavra, não. Faço umas coisas para mim. Para minha neta, dei uma vez uma toalha de mesa toda bordada.

É tipo uma terapia, uma brincadeira sua?

Exato. Eu leio demais e, às vezes, quero parar de ler. Tenho muitas peças que me mandam, scripts de cinema, mesmo de televisão. Aí, tenho que descansar. Descanso bordando.

Você tem uma longa carreira — talvez a mais longa do Brasil — porque estreou com 24 dias de vida. Nesse tempo todo, você fez drama, comédia, cantou, dirigiu. Viveu. Fez de um tudo nessa sua arte.

Isso é para sobreviver. Fico ofendida quando me perguntam: "Por que você não para?" Respondo: "Por quê? Está ruim? Você não me ouve?" Eu trabalho sem microfone. Aí quando dizem: "Mas a sua gravação de *My Fair Lady* é um pouco aguda demais." Eu digo: "Não, é que quando nós — Paulo Autran e eu — fizemos *O homem de la Mancha* e quando fiz com o Paulo Fortes *Hello Dolly!*, *My Fair Lady* [anos 1960 e 1970] não havia microfone." Cantamos no Carlos Gomes, um teatro que naquela época tinha 1.200 lugares. Agora está pela metade. Disseram que não tinha acústica. E nós cantamos sem microfone. Hoje em dia, acho que estão abusando um pouquinho de usar microfone. Em teatro de até quinhentos lugares, batendo seiscentos lugares, não há necessidade de microfone. Respira bem, toma cuidado com você e bota a voz para fora. Esse é o trabalho do comediante. O potencial todo está na voz.

Você sempre foi muito disciplinada? Com você, com a sua equipe, como diretora?

Sempre. E não é um esforço para mim. Nasci disciplinada. Nunca tive vontade de fumar. De beber feito uma louca, encher um copo de gelo com uísque. Nunca fui de fazer essas coisas que podem atrapalhar ou diminuir o potencial vocal. Isso é natural em mim. Nem noitadas. Apenas umas no Fiorentina, antigamente, no tempo da [peça] *Gota d'água*. Isso é natural com todo mundo. Mas não sei propriamente o que é indisciplina. Para mim, indisciplina é não tomar conta do objeto com o qual você trabalha. Eu preciso de quê? Da minha garganta, da minha respiração, das fontes aéreas. Isso eu tomo conta e lubrifico bem antes de entrar em cena. É colírio, é Rinosoro, é tudo que posso e o mínimo de papo.

Dizem que você não fala nem ao telefone nos dias que antecedem à estreia. É verdade?

Não falo ao telefone porque eu não gosto. Eu não tenho mais com quem ter o prazer de falar ao telefone. Telefone é bom quando você namora. Para que eu vou ter um celular? Celular é bom assim (*voz de apaixonada e baixinho*): "Sim, meu amor?" Agora, ter celular sem ter para quem ligar, ou atender, não vale a pena. Por isso, nem celular eu tenho.

É mesmo?

Não tenho porque não preciso. Minha governanta, minhas secretárias, produtoras, todas têm celular. Então, não tenho necessidade. Levo uma vida simples. Aquilo que preciso peço pessoalmente. Ou, se estou na rua, ligo para a minha casa, que tem telefone. Não preciso ligar para a cozinheira de celular. Então, eu não tenho. Acho banal.

E tem um grande amor?

Não, não tenho. E até hoje nem sei se tive. Tenho dúvidas. Fui casada cinco vezes. Já morreram todos. Mas quero que saibam que tenho muita idade. Se você dividir por cinco maridos, não é tanto assim. Morreram. Fico, às vezes, pensando quando me perguntam: "Seu maior amor foi fulano de tal?" Vai ver que o maior amor ainda está por chegar.

Você está preparada, se ele chegar? Saberá reconhecê-lo?

Acho que não. A idade dá, assim, uma covardia. Você fica covarde, não acredita. Se alguém chegar para mim e fizer um elogio — "Como você está linda!" —, eu não vou acreditar. A gente perde a confiança.

Essa é a grande perda da idade?

A gente perde a confiança. Ou eu, pelo menos. Mas acho que isso é digno.

Você sabe que está muito bem.

Bem, porque ando bem. Falo e ouço bem. As coisas estão mais ou menos como quando eu nasci. Está tudo funcionando mais ou menos.

Isso é uma glória, não?

Acho que a minha grande glória está aí: tenho saúde. Isso é o principal. Tendo saúde, calma para resolver os problemas, acho que a vida vai se encaminhando.

Quando você diz assim: "Não sei se tive um grande amor", você sofre por falar essa frase ou não?

Ao contrário. Amar é um sofrimento constante, pelo menos para mim. Sou tão ciumenta que estrago qualquer relacionamento. Sou daquelas mulheres que perguntam demais. "Aonde você vai? A que horas você vem?" Não dá. Sou ciumenta. Se você olhar para o meu marido ou para o meu namorado, já vou pensar que ele está dando em cima de você, e não que foi você quem olhou para ele. Não seria feliz jamais. E, não sendo feliz jamais, as lembranças não são muito bonitas.

Talvez não dê vontade de construir uma nova história, né?

Não. E agora então muito menos. Vivo essas minhas histórias agora no palco. Representando *Às favas com os escrúpulos*. É um título muito bom para tudo isso que acabei de dizer. Ora, às favas com tudo isso que já acabou há muito tempo.

O palco então foi a sua grande paixão? De certa forma, ele disputou com os amores e suas vitórias da vida?

Mais ou menos. Eu não tive escolha. Entrei para o teatro sem saber o que ele era. Entrei porque meu pai não ia bem. Eu não tinha a menor ideia do que era fazer teatro, decorar uma poesia ou coisa nenhuma, nunca tive o hábito de falar. Ia ao teatro como um bom público, sempre. Assisti a tudo. Às companhias estrangeiras, portuguesas, francesas e às nossas. Pelo amor de Deus! Assisti a toda a carreira de Dulcina. Assisti à Alda Garrido, Jayme Costa, Eva Todor. Fui sempre um grande público. Mas, de repente, como as moças daquela geração, não tinha opinião. Era assim: "Você vai entrar para o teatro porque o negócio aqui do seu pai não vai bem. E seu pai precisa de um estouro, de um *boom.*" Como não tinha opinião, entrei para o teatro. Foi um casamento arranjado. Eu entrei e a paixão só veio depois. Entrei para o teatro sem ter a mínima ideia do que era, sem estar apaixonada pelo teatro, sem ter vontade de ser atriz, estrela muito menos. Achava aquilo tudo muito cansativo. O tempo passou e comecei a descobrir a palavra. A beleza da palavra. A inflexão, o poderio.

Quando descobri isso, meu casamento deu certo. Comecei a me entregar a esse casamento.

Foi a palavra que te ganhou.

A palavra. O som, o valor da palavra. Da inflexão.

Como você trabalha um personagem? Como descobre?

Psicologicamente, já li a peça, já senti o personagem. Mas fisicamente, para mim, o personagem começa pelos pés. Como você entra em cena? Com os pés. E são seus pés que já estão dando o personagem. Se você é arrogante, tem força. Se não tem nenhuma, se está cambaleante por uma situação emocional tremendamente humilhante, você é quase uma mendiga. Você anda de outra forma. Os pés é que te levam. A primeira coisa são os pés. Deve ser meio estranho ouvir isso, não?

É diferente. Você trabalha em casa antes, na frente do espelho? No seu quarto, na sua intimidade. Quando você vai ensaiar na casa do Jô ou no palco de um teatro, você já leva esse personagem com você?

Às vezes a gente leva errado, né? Com o Jô, por exemplo, não precisa levar nada. Ele dá tudo a você. Tudo. Tem uma piada na peça que não é minha, pertence a outro personagem, mas ele dá o movimento: das mãos, de tudo. O Jô chegou para o Juca: "Olha, meu filho, essa frase não é como você está dizendo." E diz como tem que ser. É impressionante o poderio de comicidade que ele tem.

E olha quem está dizendo isso, logo você que é uma superdiretora!

Não sou uma superdiretora. Mas, de qualquer maneira, o Jô Soares me tocou profundamente pela forma de se dirigir ao ator, dando-lhe tudo o que é possível. A inflexão, o olhar. Ele disse para mim: "Aqui, Bibi, você tem que cativar o público com essa pequena frase. Você vai dizer: 'Se ele descobre o papelão dos filhos, eu tenho certeza de que ele acaba vindo almoçar comigo. Ou pelo menos jantar.' Nessa frase, 'pelo menos jantar' você tem que olhar para a plateia e dizer com essa inflexão." Isso é muito bom porque você não sobra. A pior coisa é quando você está num palco ensaiando e você sobra. Você não sabe o que fazer com a mão, com a inflexão que está solta no ar. Mas o Jô lhe dá tudo. Ensaiei na casa do Jô, em São Paulo, e foi muito bom. Ele é um cavalheiro, um homem muito inteligente, culto, encantador. E a gente fazia coisas gostosas depois do ensaio. Suflês, por exemplo.

E você vai nessas coisas gostosas assim?

Porque era ensaio. Não vou tanto nas coisas gostosas porque a minha facilidade para engordar é imensa. Muito grande.

Você faz dieta?

Faço, mas uma dieta meio fajuta. O pão, por exemplo. Corto o pão e como. Esqueço o doce, mas depois vou e pego, porque sei onde ele está. Não tenho muita força para fazer dietas brutais, nem acho que elas sejam muito boas. Como menos, como pouca coisa e, claro, evito o doce. O doce, meu metabolismo não aceita.

Mas você mantém o mesmo corpo há muitos anos, não?

Mais ou menos. Entre os 56 e os 60 e poucos quilos. Que é como estou agora, e muito triste, por sinal. Tenho de perder três quilos. É uma psicose essa coisa do corpo hoje em dia. Afinal de contas, faço na peça a mulher do senador, que está casada há 43 anos, cheia de filhos e netos. Não vou participar de um *fashion*. Não vou ser candidata a modelo. Então, não há necessidade de eu me preocupar tanto assim com o corpo.

Concorda que há uma preocupação agonizante atualmente com a forma física? Isso sacrifica muito as meninas.

Sacrifica as meninas e as mais velhas. As velhas mesmo. Como eu, que não tenho vergonha nenhuma em dizer a minha idade. Outro dia, em Brasília, fizeram uma propaganda minha em jornal, grande, e a Isnard botou assim: "Bibi Ferreira canta hoje" e não sei o quê. Eu cantei com a Filarmônica de lá. Um negócio lindíssimo, com a presença de Sua Excelência o presidente em exercício José Alencar, com o amor da Mariza, a mulher dele. E leio assim: "Bibi, com 87 anos." Chegou ao espetáculo, e eu disse: "Isnard, muito obrigada pela página inteira da propaganda que você me deu, mas estou zangada com você. Eu não tenho 87 anos. Tenho 86." E, sendo uma diferença tão pequena, o pessoal realmente fez cara de quem não entendeu nada.

O pessoal riu? Mas é uma diferença!

Riu. É uma diferença, mas é uma brincadeira.

Você não me parece uma mulher que entraria num palco sem saber exatamente que gesto fazer, como dizer cada palavra.

Não. Tive muitos bons diretores também. Comecei com Procópio Ferreira. Depois tive Madame Morineau. Depois tive Flávio Rangel. Tive Gianni

Rato. Tive também Antunes Filho, Ademar Guerra. Agora tenho Jô Soares. Gente que lhe dá daqui e acolá, e vai formando a sua opinião na arte de representar.

E você nunca foi de perder nada. Prestou atenção em tudo o que cada um lhe falou.

Ah, sim! Tive a sorte de não precisar discutir. De querer fazer diferente. Eu aceito. O difícil é justamente você aceitar. E você tem que aceitar porque não é você que está representando, é o personagem. Se você quer fazer do seu jeito, é seu jeito. Não é você. Eu sou Lucília. Tenho que fazer como o Jô Soares falou. Como tive que fazer a *Gota d'água* como o Gianni Rato pediu.

E foi bárbara. É o grande trabalho da sua vida, *Gota d'água*? Tem um grande trabalho ou você destaca vários?

Vários. A *Gota d'água* foi difícil. Muito difícil pelo tamanho, porque é uma obra para levá-la inteira. Nós levamos em duas horas e pouco. Eu, com solilóquios. De repente, você passa do diálogo para o solilóquio, o que é muito difícil. Canta também, na mesma peça. Mas quando você pega uma Piaf também é dificílimo. Nós assistimos a um VT que veio dos Estados Unidos. A peça da Palm James. O Flávio Rangel disse: "Bibi, eu, Flávio, não admito que uma Piaf seja mostrada ao público antipática desse jeito. Como está nesse VT." Era da Shakespeare Company. A atriz ganhou o Tony lá. Mas o Flávio Rangel não quis. Então, ele e o Millôr Fernandes mexeram na Piaf. Pegaram dela o que tinha de cômico. A Piaf tinha muita graça, ria muito. As gargalhadas dela eram famosas. Mas tinha que haver a situação dramática para poder colocar isso tudo. O Flávio e o Millôr fizeram isso. E foi outro grande sucesso. Se não o maior sucesso meu até agora.

E você pesquisa. Quando entra no palco para fazer Piaf, Amália [Rodrigues, cantora de fado portuguesa], você sabe tudo delas?

A gente tenta, claro.

Se tiver imagem, filme, VT, você vai ver? Porque tem gente que diz que não vê para não se deixar influenciar.

Lógico que vejo. Eu acho essas duas personagens muito importantes. O desbocado da Piaf, o largado, uma mulher que não ligava para nada. Não ligava para roupa, para cabelo. Para nada. Só queria amar e cantar. Já a Amália Rodrigues, não. Mulher superelegante, chique, com uma voz perfeita. Sabia que era bonita. Eu tenho que sentir que sou bonita porque estou de Amália

Rodrigues em cena. Há necessidade de ler, de estudar, de ver os documentários, de ler as entrevistas que elas deram. Isso é muito importante para o ator. Nessa peça, *Às favas*, não posso recorrer a nada. A não ser ao talento imenso do Juca, que escreveu uma comédia que acho divina, e ao Jô Soares, que colocou isso em cena.

E ao talento de Bibi Ferreira.

E aos colegas que tenho em cena. Agora vou fazer com o Gracindo Júnior. Já trabalhei muito com ele. A Bárbara Paz também está no espetáculo. A Neusa Maria Faro, que já trabalhou comigo na peça *Sete minutos*, quando dirigi a companhia do Antonio Fagundes. E o Daniel Warren, que é um grande talento. Um rapaz muito jovem e em quem eu confio como o grande ator jovem do Brasil.

Uma mulher que estreou com 24 dias de vida, fez grandes peças, está em cartaz e pronta, com uma agenda forte para 2009. Tem Buenos Aires, Sul, Norte e Nordeste do Brasil. Um CD todo em inglês. Enfim, Bibi está sempre cheia de planos, né? Essa mulher deixou de lado a televisão?

Ah, a televisão comigo foi um problema! Eu adorava a televisão. Nos anos 1960, estreei aquele programa na TV Excelsior de São Paulo, o *Brasil 60*. Era um programa vivo, rico, todos os atores, os grandes cantores se apresentavam, as grandes orquestras. Muito bom. Quando inventaram o VT, a minha vida na televisão acabou. Quando começou a gravação, a edição. Não precisava, porque meu programa era ao vivo. Eu entrava às oito horas da noite e saía às dez. Era tudo inteiro. Mas depois começaram a querer colocar umas coisas no meio, a trocar. Fazer uma resenha, não sei mais o quê. Por essas e outras que perdi o elã, a vontade de trabalhar na televisão. Por causa da gravação. Um dia, eu estava entrevistando uma das figuras mais importantes da época e para nós, para sempre, o professor Darcy Ribeiro. Escuto: "Pronto, Bibi, gravando!" Gravando. Já não é como a pessoa entrando e dizendo: "Ó professor!" Eu: "Professor Darcy Ribeiro, muito obrigada pelo senhor ter vindo aqui no nosso programa. Principalmente hoje que eu sei que o senhor acabou de dar uma palestra grande, imensa, na ABI do Rio. Depois, tomar um avião, vir para São Paulo e agora estar aqui me concedendo, com muita honra, essa entrevista. Muito obrigada, professor." Escuto: "Parado!" Pergunto: "Parado como? O que houve?" Me respondem: "Não, parece que o som pegou uns espaços aqui atrás e a luz deu um clique em algum lugar. Pode ir, Bibi. Do começo, vamos embora." Eu: "Professor Darcy Ribeiro, é um prazer tê-lo aqui. Muito boa tarde!" De novo: "Parado!" "O que houve agora?" "Você disse boa tarde e é boa noite." Não deu. Aí começou essa briga. E eu comecei a perder a vontade de fazer a entrevista. Falava com o professor Darcy sem a mesma ênfase inicial.

Perdeu a espontaneidade da coisa, né?

Comecei a ficar zangada. Comecei a perder a alegria. E se você perde a alegria... Como em qualquer coisa da vida, a alegria, o prazer de fazer, tem que estar na frente. Foi isso o que aconteceu. Aí, não quis mais fazer televisão.

Nem novela, nada te seduz?

Novela não me seduz porque não tenho um grande prazer de me olhar na televisão. Numa novela, eu iria aborrecer tanto a produção e a direção, mas tanto, que iam pedir para eu sair. Claro que sim. Na hora que me dissessem: "Vamos fazer, gravar outra vez?" Eu: "Como gravar, fazer outra vez? Só essa vez, porque posso fazer melhor." "Gravando!" E eu: "Olha, posso fazer melhor, ainda assim." Não dá. Isso no palco está muito bom. Na televisão, não. Um segundo custa uma fortuna.

E cinema? Nem como diretora?

Dirigir cinema nunca! O teatro é a coisa que mais amo no mundo. Me desculpem os cineastas. Cinema tenho paciência só para assistir. Para dirigir, não. Não consigo entender o tempo do cinema. Existe certa coisa que, no teatro, eu acho que domino. Agora, eu me assistir, jamais!

Você é uma pessoa de muito humor. Tem o olhar bem-humorado. Debochado, no sentido de crítico.

Muito.

Você não se leva muito a sério. Brinca até com você, não brinca? Por quê?

Muito. Porque isso faz a vida ficar melhor também. A conscientização tem que ser alegre, para você admiti-la.

Acha que sempre pode fazer melhor até hoje?

Claro! Parece mentira, estou há mais de um ano fazendo *Às favas*, porque estreamos em maio de 2007. E antes de dormir fico pensando se não estou um pouco acima daquilo que tenho que ser. "Não é assim, Bibi." E converso muito comigo. Telefono muito para o Jô. Digo: "Estou enguiçada aqui com uma cena." Aí ele desenguiça. E pronto. Estou sempre preocupada com o que vou fazer. Nunca estou satisfeita. Por isso que digo: o diretor de televisão de uma novela que eu fizesse ia dizer: "Rua! Ou ela ou eu!" Ia dar muito valor ao eu.

Você disse que liga para o Jô para comentar uma cena que está passando na sua cabeça. Eu ouço aqui no *Sem Censura*, e já ouvi em vários camarins da vida, sobre o orgulho que as pessoas têm de serem dirigidas por você. A alegria, a reverência. Vou citar uma que eu adoro também que é a Bethânia. Ela cita orgulhosamente o fato de ter sido dirigida por você.

É que não se dirige as pessoas. Essas pessoas com as quais eu lidei, essas que eu disse que dirigi, não se dirigem. Você apenas diz: "Bethânia, que tal você sair daí e vir para cá porque vai pegar você numa contraluz linda." Você não dirige Fagundes. Você não dirige essa gente, não. Apenas conversa com eles. Determina que eles façam uma marcação para facilitar a sua. Mas você não dirige com aquela autoridade de quem sabe tudo. É muito difícil lidar com ator. Ele é muito sensível. Principalmente o Fagundes, que era autor da sua própria peça [*Sete minutos*]. Tem que lidar com muito respeito, com muito carinho. São dois grandes amigos hoje. Por quê? Porque eu soube lidar com as dificuldades que a peça tinha, cortando algumas coisas que eu achava que não deviam ser ditas. Ele concordou porque é uma pessoa boníssima e inteligentíssima, e daí fomos em frente. E discutimos. E a cada dia mais carinhoso. Era só isso dirigir o Fagundes. Mais carinhoso, mais alto, mais baixo. Não vai chegar para uma pessoa e dizer: "Está tudo errado. Não é nada disso, ô cara! Entra de novo." Você é o rei pra falar dessa maneira?

O teatro tem um tempo maior de ensaios, o que facilita o trabalho do diretor. Em show cujo tempo é sempre mais curto, como fica essa função?

Como sempre faço espetáculos musicados, venho de *My Fair Lady*, de revistas, de *Alô, Dolly*, de *O homem de la Mancha*. Então, fazendo tudo isso, estabeleci um processo. Tenho um poder logístico fantástico. Consigo dividir as coisas, departamentos estanques com muita facilidade. Sem ter muitos ensaios porque isso em show não é possível. Você mal entra numa casa de espetáculos e já está estreando. Você não tem uma semana de ensaios. Quatro, três, dois, um dia de ensaio. Um! Assim mesmo, é tudo junto. É a luz, é o som, é a roupa, tudo ao mesmo tempo. Eu faço assim: levo para a minha casa, pego um papel, desenho o cenário, porque todo mundo sabe onde são as entradas e saídas, e estabeleço um processo. Digo ao iluminador: "Você vai estar com o canhão azul aqui, eu vou entrar aqui. Na hora que eu entrar, você acende. Agora, os quatro meninos vão vir do fundo. Então, você, por favor, bota em contraluz e vem nesse momento. O texto está aqui, então você segue por esse texto. Então vamos fazer: eu entro aqui, no azul, os meninos vêm na contraluz. Não é isso? O texto está aqui. Leia. Aprenda. Decore." E assim eu faço tanto comigo, quando estou me dirigindo, como com todo mundo.

Tem um exemplo de algum show que você dirigiu e só teve um dia para isso?

A Roberta Miranda. Não tivemos nem um dia no Canecão. Ela entrou de cara. Na hora do espetáculo [*Pele de amor*]. Porque de tarde estavam montando a banda, o som e o cenário. Não deu para nada com a Roberta. Falei: "Roberta, você entra até aqui, vai acender a luz em você, e você canta 'Risque' aqui, depois vem para cá e faz 'Carinhoso', depois daqui você vai para lá. Agora, vem de costas para cá porque vão pegar você na contraluz. Vai ter uma silhueta. Você pega o violão que o contrarregra trouxer." Então, tudo é feito num mapa, na sala de ensaio. Na maioria das vezes, nos estúdios.

E milagrosamente sai tudo certo. É isso?

Tudo, tudo certo, porque a pessoa tem que prestar atenção e fazer para que eu veja. Digo: "Agora faz você." Dou o mapa para a pessoa e ela vai dizendo o que tem que fazer. É isso. Você estabelece. O bonito, o difícil, é dar o tempo justo. Vai cantar uma vez só. Cada canção vai ser uma vez só. Porque, senão, nós temos muitas canções que não são cantadas há muito tempo, e o público quer ouvir todas, e não ficar numa só. Desta feita, vamos fazer uma vez só. Para ter assim, um desenho, uma figura. Tem uma qualidade, tem um som, tem um delinear. Fica tudo mais ou menos como falei no início: harmonioso. Se tiver harmonia, está tudo certo. O que sustenta é a harmonia do autor. É muito gostoso, apaixonante. Se eu começar a falar aqui de teatro, não vou parar mais.

Você gosta de todas as partes de um espetáculo?

De tudo. Adoro fazer luz. Ela é uma coisa maravilhosa. Um espetáculo bem iluminado te alimenta. Parece que é um pedaço de Deus. Deus está ali ajudando um pouquinho, dando um pouco de amarelo, de azul, de âmbar, de verde. É muito belo. Todo esse processo é muito bonito. O cenário também. O cenário que, às vezes, você só conhece no dia da estreia. No musical. Na comédia, não. Na comédia você já tem um outro espírito. Normalmente ele fica pronto com antecedência. Isso é muito bom porque nos sentimos acarinhados, como se aquilo fosse a minha casa, realmente o meu lugar. Já no musical, você não precisa muito disso, porque o que a casa realmente lhe dá é o som e a luz. O cenário já não é tão importante. O cantor fica de costas para o cenário e de frente para a plateia.

E você vê alguma coisa quando está no palco?

Não. Só o canhão, que é uma luz de 4 mil watts, que fica de frente para mim. Às vezes de 2 mil watts. A gente pede de 4, mas não tem. O de mil watts é uma infelicidade. Só é melhor do que não ter nenhum. E você tem a luz que te acarinha.

E não enxergar é bom porque você pode se concentrar mais?

Minha vista é muito problemática. Eu sofro de fotofobia em último grau. A luz me faz muito mal. E a carreira toda com bateria de frente, que são mais ou menos 80, 90 mil watts de cara. Tudo em branco, misturado com um pouquinho de amarelo, de rosa. Aquilo de cara e você fica horas ali. E para eu não começar a lacrimejar faço um tratamento. O dr. Fernando me trata com muito carinho, com muito amor e me dá uns colírios, umas coisas, que eu vou tratando durante a semana. No dia, eu ponho um determinado colírio mais forte. Não que anestesie. Me protege mais ou menos, para não receber aquela luz de forma tão brutal. E que é difícil.

Gosta de saber com antecedência os amigos que estão na sua plateia?

Acho muito melhor não saber quem está assistindo. O Nilson Raman, meu empresário, sabe disso. Ninguém chega para Bibi no camarim e diz: "Ah, fulano está aí." Não diz, porque eu associo coisas às pessoas. Estou em cena, tenho que me preocupar comigo, e fico pensando: a pessoa ia gostar disso, ou não ia gostar. Então, isso é muito preocupante. Não quero saber. Depois sim, vem todo mundo me cumprimentar.

Dessa parte você gosta?

De cumprimentos? Quem não gosta de presentes? Me encanta dirigir. Mas gosto muito mais de representar e de cantar. Muito mais.

E entre representar e cantar?

Talvez cantar. Gosto muito de ter desafios, e cantar é um desafio constante, é mais difícil que falar. Falar, a gente fala. Cantar, a gente tem que afinar.

O canto você também treina, estuda?

Não. Para o que eu faço não há essa necessidade. Sou uma cantora que canta música popular, e não há necessidade de estudar. Posso estudar respiração com a minha professora Hilda Correa, que me ensinou muito. O canto é respiração. Se você respirar, você dá todas as notas que quiser. Se não respirar, não canta.

Você teve professores em casa. Por um lado, você viu o teatro de revista, o musical com a sua mãe.

Tive sim. Foi no teatro de revista que a minha mãe trabalhou.

Você nasceu em Salvador?

É uma coisa incrível isso. Sabe o que é? Teria muito prazer se tivesse nascido em Salvador, mas não nasci. Nasci no Rio de Janeiro. Minha carteira de identidade diz que eu sou baiana, porque houve uma trapalhada. Sou até capaz de ir presa por andar com os documentos errados. Eu estava em Salvador e tive de embarcar, de repente, de navio para Portugal. Isso em 1954. Não tinha passaporte nem nada. Tudo isso foi feito na Bahia, onde eu estava trabalhando, fazendo a minha companhia-repertório, que era o que ia levar para Portugal, seguindo o caminho da Eva Todor. Foi ela quem abriu esse caminho em Portugal para as companhias brasileiras. Por sinal, um sucesso louco, a Eva. Naquela trapalhada toda, acabou saindo "baiana", por estarmos na Bahia. Não reparei. Quando fui ver, fiquei baiana. Mas não sou. Teria muito prazer em ser.

Pesquisando sobre você, fiquei com duas dúvidas: uma sobre você ter nascido em Salvador e outra sobre a data de nascimento: 1º, 4 ou 10?

Isso são coisas espalhadas porque mamãe teve um parto muito difícil. Sou gêmea. Meu irmão era um menino, que faleceu no nascimento. Mamãe, muito jovenzinha, passou muito mal, parece que não sabia que dia era. Ela afirma que eu nasci dia 1º. Meu pai me registrou a 10, e, não sei por quê, afirma que eu nasci a 4.

Você comemora aniversário nos três dias?

Não, só comemoro no dia 1º. Até porque é mais elegante, por ser o dia do aniversário da Marilyn Monroe.

Uma diva, né?

Lógico!

Quando te chamam de diva, você fica toda metida?

Diva eu odeio. Diva é mais de ópera. A grande diva! É soprano. É outra coisa. Não gosto, não. Me chame simplesmente: Bibi. E pronto.

Seu pai sempre te chamou de Bibi desde o primeiro momento. É isso?

Sempre. Meu pai era meu grande amigo, meu grande confidente e me dava uns conselhos muito bons. "Quando você sentir que um homem que está ao seu lado não gosta mais de você ou está, assim, alheio, pensando numa Helena que anda por aí, por exemplo, saia da jogada antes que ele acabe contigo." Fiz isso e deu certo.

Ele estava certo!

Estava. Humilha. Você ficar perto de uma pessoa que está pensando em outra é humilhante. E me disse: "No teatro, minha filha, o grande segredo está no 'fala alto'."

Você trabalhou com ele?

Com papai trabalhei várias vezes. Minha estreia, que durou uns três ou quatro anos. E fizemos muitas peças, viajamos. Depois ele abriu a minha própria companhia: Companhia de Comédias Bibi Ferreira, no Teatro Fênix, que deitaram abaixo, pelo prazer de deitar abaixo esse e mais tantos outros. Depois, fizemos juntos mais uma turnê. Em Portugal, trabalhamos juntos. E assim foi minha vida com o meu pai. Acho que vi meu pai muito mais no palco do que na vida. No dia a dia, quase não lidei com ele. Mas, no palco, a gente se encontrava bastante.

E com a sua mãe?

Mamãe sempre do meu lado. Era aquela mãe espanhola, que não sai do lado. Que reclama de tudo. Você não conhece a história de mamãe comigo?

Não. Me conta!

Eu melhorei um pouco nesses últimos 15 anos no sentido de me arrumar um pouco melhor, botar uma roupa melhor. Mas teve uma fase hippie, dos cabelos soltos, sem maquiagem nenhuma, tamanco, vestido estampadinho de florzinha. Esse gênero. E minha mãe não gostava, tinha horror. Então, ela fazia assim (*com sotaque espanhol*): "Bibi, que passa? Mira aqui!", me mostrava o jornal. "Olha a Tônia Carrero como se veste bem. Olha como ela é bonita, como está bem. Vê se você se arruma um pouco, minha filha, porque é um vexame." Ela tinha paixão pela Tônia, pelas pessoas que se arrumavam bem. Até que eu tomei vergonha e realmente, nesses últimos 15 anos, melhorei um pouco. Fui sempre um pouquinho desleixada.

O que tinha de mais interessante nessa sua fase hippie?

Pensa bem como hippie é confortável. Acho que foi a fase mais confortável do mundo para a mulher. Não tem que ligar para nada. Essa coisa de ter que se preocupar em fazer unha da mão, do pé, cabelo, corta, pinta, faz maquiagem, bota isso, bota aquilo, acabou nessa época. Também tem uma coisa: quando se é jovem, pode-se fazer tudo isso. Depois a coisa fica mais difícil.

Do salto alto você nunca abriu mão, né? É confortável pra você?

Salto alto sempre usei. Uso tanto Havaianas como salto alto. Para mim é tudo a mesma coisa. Mas acho que o salto alto dá mais elegância. Agora eu me preocupo com a elegância. Porque agora eu só tenho isso.

E os sonhos, os planos?

Quando você estreou esse programa aqui, que é um senhor sucesso? Está no ar há quanto tempo?

O programa tem 23 anos. Eu estou de 13 para 14 anos.

Quando você estreou, pensou que ia ficar 13, 14 anos num programa de sucesso? Um bom programa? Porque uma coisa é ser sucesso, outra coisa é ser bom.

É bom porque pessoas como você vêm nele. O que faz a diferença.

Você nem sonhou. Eu não tenho sonhos, não. Nunca tive, nunca desenhei sonhos. Acho que o que tem que vir vai vir. Acabei de lhe dizer quando sentei aqui: "O homem põe e Deus dispõe." Eu estava com um vestido azul-marinho que é uma gracinha e, por causa do frio, tive de colocar esse casaco vermelho. Mudou tudo. Então, eu sonho em estar com um vestidinho azul-marinho, novo, que comprei pra vir ao *Sem Censura*, e chego aqui, boto um casaco porque está frio, o Rio de Janeiro está gelado. Coisas assim, absurdas. E muda toda a estética da minha vida. Então, não tenho sonhos. Não faço planos. Olha essa peça. Tinha um palpite de que *Às favas com os escrúpulos* ia agradar. Senão, também não teria feito, se achasse que fosse uma peça fraca, que não valeria a pena eu fazer. A força do Juca de Oliveira escrevendo é uma coisa brutal. Você vai ver a peça e vai ver os *twists* que ele dá. Não posso contar o que é. Mas tem um momento na peça que muda completamente e depois muda de novo... É tão inteligente, tão benfeito, tão teatro que é aí onde estão todos os sonhos meus. Com os sonhos do Juca eu sonho. O sonho dos personagens todos. É muito bonita a minha carreira. Isso vem de papai. A ideia é sempre divertir o Brasil.

CARLOS DRUMMOND DE ANDRADE

Não lembro mais como consegui o número do telefone do poeta. Mas consegui e ele mesmo atendeu. Eu fiquei toda atrapalhada, sem jeito, mas mesmo assim consegui marcar a entrevista. Carlos Drummond de Andrade, o poeta maior, via o *Jornal Hoje*. E gostava. Maria Julieta, a filha querida, estava lançando um livro. O poeta aceitou. Marcamos a entrevista em novembro de 1980, na Editora José Olympio, em Botafogo. Não contei para ninguém, peguei a equipe e fui. Acho que eu não acreditava que o poeta iria mesmo falar comigo. E ele falou. E falou com a simplicidade e a simpatia dos grandes. Não impôs condições, não fugiu a perguntas. Doce, meigo, orgulhoso pai da filha querida. O momento mais feliz da minha carreira que começava.

L.N: **Poeta, me explique uma coisa: você não era muito chegado à noite de autógrafos. Agora, fez duas em menos de um ano...**

C.D.A: É que gosto de mostrar, às vezes, que não sou tão bicho do mato, porque tenho ainda alguns reflexos humanos. Então, de vez em quando, eu acho bom comparecer na praça. Viver um momento de alegria em companhia de amigos, de leitores e, principalmente, de minha filha, que é uma grande amizade que tenho há muitos anos.

***Contos de aprendiz* foi escrito em 1951. O que te motiva fazer essa reedição agora?**

Acho que o livro, apesar do meu assombro, tem leitores, não é? Há pessoas que se dão o trabalho de ler meu livro. Isso me conforta muito. Quer dizer que não é de todo inútil escrever. E no Brasil me parece que é importante fazer com que os escritores escrevam e os leitores leiam.

Você acha que o número de leitores tem aumentado no Brasil?

Certamente. Principalmente com o advento dos estudos universitários, nota-se que os estudantes, desde o nível médio até o superior, se interessam mais pela literatura, em conhecer os escritores. Inclusive em ter um conhecimento pessoal dos escritores. Isso é muito simpático. Mas, às vezes, dá um pouco de trabalho, porque nem sempre você está à disposição. Dizem que escritor é aquele que escreve. Às vezes, escritor é aquele que não escreve porque não tem tempo, porque tem que conversar com os outros. Mas é bom, agradável. Se não tivesse ninguém me procurando, eu ia ficar muito triste.

Você é considerado o poeta maior. E quem são os novos poetas hoje? Os compositores populares?

Eu protesto contra essa designação de poeta maior. Isso não tem sentido. As pessoas são poetas. Às vezes se esforçam por ser poetas. E mesmo os bons poetas deixam de sê-lo, esquecem e fazem coisas tão vulgares, tão banais, se repetem. Acho que não há essa medida do poeta, não. Agora, quanto aos novos, é difícil dizer quais são os que se destacam, porque há realmente uma explosão de poesia no Brasil. Desde os livros impressos, que as editoras se interessam em publicar poesia, como até essa publicação, quase clandestina, de rapazes que fazem isso no mimeógrafo e saem vendendo pelas ruas. É uma atividade poética muito intensa e da qual deverá surgir alguma coisa boa. Espero que sim. Quanto aos compositores, é um pouco diferente. Suas contribuições são muito ponderáveis e até mais importantes que a de poetas ditos eruditos. Exemplo disso é Vinicius [de Moraes], que conseguiu ser as duas coisas e acabou preferindo essa vertente popular. Nela, Vinicius pôde se manifestar melhor e sensibilizar milhões de pessoas que não tinham acesso aos livros. Eu acho isso importante. Realmente é uma força muito ponderável na cultura brasileira.

Você é otimista?

Sou inteiramente otimista. Sem deixar de ser pessimista com relação à vida. Uma vida que se passa no meio de bombas nucleares e outras bombas menores, eu acho que não é, realmente, uma coisa muito alegre. Mas a gente vai fazer o possível para viver bem, viver em harmonia, em paz com os outros. E acho que a poesia preenche essa finalidade. A poesia faz bem. Ela cria certo contato, certa convivência com as pessoas. Desde o namorado para a namorada, como desde o amigo para o inimigo, para a pessoa que recebe uma mensagem fraterna e, talvez, se torne menos inimigo.

Você diz em "Mãos dadas" que não queria ser o poeta de um mundo caduco.

Realmente, o mundo caduco é um mundo que nós estamos vendo, mas que deixa margem para que dele surjam algumas novas formas de mundo, de convivência. E eu tenho esperança nessas coisas. Pode não ser na minha geração, pode não ser na próxima. Mas, evidentemente, o homem caminha. Nós não estamos mais na idade da pedra, não somos mais homens da caverna. Nós aprendemos algumas técnicas de convivência. Então, vamos aperfeiçoá-las.

Eu achava que você era taciturno, mas é muito bem-humorado.

Gosto de um pouco de molecagem. Sinto não poder dar mais cambalhota. Se fizer isso agora, quebro um pedaço da espinha, um osso fica fora do lugar, eu saio todo torto. Mas eu gosto de fazer minhas brincadeiras, principalmente quando vejo criança pequena. Outro dia, eu conquistei uma criança de 1 ano. Ela não queria mais ficar com o pai. Resolveu ficar comigo. Comecei a mostrar uns quadros lá em casa. Ela não sabia falar, ficava apontando para a parede e agarrou-se ao meu colo. Quando o pai chamou, ela virou a cara. Achei que ela era uma contista. Quer dizer: a população de 1 ano de idade está inteiramente do meu lado.

Como você lida com a crítica?

A crítica é boa, porque impede que você fique muito vaidoso, muito metido a sebo. Na mocidade, passei por um pedaço bem duro. O pessoal era todo contra mim. Achava que eu fazia versos malucos, como aquele da pedra no caminho. Por isso diziam que eu era doido, débil mental. Havia também o poema pornográfico. Aí diziam: "Como pode um homem que dá esse conselho — 'sejamos pornográficos' —, trabalhar no Ministério da Educação? Que exemplo ele dá para as moças?" Era muito engraçado. E as pessoas ficavam espantadas quando iam tratar comigo e viam que eu "regulava", que era uma pessoa normal. Que atendia as partes, despachava os processos, atendia ao telefone. Eu procurava trabalhar normalmente, sem nada de especial. Aí falavam: "Olha, eu achava que o senhor fosse lelé da cuca, matusquela, doidinho."

Em Minas tem tanto doidinho...

Minas é uma terra de doidos. Mas doidos que convivem muito bem com o juízo, eu acho. Minas Gerais é o paraíso ideal dos loucos, porque eles são bem tratados lá. O louco do interior de Minas é um louco bem-tratado. Eu faço parte dessa sociedade. É perigoso quando o louco chega ao poder, quando é eleito governador, ministro. Presidente da República, então, é um caso sério. Nós já tivemos exemplo disso, não é?

E quanto ao futuro do Brasil, o senhor é otimista também?

Eu vou desenhar o futuro do Brasil? Está entregue aí a esses homens que tomaram conta do governo. Pergunte a eles. Eles devem saber. Acho que eles sabem. O general Golbery [do Couto e Silva, chefe do Gabinete Civil do presidente João Figueiredo] deve saber. Ele, que anda de fraque, deve saber mais que eu, que só uso paletó-saco e camisa esporte.

Uma vez a Elke Maravilha me contou que ia andando na rua e encontrou com você...

Foi um escândalo. Foi muito engraçado. Foi em frente ao Bar Bico, em Copacabana. Aí as pessoas todas pararam. Aliás, o Bar Bico está muito ligado à minha vida. Quando o Fernando Sabino fez aquele filme, um curta-metragem sobre escritores, sobre Jorge Amado, Érico Veríssimo e sobre mim, tinha uma cena no Bar Bico, lá em Copacabana. Eu ia tomar café em pé e chegava uma moça com uma porção de livros debaixo do braço, que era uma estudante de Letras. Ele arranjou uma moça tão bonita, mas tão bonita, que eu fiquei parado assim. Falava, falava e não acabava mais. Aí diz o Fernando: "Corta, corta." E eu não queria cortar. Afinal, ele casou-se com essa moça. É a Lígia Marina. Eu fiquei deslumbrado a primeira vez que vi a moça. Que estudante maravilhosa. E o pessoal do Bar Bico também ficou espantado. Outra cena muito engraçada foi quando entramos no ônibus, porque ele ia me filmar como eu sou. E eu não gosto de andar de carro. Então, tomei meu onibusinho. Aí o banco estava ocupado por uma senhora. O Fernando pediu: "A senhora dá licença de ceder esse lugar para o *cameraman*?" A mulher: "Eu paguei a passagem. Não cedo." Morremos de rir. Não deu certo, a cena não saiu boa. A melhor cena foi uma em que eu revelei certo talento cômico, humorístico, nas colunas do Ministério de Educação. Eu me escondia atrás de uma coluna e aparecia atrás de outra, misteriosamente. Bom, acho que já falei demais.

O que você acha da questão da mulher hoje no Brasil?

Acho que a minha filha Maria Julieta ilustra bem esse esforço da mulher no sentido de ela se construir uma pessoa autônoma, independente, pensando pela própria cabeça e influindo na sua própria vida. As mulheres estão fazendo um grande trabalho nesse sentido. O que eu acho muito simpático. Até então, nós éramos proprietários da mulher. Hoje elas não são mais propriedade nossa. Isso é ótimo.

Que ninguém seja propriedade de ninguém...

É lógico. Nem nós sejamos propriedade das mulheres.

Estão surgindo uns movimentos de libertação do homem nos Estados Unidos.

Acho que o homem não precisa muito desse movimento. O homem precisa ceder alguns dos privilégios que ele sempre teve, para haver uma competição saudável, sobretudo no mercado de trabalho, entre o homem e a mulher. Isso é o que eu acho, uma vez que ela conquista a independência econômica, não se dobra mais a caprichos masculinos, nem a gente vai domesticá-la como se fosse um bicho, um gato. Acho que a coisa está caminhando para um equilíbrio bastante razoável nesse sentido.

São 78 anos. É muito?

A gente não tem a ideia de que a vida passou não, sabe? É uma experiência que você não pode apreender bem, porque só mesmo vivendo. Olhando pra trás, a gente vê que tudo aconteceu extremamente rápido. É uma coisa curiosa isso. Não dá para sentir a idade, não. Dá para sentir que o negócio foi muito veloz, um processo demasiado rápido. Como se tomasse um avião supersônico. Uma coisa assim. Eu me lembro de coisas da minha infância como se tivessem passado ontem. Então, chego à conclusão de que tudo passa num minuto, mesmo.

Você não se importa de continuar trabalhando diariamente?

Eu sou obrigado a trabalhar. A opção da vida é trabalhar. As aposentadorias que o governo me deu são uma brincadeira. Tenho que trabalhar até o fim. Até o último dia. Eu gostaria de ter certa liberdade para fazer aquilo que gosto. Para fazer meus versinhos. Mas agora sou obrigado a dar umas cambalhotas, fazer umas peraltices para o público três vezes por semana no jornal. Há dias em que eu digo: "O Drummond hoje está chato." Porque nem sempre você está bem disposto para levantar às sete da manhã, botar o traseiro na poltrona e ficar batendo máquina. Há dias que dá vontade de não fazer nada. Mas na hora certa chega lá o mensageiro do jornal para receber o negócio. Eu sou um profissional, como todos nós somos. E faço aquilo mecanicamente. Nunca falhei, a não ser por motivo de doença ou viagens. Por motivos realmente muito ponderáveis. Não só não falho, como não atraso. Acho que é uma obrigação da gente. Está dentro de uma engrenagem, não é? Isso não quer dizer que eu tenha admiração pela engrenagem, que ache aquilo uma maravilha. A gente pode até dar uma banana para ela, no íntimo. Mas, na realidade, temos que fazer uma tarefa. Então, façamos da melhor maneira possível. A essência do profissionalismo está aí. Então, tenho que fazer aquilo normalmente. Agora se eu fosse economicamente independente, não sei o que eu faria. Talvez me chateasse, até. As pessoas ricas, você já notou, têm muito medo de perder o dinheiro, a riqueza. De mudar a cotação da bolsa, do dólar, essas portarias do Ministro da Fazenda, da Cacex. É muito chato. Você não dorme sossegado. Tendo apenas seu salário e não passando fome, acho que é muito melhor.

Do que você gosta? Do que não gosta?

Carro, por exemplo. Eu nunca tive carro, a não ser quando eu trabalhava para o governo. Quando eu saí foi um alívio para mim. Eu gosto de andar a pé. Não sei dirigir. Nunca quis dirigir. Aliás, seria mau motorista, que atropelaria todo mundo. Gosto muito de andar a pé e fiquei muito satisfeito quando fui ao médico há pouco tempo e ele me perguntou se eu andava. Respondi que sim. E ele me disse: "Então, ande mais." Aprendi com uma amiga minha: para você andar bem, tem que andar no mesmo ritmo, se possível na mesma direção, em linha reta, e não parar. Se você vai com velocidade, continue com velocidade até o fim. Se vai lentamente, continue lento. É impossível ir em linha reta, mas procure sempre ir no sentido da direção reta. Com esses três elementos, andar é bom para a saúde. Não é negócio de fazer *cooper*, essas coisas. Isso aí eu acho meio chato. É andar simplesmente, movimentar as pernas. Não conheço o Maracanã. E outra coisa que também não conheço, a ponte Rio-Niterói. Não conheço também o metrô. É que acho que as coisas não são tão importantes assim, não. É melhor ter uma ideia das coisas do que as coisas propriamente ditas. Uma relação humana vale mais que um objeto, que uma ponte. O Burle Marx convidou um amigo para ir ao seu sítio, e, quando terminou o fim de semana, o Burle disse: "Muito obrigado. E quando é que você volta?" E ele respondeu: "Nunca." O Burle: "Por quê?" Ele: "Já vi." Acho perfeito.

E na praia também você nunca foi?

Ia quando... Agora eu tenho varizes. Eu não sou um espetáculo muito empolgante, não. Tem tanta garota bonita lá, eu vejo quando elas passam. A praia não é mais para mim, não. Nunca aprendi e nunca tive de aprender a nadar. Eu tenho pouca curiosidade. A minha curiosidade é toda interior. Eu gosto de imaginar as coisas. Ver as coisas não é muito importante para mim. Eu fico quietinho no meu canto e, com isso, não chateio os outros, você não acha?

Você não fuma nem bebe?

Gosto de um uisquezinho, mas para mim não faz falta beber. Gosto de uma cervejinha, de um chopinho, mas, não tendo, eu não me importo. Fumar, nunca fumei. Eu comecei no colégio, estreei numa festa de barraqueiros e fumei um charuto de matar ratos. Foi péssima a experiência. Nunca mais. Horrível. Mas uma bebidinha, de vez em quando, é bom. Sobretudo quando a gente já começa a ficar alegrinho. Podendo dizer coisas que não diria normalmente. Sem chegar ao exagero, sem fazer papel triste e ficar dependendo dos outros para ser levado em casa. Mas quando ela provoca uma certa fluidez mental, eu acho bom. Uma alegria, que a pessoa fica mais liberante, mais cordial, achando tudo bom, todas as pessoas deliciosas.

Você tem um método de trabalho?

Tenho horários. De manhã escrevo para o jornal. Para meu uso, escrevo sempre que posso, sempre que tenho papel nas mãos. Quando estou no ônibus vem uma ideia e não tenho papel, aquilo voa e não volta mais. É chato isso. Em geral, escrevo em casa à noite ou de manhã. Gosto muito do meu escritório, de arrumar meus arquivos. Tenho um papelório grande que me acompanha por longo e longo tempo. Cartas dos meus amigos de 1925 e das quais, de vez em quando, eu publico uma. Coisas de pessoas que já morreram e que dão uma saudade.

Você tem um arquivo enorme, então?

É grande, sim. Agora já não cabe mais nada. Eu seleciono, e o que não for de muita importância eu não guardo, por não ter lugar. Lá em casa não pode virar um depósito de papel. Livros também eu guardo poucos agora, porque não tenho lugar. Mas é bom o escritório, o telefone perto, que você se comunica com o mundo inteiro. Aquilo é muito bom. Eu sou bastante telefoneiro, não sei se existe essa palavra. Mas gosto muito de telefone. É muito difícil se encontrar com as pessoas, hoje já não se tem mais lugares para se encontrar. Isso é muito raro. Tem a reunião do Plínio Doyle aos sábados [evento literário conhecido como Sabadoyle], que é muito agradável. Conversa de bar, de café, acabou completamente. Então, o telefone ainda é o último elo de relação humana no mundo.

Você é amargo em algum momento?

Pelo contrário. Eu era um rapaz meio maluco, anarquista, anarcoide, inquieto. Fui expulso do colégio porque tinha apelido de anarquista. Não era muito conformista, não. Então, encontrei na minha adolescência, na minha geração, um grupo de seis ou sete rapazes, todos eles esplêndidos, que me ajudaram muito. Eram pacientes comigo. Se eu tivesse vontade de praticar um ato assim mais antissocial, eu ficava com vergonha, porque eles não chegavam a esse ponto. Mas eles também eram livres, independentes. O Milton Campos, que foi governador de Minas, excelente pessoa; Abgar Renault, que hoje é membro do Conselho Federal de Educação; Emílio Moura, um poeta finíssimo, muito delicado, meu compadre; Ciro dos Anjos, que também é meu afilhado de casamento e meu compadre, romancista; Alberto Campos, que já morreu. Foi ele quem me deu o meu primeiro emprego. Eu estava metido no interior, ia ser fazendeiro e não entendia nada. Não sabia distinguir um cavalo rosilho de um cavalo pedrês. Então, ele me arranjou um trabalho num jornal lá em Belo Horizonte e eu saí correndo, casado de pouco, com a minha mulher grávida, e fui lá para o jornal de Belo Horizonte. E com isso comecei a minha vida. Trabalhei muito em jornal e senti não poder fazer carreira de jornalista militante, porque não houve condições. Fui atraído pela burocracia. Tinha ainda João Afonso, enfim, vários outros amigos. Pedro Nava, também amigo bem chegado, bastante boêmio. Naquela época, nós formávamos uma dupla bastante incrementada.

Você já foi boêmio?

Acho que sim. Tive uma mocidade livre, passava as noites nas ruas praticando loucuras. Mereço o título de boêmio. No passado, né? O Pedro Nava conta nas memórias dele muitas coisas que nós fizemos. Ele conta com pseudônimo, troca os nomes, não quis criar nenhum problema. Eu disse: "Ô Nava, você deveria ter dito tudo, realmente, porque fizemos aquilo que foi possível. Nos destacamos lá como malucos, para irritar a família mineira." Naquela época não era a tradicional família mineira. Não tinha esse nome, mas era tradicionalíssima. Era uma gente muito fechada. Não havia contato entre rapaz e moça. A moça estava sempre ao lado do pai ou de um irmão com bengala. Bengala era uma coisa perigosíssima, porque não era ornamento, era para bater na gente, se, por acaso, a gente avançasse o sinal.

Tinha que ter um cuidado.

Havia um desfile de moças na Praça da Liberdade. Os rapazes ficavam assim, parados, e as moças desfilando. Ninguém tinha coragem de chegar perto delas. Era difícil. Desse ponto de vista, atrapalhava. Mas, por outro lado, era saboroso porque a gente ficava imaginando delícias mil. Hoje em dia tudo é permitido. Acho que não se deve sentir tanto prazer quanto antes. Tudo era muito saboroso, muito gostoso.

Quando você conversa com esses jovens, com seus netos, o que você sente neles em relação à vida?

Eu compreendo muito a inquietação do jovem porque eu, quando jovem, fui muito inquieto. Até antissocial, mesmo. Então, eu atribuo a esses meus amigos uma espécie de contenção que eles exerceram na minha vida e moderação, de modo que eu não me perdesse. É uma fase normal e que pode, perfeitamente, ser superada. Agora sempre há, em toda geração, uma porcentagem de gente que se perde. É inevitável. Não é problema de agora. Há uma coisa admirável na mocidade hoje que é, por exemplo, o interesse pela música. Não é que não gostássemos, mas nós não nos interessávamos pela música. Nós nos interessávamos um pouco por artes plásticas. Mas muito por literatura. Era só literatura de manhã à noite. Hoje não, há uma espécie de interesse geral das pessoas, que cobre um leque. É o balé, a música popular, a música erudita. Acho muito bom essa coisa que têm os rapazes de hoje, em geral, e as moças. É o interesse global pelo mundo.

É um interesse que você também tem.

Acho que já tive. Hoje em dia estou meio cansado, meio cético. Não tenho mais interesse por certas coisas, não acho muita graça, não.

Em que você acha graça?

Acho graça na vida tão absurda, tão maluca. Acho graça até na política. O caso do Riocentro [atentado de 1981] eu acabo achando graça, porque não se pode fazer nada para que se descubra a verdade. Ninguém sabe. Ficou combinado que não vai se apurar a verdade. Então acabou. Não é divertido? É uma peça, um vaudevile, uma comédia. Mas nem vale a pena falar nisso, não.

Você acha que falta amor no mundo de hoje?

Acho que não. Talvez a expressão do amor esteja sendo agora mais agressiva, mais direta, mais fácil e um pouco barateada. Mas é uma coisa profunda. No dia em que acabar o amor, não existirá mais vida. O amor é fundamental. Acho que existe, sim, muito amor. Várias formas de amor.

Você respeita todas elas? Você tem algum grilo com as coisas que são discutidas hoje, como o homossexualismo? Você se assusta?

Acho que há certo mau gosto exibicionista. Não gosto disso. Mas dou a todo mundo o direito de fazer o que quiser. Cada um faça o que quiser. Não vou ser crítico da sociedade. Não tenho nenhuma doutrina filosófica, política ou sociológica para condenar a humanidade. Para o meu gosto, algumas formas são desagradáveis. Podiam ser mais delicadas. Acho que há um pouco de ingenuidade em exibir certas coisas que não me parecem as mais bonitas. Há tanta coisa bonita na vida.

Você se sente feliz?

É uma pergunta tão grave. Como vou dizer se estou feliz. Estou vivendo. Não estou de mal comigo e não estou de mal com a vida. Então, acho que é o bastante. Tenho amigos, pessoas que gostam de mim. Isso pra mim é muito bom. Pessoas generosas, bondosas para comigo. Como vou achar ruim a vida, né?

Você conserva esse mineirismo, gosta de ter nascido em Minas?

Acho um pouco de exagero esse negócio de que mineiro é diferente dos outros. Outro dia, o Ziraldo contou uma história muito engraçada de dois mineiros que estavam sentados na beira da estrada, pitando seu cigarrinho de palha, e, de repente, passou assim um elefante voando. Aquele barulho todo. Então os mineiros olharam, olharam e não disseram nada. Continuaram imaginando coisas. Passou outro elefante voando. Um terceiro, um quarto. Quando passaram muitos elefantes voando, um dos mineiros levantou-se e falou para o outro: "Ó compadre, só tem uma explicação para isso. É que o ninho deles deve ser aqui por perto." Como diz o Ziraldo, o que o mineiro quer é a explicação das coisas. O fato em si não tem importância alguma. Fernando Sabino também conta a história da venda à beira da estrada. O sujeito perguntou: "Seu café é bom?" O dono da venda respondeu: "Não têm falado mal dele não, senhor." Essas coisas dão certo sabor ao temperamento mineiro, mas, na realidade, o mineiro é uma pessoa como qualquer outra. Não tem nenhuma diferença. Ama, sofre, tem dor de barriga, paga imposto, reclama contra o imposto exagerado, acha umas coisas ruins e outras boas e gosta de viver em paz. O mineiro não é muito guerreiro, não. Mas, quando precisa, tem aí um Tiradentezinho para ser sacrificado. Ele é muito comemorado por todos os governos, e não é de hoje. Vão lá em Ouro Preto, onde está a estátua dele, e dizem que ele é um herói. Agora, se ele estivesse vivo, eu queria ver o que eles fariam com Tiradentes. Fariam as maiores misérias com ele. Mas Tiradentes é um grande herói, morto, que não está incomodando. Os mineiros, em geral, não incomodam.

Um dos primeiros poemas que a gente toma conhecimento de que Drummond existe diz assim: "Itabira é apenas um retrato na parede. Mas como dói..."

Esse negócio me causou certo aborrecimento, porque lá em Itabira achavam que era pouco caso com a cidade. Ao contrário. Isso é o testemunho da presença, como gente, de Itabira, na minha vida, no meu ser. Se tenho na parede uma fotografia com a vista de Itabira, é porque quero guardar aquilo na memória. Não vou lá, porque meus parentes morreram, meus amigos morreram. Itabira hoje é uma cidade de milhares de habitantes, gente de fora que migrou para lá por causa daquela companhia que faz a extração do minério. Então, vou lá para quê? Para ver um passado meu que não existe. Para sofrer, para me angustiar? Então, eu vejo a minha Itabira do passado na fotografia, na parede.

Quer dizer que é verdade, você tem mesmo Itabira na parede?

Tenho um quadro a óleo de um pintor e guardo muitas fotografias de Itabira no meu arquivo. Acho que eu sou melhor itabirano aqui. Às vezes, quando preciso meter o pau na Vale do Rio Doce, eu reclamo, xingo-os um pouco. Não vai adiantar nada, mas lavo a alma. Faço melhor do que indo lá para assistir às ruínas do meu tempo. A mocidade morta do meu tempo. Mas eu gosto muito da minha terra. Sou muito ligado a ela. É uma raiz profunda mesmo. Eu vivo muito em Itabira, como vivo muito a vida dos meus pais que já morreram, mas são meus companheiros. Não é nada de espiritismo, de metafísica. É uma presença na vida da gente. Meus pais e meus irmãos vivem em mim. Eu sinto a presença deles. Não preciso ir ao cemitério, conversar com eles, nem nada. É uma presença íntima, profunda, que está no sangue.

Você tem medo de alguma coisa?

De nada. Tenho medo de cair uma telha na minha cabeça, um automóvel passar em cima de mim, porque um já me arrebentou a testa. Mas medo, não. Por que eu vou ter medo a essa altura da vida? O que pode me acontecer? Nada. Se eu fosse moço ainda poderia ter medo de alguma coisa. Ninguém vai me fazer mal, por quê? Eu não ofendo a civilização, a sociedade, estou quieto no meu canto. Faço as minhas piadas no jornal. Eu não sou um subversivo.

Falo de outro medo, da angústia.

Não há o que temer. Acho que a minha vida é mais ou menos comprida. Já vivi um bocado de tempo, então não tenho nada que fazer mais, não tenho que passar a limpo a vida, nem adiantaria mudar. Então, o recado está dado. Não me queixo do presente. Acho que não estou devendo nada ao presente. E também o presente não me deve nada. Estou em paz com a vida. É bom. Eu acho que chega.

CÁSSIA ELLER

Assustada, quase em pânico. Foi assim que Cássia Eller chegou ao *Sem Censura* para sua primeira entrevista. Só aceitou vir junto com o poeta Waly Salomão. Eu já tinha entrevistado Cássia uma vez na Polygram, na Barra. E a cara de assustada era a mesma. Falou muito pouco, também perto de Waly, vamos combinar: não era fácil conseguir falar... Da segunda vez no programa, algum tempo depois, estava menos assustada, mas ainda assim não era de falar muito. Preferia sorrir. E tinha um sorriso lindo.

L.N: **Você é de onde, Cássia?**

C.E: Nasci no Rio, sou de Deodoro. Sou filha de militar e morei num monte de lugar. E quando comecei a cantar, estava morando lá em Brasília. Eu cantava ópera e tive uma banda de trio elétrico também, lá na capital. Fiz muito carnaval, samba. Já fiz teatro também. Depois de uns cinco anos cantando como corista de ópera, resolvi fazer carreira solo, cantar em bar. Todas as vezes que eu ia cantar nos bares, as pessoas pediam pra eu cantar bossa nova. Não é muito a minha onda, eu queria cantar mais rock'n'roll, outros compositores como Ermelino Néder, Zé Miguel Wisnik, Arrigo Barnabé, Itamar Assumpção, Cazuza.

Aí você cantava bossa nova ou desistia do bar?

Desistia. Não consigo cantar bossa nova, não.

Como você chegou ao blues?

Eu nunca fui de escutar muito blues, não. Eu escutava música do Luiz Melodia, Barão Vermelho, Ângela Rô Rô. Aquilo pra mim é que era blues. Eu não conhecia a música negra americana. Conhecia os brasileiros influenciados pela música americana. Depois que eu já estava cantando foi que conheci a Nina Simone e alguns outros. Mas eu gosto mesmo é de Nina Simone. Hoje, qualquer coisa que eu cante, rock, balada, samba, tudo tem blues também.

Eu recebo uma listagem de músicas mais tocadas, e "Malandragem" [de Cazuza e Frejat] passou um tempo sem sair do primeiro lugar no Brasil todo.

É a terceira vez que gravo esta música. Acho que as pessoas pensam que é a primeira vez. É muito louco isso. Meu trabalho nunca entrou direito no rádio e na televisão, não sei bem por quê. Acredito que seja por causa da minha imagem, por eu não seguir muito a moda.

Preconceito?

É. Não sou, também, muito de dar entrevista, ficar aparecendo, de vender a cara. Eu gosto só de fazer show.

Agora você passou a falar mais, a se mostrar. As pessoas passaram a conhecer quem é Cássia Eller.

Acho que isso também ajuda. O interesse do público em meu trabalho. Mas continuo sem gostar de dar entrevistas. Eu fico meio acanhada quando estou na frente de pessoas que eu admiro, como agora. É lógico que fico sem jeito. Não sei muito o que faço e o que digo.

Eu fiz uma entrevista com a Cássia na Polygram uma vez. Ela não foi desagradável, mas fechadíssima.

Eu sou bastante tímida. Mas eu estou melhorando. Eu acho. Também fico sem jeito com pessoas que eu não conheço. Tenho medo de me expor muito. Quem diria? Mas eu tenho, sim, um pouco de medo.

No palco você não tem medo nenhum de se expor.

O palco é a minha casa. Eu fico totalmente à vontade.

Você tem algum ritual antes de entrar no palco?

Às vezes, se estou muito tensa, prefiro fazer uma coisa para relaxar. Um pouco de vocalismo, por exemplo. Mas normalmente não faço nada. Tomo uma água, fumo um cigarro e entro.

Mesmo quando você faz show num local para cinco mil pessoas?

Eu me espanto muito com o número de pessoas. Ultimamente tem acontecido isso. Até pouco tempo, cantava para oitocentas pessoas, mil pessoas no máximo iam a um show meu. Agora, tem coisa, sei lá, para 20 mil pessoas. Eu me espanto quando eu entro no palco, tomo um susto muito grande. Eu sinto falta de ver a cara delas, de estar com o palco perto da plateia. Quando canto alguma coisa só com o violão, tenho mais medo, fico mais insegura. Lógico, sozinha! Mas do meio da música para frente, já esqueci.

E regravar Piaf?

Foi o Nando Reis que sugeriu. Ele perguntou se eu falava francês. "Já estudei francês." "Então, você vai cantar isso aqui." "Rapaz, peraí, Edith Piaf?" "Por quê? Você não gosta?" "Eu adoro. Conheço bastante coisa dela, já fui muito de ouvir o trabalho dela, de ler sobre ela." E aconteceu. Foi muito emocionante, desde os ensaios lá na fazenda. Eu tinha medo só de as pessoas não entenderem. "Que história é essa? O que a Cássia está pensando da vida? Ficar cantando música do repertório da Piaf!" E logo o grande sucesso dela. Fiquei encantada em cantar, adoro cantar, eu viajo cantando "Non, je ne regrette rien".

Você tem músicas favoritas?

Gosto muito do show todo. Mas eu tenho um xodó por "Relicário". Amo, sou completamente apaixonada por essa música. É do Nando Reis, que me produziu, que trabalhou nos arranjos com a gente. Ele meio que me dirigiu cantando também. Que é uma coisa que eu detesto que façam comigo, mas ele pode. Porque eu tenho essa coisa de berrar muito. Sou muito intensa quando estou cantando. Não tenho muito freio, controle. E ele me ensina, sempre que eu trabalho com ele, a ser mais contida, a não jogar tudo na mesma música. Por causa dele, eu aprendi a fazer isso. Cada música que eu cantava eu fazia o que sabia fazer. Era tudo o que eu sabia fazer em uma música só. Gastando, mostrando serviço, sabe.

E você não compõe nunca?

Não para mostrar para alguém. Tenho algumas músicas, mas não tem nada a ver mostrá-las.

No clipe de "Relicário" você está bonitona, maquiada, toda moderna!

Mamãe adorou me ver assim.

Você viajou com o show?

Bastante. Já fizemos cerca de oitenta shows, muito mais do que a turnê inteira do disco passado, que foi de um ano e meio.

Essa coisa da estrada, esse ir e vir te agrada?

Nossa Senhora! Eu estou no céu com a bunda de fora. Eu adoro estar viajando, fazendo show, trabalhando, saindo na correria. Não me incomodo nem um pouco de fazer mala, desfazer mala. Às vezes eu acordo, não sei nem em que lugar eu estou. Penso que eu estou na minha casa, bato com a cara na parede para ir ao banheiro. Mas eu acho ótimo.

E o filho? Como fica quando você viaja?

Quando eu passo mais que um fim de semana fora de casa, eu o levo ou mando buscá-lo. Ele está com 8 anos e não pode mais faltar aula. E ele adora frequentar a escola, se amarra. Quando estou em casa, fico direto com ele. Quase que eu o trouxe pra cá hoje, mas ele estuda à tarde.

E você já foi a uma reunião de pais?

Só não vou quando não estou aqui. Vou sempre. Faço questão de ir. Conheço os colegas dele, as mães, os pais. Conheço todos os professores. Vou muito lá, à escola. Faço o dever de casa, leio com ele.

Você tem vontade de ter mais filhos?

Já tive vontade, sim. Gostaria que o Chicão tivesse um irmão. Tenho saudade quando eu vejo um neném. Acho normal. Toda mãe, quando o filho cresce mais um pouco, sente falta daquele cheirinho de neném dentro de casa. Mas eu não tenho a menor condição de ter outro filho agora. Eu parei de trabalhar para cuidar do Chicão. Para formar aquele vínculo que é uma delícia. Não tenho a menor condição de fazer isso outra vez nesse momento.

É difícil mesmo porque ou você para de trabalhar pra cuidar do neném ou você leva o neném para o estúdio, para a estrada.

Isso sacrifica muito a criança também. Sempre fiz questão de que ele tivesse rotina. Respeitar bem, bastante. E isso fez com que eu fizesse a minha rotina também. Eu não tinha essas coisas: hora de dormir, hora de acordar, hora para as refeições. Para mim foi muito bom criar uma rotina.

Você vê no Chicão uma tendência a seguir uma carreira de músico?

Ele tem uma sensibilidade que não é muito normal. É um pouquinho acima. Ele não fala que quer ser músico, não. Mas, se ele quiser, tem aptidão, sim, com certeza. Ele diz que quer ser jogador de futebol. Tem aquela coisa de o filho querer ser diferente da mãe. Eu adoraria que ele fosse músico. Não exatamente profissional. Mas que ele tocasse um instrumento. Música faz muito bem para a alma da gente.

Caetano tem razão. É bom você tocar um instrumento.

É uma coisa de louco. Muito bacana. Mesmo que eu não fosse profissional, já me sentiria realizada por saber tocar um instrumento e ter essa ligação com outra dimensão.

O que mais você gosta de fazer? Cinema, teatro, gosta de ficar em casa?

Skate, gosto de andar de skate. Eu dou minhas cacetadas. Eu ando na minha casa. O Chicão andou um pouquinho, uns três meses, e depois não quis mais andar.

Só skate ou inclui onda, tudo?

Não sei nadar. Afundo. Qualquer pouquinho de água, eu afundo.

Dirigir?

Também não.

É capaz de programar o videocassete?

Nossa! Você está louca! Eu mal acendo e apago a luz.

CHICO ANYSIO

Não é fácil entrevistar Chico Anysio. Nem engraçado. Ele é muito, mas muito mais engraçado fazendo qualquer um dos seus 209 personagens. Na verdade, em entrevistas ele é sério, muito sério, como a grande maioria dos humoristas. É sempre contundente, altamente crítico e, como na vida real, não perde a piada. E faz amigos. E filhos. Aliás, é no papel de pai que Francisco Anysio de Oliveira Paula Filho é mais brilhante ainda do que no de ator, escritor ou pintor. Não só por ser um pai atento, presente e amigo de Lug, Nizo, Rico, André, Bruno, Cícero, Rodrigo e Vitória. Mas por ser o "pai" de tantos atores e atrizes que ele descobriu e cultivou ao longo dos seus sessenta anos de trabalho e quarenta anos de TV Globo. Chico Anysio é um show.

L.N: **Quando você começou na televisão?**

C.A: Em 1957, na TV Rio, no programa *Aí vem dona Isaura*, em que o Haroldo Barbosa escrevia e a Ema D'Ávila fazia o papel principal. Depois fui nomeado diretor da linha de show e fiz tudo de humor, das oito às dez da noite. A Tupi nos batia sempre — dava 85% no Ibope e nós somente 5%. No nosso mês de humor, batemos a Tupi por 87% a 3%. A grade de programação tinha *Milhões de Napoleões, A Praça da Alegria, Rio, não te guento, Noite de gala, Noites cariocas, O riso é o limite*, e era tudo humor. Éramos vários redatores, e o Roberto Silveira me ajudou demais nisso. Não dava para fazer sozinho, porque o humor brasileiro é muito peculiar: personagens que se repetem semanalmente. Quadro, quadro, quadro, quadro. Só o Brasil faz isso no mundo. É o tipo de humor mais difícil de escrever, porque o quadro nada mais é do que um pênalti. O quadro tem que ter um desfecho. Uma comédia, um sitcom, não precisa ter um grande desfecho, as cenas intermediárias não precisam ser brilhantes. No programa de quadros, todos têm que ser. E esse humor você escreve de trás pra frente, começa pelo desfecho. Tenho o desfecho, agora vou fazer o esquete. Esse é o modo certo de fazer humor brasileiro. Eu sou duro com o desfecho, e, nos meus programas, 60% vinham sem o final. Os redatores escreviam: "Chico, bola um final, que eu não consegui achar um." E eu bolava o final. Porque não é difícil achar o final se você está acostumando a procurar por ele.

E desde sempre você começa pelo final?

Sim, porque o Haroldo Barbosa me ensinou isso. O rádio foi uma escola maravilhosa pra mim. Porque, na [Rádio] Mayrink Veiga, eu cheguei a escrever 14 programas por semana. Eram dois por dia, trinta páginas de humor direto. Porque no rádio não tem contemplação. Tem que ter a risada no fim. E isso me deu uma facilidade muito grande, um desembaraço para achar finais, porque o final é tudo. Como você conta uma piada e não tem final? E o quadro, esse de personagem, nada mais é do que uma piada longa. É uma piada longa que tem que ter um final. Senão, bate na trave e não é gol.

E como não repetir situações? Você se lembrava do que havia feito na semana anterior?

O diretor estava lá para me alertar. Na televisão, havia programas em que eu fazia 12 personagens, seis num dia e seis no outro. Mas eu gravava quatro esquetes de cada personagem. Eram 24 esquetes num dia e 24 no outro. Isso de uma às sete da noite. Meu programa nunca passou da hora. Nunca pedi extensão de horário, todo mundo que trabalhava comigo jantava em casa. E eu, às vezes, tomava três banhos durante as gravações. Porque eu fazia o Véio Zuza, e precisava me pintar todo de preto. Em seguida tinha que fazer o Gastão, e lá para o fim fazia o Azambuja. Você vai perguntar: "Por que não fazia o Azambuja e depois o Véio Zuza?" Porque havia atores que vinham de São Paulo e só chegavam no final da tarde. E eu tinha que me amoldar às possibilidades dos demais, porque eu precisava deles. Mas tudo acabava às sete da noite.

E você é muito rígido na hora de gravar?

Eu sou rígido em tudo, porque sou profissional. Eu tenho uma máxima: "Se a gente fizer depressa e benfeito, sai rápido e bom."

Mas gravando sempre tem um perrengue.

Eu não repito cena. Eu não erro, e por isso ninguém pode errar. Há certas coisas que são altamente perdoáveis e há outras que não perdoo. Por exemplo, se estou gravando uma cena e preciso tocar fogo em um papel, não suporto ter que parar porque ninguém sabe onde está o fósforo. "Seu Chico, o senhor me desculpe." "Não, não posso desculpar. Você não fez o seu serviço. Você hoje só tinha que botar esse fósforo aqui. Está suspenso." É como o médico que abre o paciente e se esquece de fechar. "Faltou uma coisa ontem na cirurgia, o que foi?"

Porque não são as grandes falhas, são as pequenas, que atrasam a vida de todas as pessoas.

Nas novelas não acontece isso, porque têm diretores mais sérios, o clima é mais sério. No humor, a gente faz uma brincadeira. E na novela a gente faz a vida como deveria ser, porque a realidade não tem nada a ver com a ficção. A ficção é a realidade que não deu certo. Nas novelas está todo mundo a sério. No humor, parece que todo mundo está brincando. O clima propicia essas pequeninas falhas que acabam sendo terríveis.

Qual foi o primeiro tipo que você criou?

O Professor Raimundo. Foi o primeiro que criei no rádio e na televisão. Ele me abriu essas duas portas.

E você, com ele, abriu as portas e deu emprego a centenas de pessoas.

A começar por Zilda Cardoso, Costinha, Zé Trindade, Ari Leite, Geraldo Alves, Mussum, Zacarias, isso tudo veio do Professor Raimundo. Sinto falta do Professor Raimundo por uma razão: porque há um monte de admiráveis comediantes novos por aí sem ter o que fazer, nem onde aparecer. E o Professor Raimundo seria a porta por onde eles passariam.

Como passaram e começaram...

Muitos, muitos e muitos. *A Escolinha do Professor Raimundo* era o único programa do mundo feito sem ensaio. Cada ator recebia a sua parte, sem saber o que os outros iam fazer. Só eu sabia tudo. Eles riam daquele jeito, porque achavam graça mesmo. Eles eram a própria plateia.

Você gosta mais de um do que de outro ou você vai dizer que gosta de todos os filhos?

Há momentos em que gostei muito do Alberto Roberto, numa série que eu fiz já no *Zorra Total*. Eu tinha que fazer a entrevista zombando de quem era entrevistado. Só funcionava assim. E aí as pessoas começaram a não querer ir pra ser gozado pelo Alberto Roberto. Faltou um pouco de espírito esportivo por parte dos entrevistados, e o quadro saiu do ar. Eu estava adorando o Alberto Roberto naquela fase e ele era o maior sucesso da televisão. O Boni chegou de Nova York e disse: "Eu chego esperando ver grandes novidades e o maior sucesso é o Alberto Roberto." Mas eu gosto muito deles todos. A Salomé foi muito importante porque veio na quebra da censura. E o presidente levava a sério. Isso é o interessante. Um dia eu gravei um quadro da *Salomé* que dizia assim: "João Baptista [Figueiredo], eu não quero mais conversar contigo. Tu fala que tá de mão estendida pro povo, mas tu é canhoto, né?" Aí o Figueiredo foi a Niterói inaugurar uma coisa: "Dizem que estou de mão estendida, mas sou canhoto." Repetiu o que Salomé havia dito. E tem uma melhor. A Salomé zangada disse um dia: "Não quero conversar contigo. Mexeu com criança, mexeu com criança." E, pá!, desligava o telefone. Aí doutor Roberto Marinho me ligou na quarta-feira para eu passar na sala dele. "O que você fez? O presidente está irritadíssimo, porque a Salomé bateu o telefone na cara dele. Quem é a Salomé pra bater o telefone?" Eu falei: "Ô dr. Roberto, isso aí faz parte de uma jogada, eu já gravei o programa seguinte." Aí mandei subir o teipe. Ela dizia: "João, quero te pedir desculpa, te tratei tão mal, também, tu é presidente. Me desculpa e me perdoa, guri, e tal." Dr. Roberto ligou pra ele e disse: "Olha, presidente, já está gravado o perdão dela." Aí ele ficou tranquilo. Mas ele era assim, ele levava a Salomé a sério. E eu recebia uma média de oitocentas cartas de pessoas que diziam: "Dona Salomé, a senhora se dá com o presidente, podia arranjar para botar água na minha rua?"

E muitos políticos reclamaram, ao longo desses anos todos, do Justo Veríssimo, por exemplo?

Não podiam reclamar, porque tinha uma frase que eu dizia sempre: "Eles lá na Câmara estão pensando no Brasil, eu quero é me arrumar." Ao dizer isso, eles não podiam falar mais nada. Eu era o único diferente.

O seu ato de criação precisa do silêncio?

Não, quem tem oito filhos não pode ter silêncio.

Alguns artistas são assim. O Milton Nascimento compõe com 35 crianças correndo em volta dele. É incrível, mas é verdade.

Eu não acredito em inspiração. Se eu for esperar pela inspiração, não faço nada. Eu acredito em transpiração. É botar um papel em branco e fazer, fazer, fazer.

Você tem consciência de que o seu ritmo de trabalho não é normal?

No momento eu estou na pior. Estou sem fazer nada. E sem fazer nada, para quem fez o tanto que fiz, é complicado. Hoje acordo de manhã e penso: o que eu vou fazer? Eu tenho que inventar uma coisa qualquer. Sei a programação da TV a cabo de cor, fico em frente à televisão. Não vejo canal aberto, só vejo os canais a cabo, para não ter que dar palpite nas programações. Eu não estou aqui para criticar o trabalho de ninguém. Acho que julgar é um direito do homem.

Você já achou muito?

Muito.

Quebrou a cara algumas vezes, achando?

Não, nunca, porque jamais estava errado. Nunca, nunca, nunca, nunca. Graças a Deus, nunca. Hoje, falo com meus filhos, com o Bruno alguma coisa que acho que ele possa melhorar no seu programa; falo com o Nizo do show que ele faz no teatro; falo com o Rico, que está cortando: "Não corta da figura A pra figura B que dá um pulo." Eles são todos muito bons. O Bruno tinha 7 anos e editei um livro dele com seis esquetes, e ele distribuiu para os amigos no Natal. E tinha um personagem que ele criou que acho incrível, um repórter que entrevista coisas inanimadas. "Estamos aqui na rua Alice Pompeu pra entrevistar essa janela. Como é o seu nome? A senhora mora aqui há quanto tempo? A senhora gosta de morar aqui? Não adianta. Ela é muito fechada." É uma coisa de profissional. Na época eu disse para ele: "Não adianta você querer fazer conjunto de rock, você é um redator. Você não escapa dessa. Então vá tratando de ler, ler, ler, ler, ler, ler para se aperfeiçoar nisso."

Ler tudo? Ou ler humor?

Não, ler tudo, tudo, tudo. Ler livro, ler jornal, especialmente se você faz um programa que tenha crítica. Eu nunca fiz um programa de humor político. Meu humor sempre foi social. Sou o advogado do pobre, do preto, do ladrão, do bandido, do favelado, do retirante. Jamais quis saber quanto tinha dado de Ibope nas classes A e B. Nem me interessava. Porque na hora em que o programa ia ao ar, a classe A estava em Angra, e a B, no Antiquarius. Eu queria saber das classes C, D e E, porque sempre foram estas que me abasteceram com audiência. É para essas que trabalho. Se essas não entenderem, a coisa não funciona. Ninguém ri de uma coisa que não entende. Uma vez eu disse que "se a minha empregada não entender, não funcionou". E fui gozado pelo pessoal do Casseta.

E isso está valendo para hoje?

Para sempre, para sempre, para sempre. Uma palavra que você não entenda, acabou a piada. No humor você tem que entender a sílaba.

Quando você cria o personagem, vem junto uma voz que o identifica.

Vem junto mesmo. E eu não consigo fazer a voz sem estar caracterizado. Tem o índio, tem a gaúcha, tem o baiano. E nunca funcionou em Portugal, porque eles não entendiam. Prova de que era brasileiro. Só o Professor Raimundo, que é universal. Mas o *Chico Anysio Show* não funcionou. Não chegou a ser nem um fracasso. O Boni insistiu em que levasse um teipe para eles. Eu falei: "Boni, não vou levar, não vão entender." "Mas leva, quem sabe?" Aí eu levei. Entrou Pantaleão: "Ai, Terta, entrei pruma picada, os gravetos me pinicando..." Para eles, era francês. Achei melhor desligar.

Nunca teve um personagem que não funcionou aqui no Brasil?

Quase tudo funcionou. Um personagem que não deu certo, o Tadinho, foi ao ar poucas vezes. Deu aflição no público. Era um cara que fazia operação plástica e usava um esparadrapo aqui e outro ali e dizia: "O médico falou que quarta-feira tira tudo." O personagem era legal, mas afligiu. Tirei-o do ar rapidinho. Também cometi loucuras, houve ano de eu lançar 16 novos personagens. Pra quê? Dois funcionavam muito bem e 14 ficavam sumidos, ofuscados por aqueles dois. Deveria ter lançado quatro, no máximo. Eu não estava competindo com ninguém. Para que lançar isso tudo?

Você só competiu com você mesmo nesses anos todos, não foi?

É, mas quando acabava um ano já tinha um livro com um arremedo de uns nove personagens para o ano seguinte. Quando eu lancei o quadro com "Meu garoto, meu paipai", muita gente me disse que haveria reclamação por causa das crianças com Síndrome de Down. Eu falei: "Não, não, não, não. Eu vou estar a favor deles, porque o pai tem o maior orgulho do filho. Vocês estão enganados." E fiz. Resultado: fui à casa de umas trinta senhoras que tinham filhos com Síndrome de Down, porque as crianças adoravam aquele personagem. Eu estava certo.

Você faria hoje um *Chico Anysio Show*, uma *Escolinha do Professor Raimundo*?

Escolinha, eu faria. *Chico Anysio Show*, não, porque não tenho mais paciência para me maquiar. Mas eu tenho um plano de programa que é o nepotismo explícito, que se chama *Entre parentes*, para ser feito por mim, Nizo, André, Bruno, Lug, Heloísa Périssé, mãe da minha neta, Renata Castro Barbosa, mulher do Bruno, Lupi, minha irmã, e Marcos Palmeira. Só parente. Um programa todo feito falando para a câmera. Só tem monólogo. Um modo diferente de fazer humor. Eu vou fazer um velho, bem velhinho, que fala devagar. O texto dele tem três quartos de página, porque ele se cansa. Seu nome é Philomeno, com ph mesmo.

Que delícia. Mas então você continua criando?

Não tem o que fazer, faça alguma coisa.

Você continua pintando?

Nada. Dei um tempo, porque não vendo e pintar pra guardar é horrível. Cheguei a alugar uma casa em Jacarepaguá para guardar os quadros. Agora me pediram duas exposições, e tenho 12 quadros prontos. É pouco, teria que ter sessenta. Eu poderia pintar os sessenta, tenho em casa sessenta telas. Mas vai para exposição, dos trinta vendem quatro. Na outra, dos trinta vendem três. Aí vão me sobrar mais de cinquenta quadros para guardar. A arte no

Brasil é muito relegada a segundo plano. Acho que no Brasil, dois ou três pintores vendem. Eu conheço pintor que não vende um quadro há 25 anos.

Você fez um DVD com cinco horas e muitos momentos de sua carreira, inúmeros personagens...

E vou fazer mais dois. É muito legal, chorei muito vendo isso aí porque dá uma lembrança. Saudade, não, que eu cortei da minha vida. Não tenho mais saudade. Se saudade prestasse, existia em inglês.

Essa é a frase do ano.

Sinto falta da minha mãe, mas saudade, não. Saudade é um sentimento ruim, que só te põe para baixo e de modo nenhum te dá de volta a coisa da qual se sente saudade.

Dos seus oito filhos, dez netos, tem algum que você diga assim: "Esse é a minha cara"?

O Cícero é muito parecido comigo, fisicamente também. Mas quem mais parece com o Cícero é o Du Moscovis. O Du me disse: "Chico, aonde eu vou as pessoas me perguntam se sou seu filho." Falei: "Passe a dizer que é, que eu vou passar a dizer que sou seu pai, para não haver engano." Porque o Du se parece demais com o Cícero, que se parece muito comigo. E, no fim, eu pareço com um galã e nem sabia disso.

CLARA NUNES

Mineira guerreira, filha de Ogum com Iansã. Mulher forte, altaneira, elegante, solidária com causas e pessoas e, principalmente, lúcida em relação aos problemas do Brasil e do mundo. Assim era Clara Nunes, a menina pobre que se transformou na primeira cantora brasileira a vender milhões de discos. A mulher apaixonada pelo marido poeta e que sonhava em ser mãe. A amiga presente, que sempre torcia pela felicidade alheia. Clara, mineira guerreira, quanta saudade...

L.N: **Você acredita que tenha uma missão, a de cantar?**

C.N: Acredito. E tenho. Tenho a grande missão de cantar. Acho que todas as pessoas, claro, têm uma missão. Ninguém está aqui nesse mundo passeando, passando férias. Está todo mundo cumprindo um compromisso já assumido em outras vidas. Eu entendo assim.

E você tem razões de sobra para acreditar no que diz até por uma questão religiosa. Afinal, você pratica o espiritismo desde muito nova, não é mesmo?

Eu sou espírita desde os 14 anos, sendo que a minha família toda é kardecista. São espíritas kardecistas. Eu, ao vir para o Rio de Janeiro, tomei um contato maior com o candomblé, com a umbanda. E eu me identifiquei muito com essa outra manifestação de espiritismo. E me aprofundei muito. Então, eu digo o seguinte: sou espírita, uma pessoa espírita que acredita, pratica, respeita muito e é muito feliz dentro da sua religião. Enfim, é uma coisa que me dá prazer de falar, de dizer. É uma coisa que me satisfaz muito.

E sempre foi uma batalhadora?

Venho de muita luta, muita batalha porque sou de uma família pobre. Meu pai trabalhava numa serraria da minha terra. Meu pai não tinha um dedo, porque perdeu-o na serraria, com aquela coisa de botar a madeira. Um dia, ele foi ser padrinho de um casamento assim um pouco distante. Ele tocava violão, cantava muito bem e ficou até tarde nesse casamento, mais ou menos meia-noite. No interior, meia-noite é muito tarde. E quando saiu do casamento, ele morreu. Caiu na estrada e morreu. Chovia demais. E o dia foi amanhecendo, minha mãe preocupada porque ele não aparecia. Aí as pessoas saíram para procurar e passavam, viam aquele corpo e não o reconheciam porque ficou totalmente deformado. Só depois de várias horas, que passou uma pessoa da minha terra e o reconheceu por causa do dedo que faltava. Nós éramos assim, uma família muito simples, muito humilde, mas ele me deu isso que eu sou hoje. Essa coisa de cantar. Essa loucura pela arte. Isso veio dele, tenho certeza. E essa força também de trabalhar, de lutar, de não se deixar levar, de vencer os obstáculos, as tristezas. Por tudo que já aconteceu de ruim na minha vida, eu sempre empurro para lá, levanto a cabeça e vou em frente. Isso tudo veio da minha terra. Veio dele. Isso eu tenho certeza. Essa força toda que eu tenho veio do Mané Serrador.

Para uma filha caçula de sete irmãos, começar a trabalhar com 13 anos não foi fácil, não?

Não foi, não, mas é uma coisa de que tenho assim até orgulho. Justamente por isso, por ser de uma família simples do interior, os pais muito enérgicos, as irmãs mais ainda. Eu tive uma formação excepcional. Uma formação muito boa e me orgulho muito. E começar a trabalhar muito cedo também é muito bom. Acho que a gente deve começar logo a aprender as coisas da vida. Lutar para conquistar o que quer. Quando você consegue, é muito melhor. Você se sente gratificada. Trabalhei e trabalho muito até hoje.

Quando você começou sua carreira?

Comecei em 1961 lá em Belo Horizonte num concurso chamado *A Voz de Ouro ABC*. Venci o concurso e ganhei um contrato com a rádio Inconfidência, e comecei então minha carreira profissional. Naquela época eu trabalhava, era tecelã, mas optei pela carreira, porque, realmente, o que eu queria era cantar. Sempre sonhei desde garota. São 18 anos na batalha mesmo.

Você veio da música romântica. Como descobriu a origem da música popular brasileira e levantou isso como bandeira?

Eu passei um tempo muito difícil aqui no Rio. Lá em Minas eu trabalhava, cantava na televisão, tinha um certo nome e, financeiramente, estava tudo bem. Mas vim para o Rio com a cara e a coragem. Vim porque achei que estava na hora de vir para tentar a carreira. Foi um período difícil, em termos de dinheiro. Mas tive também pessoas maravilhosas que me ajudaram muito. Chacrinha foi uma pessoa muito importante na minha vida. Ele sabia dos meus problemas, porque eu contei que não tinha dinheiro nem para pagar a vaga em que morava, em Copacabana. Ele então me colocava no programa dele porque realmente acreditava em mim como artista, mas, no fundo, eu sabia que era também para me ajudar no final do mês a pagar o aluguel.

Desde o disco *Brasil mestiço* [1980] que a gente nota que as raízes africanas estão mais presentes no seu trabalho.

Eu tenho uma ligação muito forte com tudo relacionado à África, desde a religião. É uma coisa muito forte dentro de mim.

Essa sua proposta de levar uma música africana, basicamente africana, uma música popular brasileira autêntica mesmo, para o Japão, por exemplo, pode ser uma prova de que a música é tão forte que ela liga os povos a esse ponto?

Completamente. Acho que a música é a única coisa que pode ligar o ser humano de todas as raças. Ela tem um poder muito grande de unir. Você não precisa do idioma, não precisa o cara entender o que você está falando. De você estar cantando no idioma dele, para ele entender, sentir. É sentimento, né? Então acho que são as coisas mais fortes que existem na Terra, é a música e o amor.

Você gosta de fazer shows no exterior?

Acho extraordinário quando a gente pode viajar para fora do país, levando a música popular brasileira. Acho muito importante e, sempre que posso, eu atendo aos convites para viagens. É tão difícil a música popular brasileira penetrar lá fora. É uma barreira muito grande. Então, quando surge uma oportunidade igual a essa, o artista não deve jogar fora. Deve agarrar mesmo com as duas mãos. No Japão, por exemplo, acho que vai ser uma temporada muito boa, que já está sendo planejada há quase dois anos. Sei que nesse momento no Japão está cheio de cartaz de Clara Nunes para tudo quanto é lado, anunciando os shows. Estou com muita esperança. Acho que vai ser uma coisa muito positiva na minha carreira.

E você já aproveitou e juntou as duas: a música e o amor. Casou com o poeta Paulo César Pinheiro. Vocês se casaram mesmo, assinaram papel, não foi? Teve véu e grinalda?

Não, não! Não exagera, Leda! Calma. Mas casei na Igreja Católica. Foi um casamento feito por um grande amigo meu, o padre João. Ele veio lá da minha terra para celebrar o casamento. E casei também no civil. Sou casada mesmo.

É o homem da tua vida, né?

O poeta é maravilhoso. Paulo César Pinheiro foi a melhor coisa que aconteceu na minha vida. É simplesmente extraordinário. Um grande amigo, um homem maravilhoso. É o grande poeta, o grande compositor. É o meu amor. A pessoa que eu amo muito. Tenho muito respeito por ele, muito carinho. Espero viver com ele para sempre.

E filhos, Clara?

Filho ainda não foi possível, Leda. É uma coisa que é uma grande tristeza na minha vida. Já perdi três. Inclusive o último, agora, com a gravidez de quase cinco meses. Muito difícil. Uma coisa que nem gosto muito de lembrar porque me emociona muito. Mas é a vida. Se tiver que ser, será. Tudo bem.

Você é uma das poucas cantoras brasileiras que têm um dia certo para lançamento nacional. Seus discos, em geral, saem com centenas de milhares de cópias vendidas.

As vendagens dos meus discos são excepcionais, realmente. Foi a partir de 1972 que eu comecei a vender. Até então, eu vendia a média de 30 mil, 20 mil, 50 mil, no máximo. Em 1974 mesmo é que foi o meu grande estouro, com o disco *Contos de areia*. E, de lá para cá, o disco sai com o mínimo de 200 mil cópias vendidas.

Você é uma mineira guerreira mesmo, como diz a música?

Sou muito guerreira. Luto muito pelas coisas, acredito nelas. Sou uma pessoa muito mística. Tenho uma fé muito grande. Acredito muito nos Orixás. Acredito muito em Oxalá. É uma coisa que é minha realmente. Que está dentro do meu coração, da minha alma. É uma coisa muito sincera da minha parte.

Você é também supersticiosa?

Não gosto de chegar em casa e encontrar a porta do guarda-vestidos aberta. Eu fico louca. Sapato também em cima do guarda-vestidos eu não permito. Não entro em cena sem bater no chão três vezes, sem rezar. Só uso branco em cena. Tudo isso faz parte de mim, da minha superstição. Acho que todos nós somos um pouquinho supersticiosos. Devido à mistura do preto com o português. Alguns não têm coragem de dizer. Mas eu digo mesmo.

E também é uma cozinheira de mão cheia? Seu feijão tropeiro é famosíssimo.

Menina mineira do interior não saber cozinhar é muito difícil, não é? Comecei a cozinhar muito cedo porque, como disse no início, sou de uma família muito pobre. Fui e sou. Então meus irmãos iam para a fábrica trabalhar e eu, a caçula, era quem tinha de ficar cozinhando. Perdi meus pais cedo também. Eu subia num banquinho para alcançar o fogão maravilhoso de lenha. Então aprendi a cozinhar muito cedo. E gosto até hoje de cozinhar.

A Elizeth disse que você é a sucessora dela.

Ai, meu Deus! É um doce, a Elizeth. Não existe, não existe. Uma pessoa como Elizeth Cardoso jamais vai ter sucessora. Ela é única. É uma pessoa extraordinária, uma grande cantora. E isso é uma grande responsabilidade que ela passa pra mim. E eu, sinceramente, acho que ninguém poderá substituí-la. Ela é simplesmente maravilhosa.*

Ela foi uma das grandes influências suas?

Ah, mas não tenha dúvida. Eu me espelhei na Elizeth e já disse isso a ela. Sempre sonhei assim: será que um dia eu vou ser igual à Elizeth Cardoso? Aquela coisa bonita, aquela mulher assim, chique? Aquela voz, aquela presença. Ela é fora de série.

* Clara Nunes morreu em 2 de abril de 1983, aos 39 anos. Elizeth Cardoso morreu no dia 7 de maio de 1990, aos 69 anos.

DERCY GONÇALVES

Confesso que nunca acreditei que a Dercy fosse morrer. Na verdade, acho que ela também não. Nosso último encontro foi durante o Carnaval, a noite inteira vendo o desfile, ela com sua roupa cheia de brilhos, levantando a perna numa altura inacreditável, quase esbarrando no teto do camarote do Jaider Soares... Às gargalhadas, encantada com o espetáculo do Carnaval. E a gente ali, encantada com a alegria dela, com a vitalidade dela. E com as histórias deliciosas e surpreendentes que contava. Grande Dercy, que fugiu de casa, que detestou ficar grávida, que não gostava de sexo, que usava o palavrão como vírgula. Dolores Gonçalves Costa. Era assim que se chamava a nossa Dercy. Que não gostava de remédio nem de banho, que adorava trabalhar, foi mãe e pai de Delcimar e tinha um orgulho maior: fazer qualquer um rir.

L.N: **É verdade que você calcula a sua idade a partir do dia que sua mãe ficou grávida?**

D.G: Eu conto nove meses da gravidez. Eu tive nove meses na minha mãe. Um sacrifício terrível. A pior coisa do mundo é ficar grávida.

Você passou mal na gravidez?

Você deixa de trabalhar, fica barriguda, mija na rua, o marido não quer saber mais da mulher, e você tem que dormir de um lado e ele, do outro. É um incômodo terrível a gravidez. Ninguém deveria valorizar isso, não. Você passa por isso. É a mesma coisa que comer uma feijoada podre.

Jura?

É a mesma coisa que comer uma comida azeda, chupar um limão. Acho que a gravidez é isso. Agora, "Ah, é uma felicidade!" Não é felicidade, não.

E os 100 anos?

Cem anos porque conto com os nove meses. Que infelicidade que eu tive. Não trabalhei, não mudei de roupa, não vesti uma roupa durante nove meses. Fiquei fedendo porque era uma roupa só que eu vestia. Tinha um ódio da gravidez. E outra, as águas rebentaram, saiu tudo e eu fui à privada, pensando que era urina. A parteira falou: "Não vai, não, porque pode sair." Não saiu nada. Aí telefonei para o pai, o pai era casado. Foi uma gravidez sem querer.

Ah, você está falando da sua gravidez?

Da minha gravidez.

Vamos organizar isso. Vamos falar dos seus 100 anos.

Eu sou de 1907. Que o papai marcou. Mais uma esculhambação, porque registro é pago, não vale nada. Eu posso ser filha de qualquer um.

Mas você foi registrada direitinho?

Fui registrada três meses mais moça que a minha irmã. Então, é uma esculhambação danada. Não sou de família de ninguém. Nasci dentro da barriga da minha mãe com uma materiazinha que botaram lá e fez isso aqui. Esse monumento.

Esse monumento chega aos 100 anos bem, não? Outro dia vi você levantando a perna numa altura que eu quase caí dura.

Levanto até hoje porque faço alongamento. Todo dia. Eu mesma. Na cama, levanto os braços, as pernas. Tudo o que é possível fazer eu faço. Não vejo vantagem nisso.

Mas não é todo mundo que faz.

Porque elas deixam se emprenhar. Sentem uma dorzinha, vão logo para o médico para operar. O nosso corpo é todo ligado a fios. Então, tem que ir primeiro no fisioterapeuta para ver porque, às vezes, a dor é na ponta de um dedo da mão e o negócio é lá embaixo, no pé.

A vida inteira você fez exercícios?

Não. Eu comecei a ver a vida muito depois.

Quando é que começou a sua vida?

Começou quando eu fugi de casa, com uns 14 anos. Fui noiva com 13. Nunca havia beijado na boca do homem. Não sabia que tinha que beijar. Não sabia nada. Não conheci minha mãe. Eu não tive família.

Sua mãe morreu quando você era muito pequenininha?

Não, mamãe morreu em 1917. Ela era espanhola, mas se separou de papai porque ele arranjou uma amante. Ela, envergonhada, foi embora para ser empregada doméstica no Rio de Janeiro. Aí degringolou toda a estrutura da nossa família. Ficou cambeta. Eu não sabia o que era mãe. Eu não soube o que era mãe porque não a conheci. Conheci depois e, quando vi, perguntei: "Essa é minha mãe?"

Você continuou vivendo com seu pai e seus irmãos?

Papai batia. Era sem educação. A mãe de papai era uma negra, escrava. Quando papai batia, eu corria para perto dela. E ela não deixava que ele batesse mais.

E você fugiu de casa com quem?

Sozinha. Fugi duas vezes. Fiz uma rifa de um corte de casimira, e não tinha casimira nenhuma. Mas papai era alfaiate, e eu dizia: "Vou fazer uma rifa, vou arranjar dinheiro e vou fugir." Eu cantava o dia inteiro, para fazer pirraça a papai. Ele não gostava da música que eu cantava. Porque papai largou mamãe por causa de uma portuguesa. A história é comprida à beça. Mamãe foi embora e eu morava na minha casa com os meus irmãos: Bita, Palmira, Cecília, Quinca, Rubens.

Aí, você viu o teatro e se encantou?

A Maria Castro foi à minha cidade com uma companhia de teatro. Quando vi aquele teatro, que não sabia o que era, achei lindo. O cantor dedicou uma música para mim: "Malandrinha". Fiquei ouvindo, aplaudiram, mas me esculhambaram porque eu era puta. Eu já era puta.

Mas você não tinha nem beijado na boca, como é que você era puta?

Porque a gente era negro. Era preconceito. A gente era tudo crioulinho, mulatinho.

Aí você fez rifa da casimira que não existia e se mandou pro Rio?

Fui para Macaé. Quando cheguei, papai já estava lá. E me pegou. Eu gritei. A polícia veio e me tomou de papai. Falei: "Ele me bate, ele vai me bater." Ainda difamei papai, coitado! Aí voltei para [Santa Maria] Madalena com a polícia. Não fiquei em casa. Fiquei dois dias numa pensão e disse: "Vou-me embora outra vez." E papai: "Deixa ela ir. Vê se não me envergonha." Essas palavras me marcaram. Ficaram em mim: o que é não envergonhar para ele? Eu não sabia nada, era uma menina completamente abandonada.

E como você conseguiu se transformar na Dercy Gonçalves?

Foi a Maria Castro que me recebeu. Eu fugi para Conceição de Macabu. A companhia dela estava lá. Eu sabia. E ela me aceitou na companhia dela. Foi minha mãe. Ela me botou na companhia, me deu um ordenado, me ensinou a fazer um dueto com o Paschoal, que foi o tal cara que...

Que você se apaixonou?

Eu não me apaixonei. Ele falou: "Vamos casar?" Eu pensei que casar era dormir. Vivi com ele, mas não trepei quase nunca. Só uma vez, que me tirou sangue e eu levei-o na polícia. Fiquei em Minas cinco anos: São Gonçalo, Sapucaí, Machado, Lorena, Alfenas, Três Corações. Depois fui para São Paulo com ele, com quem vivi cinco anos.

Ele é o pai da sua filha?

Não. Nunca mais ele teve nada comigo. Ele era meu companheiro. Eu comia com ele, dormia com ele, mas não tinha sexo.

Como nasceu a Dercy Gonçalves?

Eu me chamo Dolores Gonçalves Costa. Dercy Gonçalves é por causa da dona Darcy Vargas. Eu achava-a linda, a grande mulher do mundo. Falei: "Vou botar Darcy." Mas, "Darcy", é capaz de a polícia me prender. Aí, a Maria Castro me aconselhou a botar Dercy.

E Delcimar?

A Delcimar foi feita na porrada também. Nunca fui chegada a sexo. O pai da minha filha foi uma casualidade. Era um homem rico, que vivia nas bolsas de valores e muito bem apessoado. Ele me convidou para almoçar. Eu estava na Casa de Caboclo [criada em 1932, foi um espaço destinado ao folclore], que era no Teatro São José, e era um sucesso. Lá, eu cantava músicas regionais. Eu pensava que ia ser cantora.

Você foi vedete em algum momento?

Nunca mostrei as pernas. Sei lá se meu corpo era bonito. Eu tinha uma bunda grande, um culote. Eu era violão. Mas não dava valor àquilo porque não achava que o meu corpo tinha valor. Eu comecei a cantar. Eu cantava bem, mas não emplacava.

Quando é que aconteceu a Dercy? A primeira vez que você fez sucesso.

Não aconteceu. Eu fui cantar na [Rádio] Nacional. Esqueci o nome do cara que era o grande sujeito da Nacional... O César Ladeira! Ele foi fazer um teste comigo. Quando eu abri a boca, ele mandou parar. Não gostou de mim. Mas eu fui assistir à companhia portuguesa de estudantes de Coimbra, no Municipal. Aí um falou: "Eu estou todo cagado!" A plateia veio abaixo. Digo: "Ué, pode falar isso?" Foi o que me inspirou: a pornografia, o escracho. Eu cantei uma música, aliás, um *pot-pourri*, com Orlando Silva, Aracy de Almeida, Carmen Miranda, e comecei a botar escracho. "O que é que a baiana tem?" — e eu saía mancando. Fiz tudo escrachado. Foi um sucesso. Fiz todos os cassinos do Brasil com esses números escrachados. Só não fiz o da Urca.

E por que não fez o da Urca?

A Carmen Miranda. Eu acho que foi por causa dela. Porque eu fiz o escracho em cima dela. Quando eu cantava "O que é que a baiana tem?", coçava a bunda, cheirava os sovacos. A Carmen Miranda estava lá me assistindo em Icaraí. Parece que não gostou. Na semana seguinte, me botaram na rua. Mas comecei a ser chamada para outros lugares.

Aí você conheceu o sucesso nessa época?

Não sei se é sucesso, porque não sei o que é sucesso. O sucesso acaba. Vejo gente de sucesso aí que não é sucesso. É nome. É apelido. Sucesso!

E a fama, o que foi para você?

Hoje eu sou famosa, sou amada, sou querida porque inverteu. Família não assistia, mas o povão assistia. O povão gostava de ver a verdade, o escracho. Porque o povão fala e o falso puritano não fala, faz. Eu comecei a discutir isso e entrei numa outra filosofia de vida. Comecei a ver a coisa mais séria. O que é arte? O que é fama? Também pode ser difamado. Eu sou difamada, sou falada.

Você foi falada, agora você é famosa. Isso faz diferença, você queria ser famosa?

Não fiz questão. Gostei.

O que a Dolores sonhava?

Eu queria ganhar dinheiro, viver à minha custa, não precisar ir para o asilo, não precisar pedir esmola, não me prostituir, não me vender.

Então você conseguiu.

Consegui tudo o que eu quis. Tive uma filha. Fiz família. Minha filha nunca me envergonhou.

Você acha que envergonhou seu pai?

Eu envergonhei papai. Ele chorou. Hoje eu tenho um arrependimento. Coitado, ele era um homem sério, a ponto de ser administrador da maçonaria. Ele me viu no teatro. Um dia, eu o levei ao meu apartamento na Praça da Cruz Vermelha. Simplesinho. Mas era meu. O [produtor teatral] Walter Pinto me emprestou o dinheiro. Ele era muito bom para mim. Então, o meu pai foi almoçar comigo. Fiquei olhando para a cara dele e pensando: "Eu sou aquela menina em quem você batia. Por que você me batia tanto? Batia nas minhas mãos com escova, dava bolo..."

Você bateu na Delcimar alguma vez?

Dei um tapa na cara dela porque, no dia do casamento da minha prima, ela disse: "Estou feia." E eu: "Você é tão bonitinha, minha filha." Mas ela era feia.

Tinha dois dentes separados na frente, tinha olheiras como o pai dela. Mandei operar, botei aparelho nos dentes. Tirei tudo. Fiz com que ela ficasse bonita.

Você foi uma boa mãe?

Não sei se fui uma boa mãe porque fui pai e mãe. Eu não quis viver com o pai dela porque eu não o amava. Eu queria minha vida no teatro. O teatro foi a minha luz, a minha alma, a minha vida. O teatro foi o que me deu sangue. Nem falar eu sabia. Era muito ignorante, burra, analfabeta. Não tive colégio. E sei hoje coisas que muita gente que estuda para doutor não sabe. Viver a vida é uma tragédia. Mas você tem que abrandar. Tem que tratar a vida com muito carinho. Para você ser feliz. Só você pode fazer. Você tem que perdoar para se perdoar. Quando você dá, você recebe. E você fazendo assim, você está com Deus.

Você viveu uma época muito glamorosa na fase dos cassinos.

Glamorosa para determinadas pessoas. Para as vedetes, para as mulheres. Eu não sabia o que era, como eu podia ter glamour? Comecei a ganhar dinheiro depois das televisões. Fui pra Excelsior, e a Globo me tirou de lá. Eu aprendi muito com o Boni. Ele me deu uma força... Eu dava a ele as minhas ideias e era sucesso. Ele aproveitava e botava mais coisas, efeitos. Devo muito a ele. Outro grande amigo: o Faustão. Que é amigão mesmo, pra valer. Amigão de poder contar com ele. Então, eu fui feliz porque as portas nunca se fecharam pra mim.

Você sempre gostou de trabalhar, nunca foi preguiçosa?

Gosto até hoje. Eu não gosto de ter uma vida ociosa. Ela me transtorna. Fico perturbada, estressada. Eu não gosto de vadiagem. Hoje eu não faço nada. Mas eu vou pro bingo. Não é que eu adore. Eu vou. Sou tratada com muito carinho, me respeitam muito. O bingo é um lugar muito bom para mulher velha. Você joga muito ou joga pouco, ou você é doido ou não é. Eu não sou doida. Eles me dão uma cartela para eu jogar e quase sempre ganho uma linha, um bingo. Ganho sempre 100 mil-réis, 200. Eles me dão comida, café, doce, carinho, me respeitam. Então, o que vou ter contra os bingos?

E do que você gosta mais na vida?

De tudo. Gosto da vida. Gosto de viver alegre, de fazer você rir. Eu faço qualquer um rir.

E no seu dia a dia você fala tanto palavrão?

Não, não gosto de palavrão. Na minha casa eu não falo palavrão. Tenho as minhas manias, as minhas qualidades. Sou uma mulher íntegra, correta, não passo trambique em ninguém. Não gosto de falar mal de ninguém porque tenho medo de Deus. Tenho um medo de Deus que me pelo. Acredito muito na força da natureza, acredito muito em Deus. Acho que a gente deve seguir Deus. Não é ser beata. Essa coisa de ficar benzendo, não. Eu não me benzo, não peço nada. Digo só: "Deus, me ensine a viver." Faço o sinal da cruz e já estou dormindo. Não penso em ninguém, não penso em nada, não tenho ódio, não tenho raiva. Não tenho amor, não tenho paixão. Eu não tenho mais nada. A minha cabeça é livre.

Mas você viveu um grande amor?

Nunca me apaixonei por ninguém. Namorei. Tive dois homens que me exploraram. Eu não sabia que eram cafetões, gigolôs, porra. Eu dava relógio, dava terno. Mas isso é tudo criancice. Depois, comecei a ver a vida de outra maneira. Quando casei, eu fui a pé. Com um vestidinho ordinário. Casei com Danilo, e vivi vinte anos com ele. Respeitei-o sempre, tratei-o muito bem. Depois, ele começou a fazer coisa que não devia. Decidi me separar. Ele não queria, mas eu ameacei: "Assina, não se faça de sonso!" Eu já tinha até advogado. Ele assinou. Morreu logo. Aliás, os quatro homens que treparam comigo já morreram. Não sei se foi azar deles ou meu, porra.

Você tem medo da morte?

Não tive da vida, como é que vou ter da morte? A vida é muito pior do que a morte. A vida que é perigosa, não a morte. Está na cara que Deus não vai fazer sofrer seu semelhante na morte. Quando você vai, já vai pro céu. Você já vai para ajudá-Lo.

Você mandou construir um túmulo pra você. É verdade isso? Uma pirâmide?

Há muito tempo que eu mandei. Não sei se fui eu porque eu tinha mania também de ser macumbeira. Recebia santo. Tinha até sessão espírita lá em casa, freguesas. Não ganhava nada com isso, não. Oscarito foi lá, quando estava com uma doença na garganta. Mandei comprar dois alguidares e toda goela de boi pra levar para o cemitério. Baixo nível. Fui lá no cruzeiro do cemitério, cantei ponto. Aí, eu decidi que não queria mais saber disso: "Eu não sou macumbeira, não sou porra nenhuma. Eu sou uma grande safada. O que eu estou fazendo é safadeza com essa gente." Aí eu fui a Cingapura e conheci o cemitério dos deuses. Lá, eu vi um deus enorme, deitado, bonito. Engraçado que ele se deitava como eu me deito: todo esticado, apoiando a cabeça na mão direita. Aí, ouvi uma voz dizer: "Faça o meu túmulo. Eu fui assassinado." Não sei se ouvi, se foi imaginação minha, se foi "trambiquice" minha ou se eu inventei. Menina, aquilo ficou na minha cabeça. "Eu me chamo Milaréu!" O deus deu o nome até. Vim para casa e decidi fazer meu túmulo. Liguei para a minha cidade, Madalena, pedi para uma amiga, que estava lá, saber quanto custava fazer o túmulo. Eu não queria nada de brasileiro. Queria oriental. Fiz um túmulo de mármore de Carrara, uma pirâmide de cristal com força, luz e energia. Não quero santo nenhum. Eu não gosto muito de santo. Santo para mim é vereador. Vou direto ao Ser.

Hoje em dia todo mundo toma muita vitamina, comprimido e passa muito creme. O que você faz?

Nem banho eu tomo. Tomo banho uma vez por semana porque não tiro a minha gordura. Diariamente faço apenas o asseio. Não tomo remédio algum. Meu remédio é quebra-pedra, chá de alho, de louro. Eu não tenho doença, mulher! Nunca tive dor de cabeça. Arranquei os dentes porque fui burra também. Porque botei jaqueta nos dentes que estavam encardidos do fumo e não deu certo. Aí tive de tirar e fazer implante. Mas é uma merda. Fica uma bosta. Você come e a comida cai. Um horror! Mas eu vivo muito bem assim. À minha moda. Não quero saber do resto.

E as coisas da vida: você gosta de cuidar da casa, de cozinhar?

Já fui muito vaidosa. Tinha uma casa bonita, tinha tudo o que era bom. Hoje eu não tenho e não quero mais nada. Hoje eu não tenho nem saudade. Nem amor, nem ódio. Eu não sinto mais nada. Não sinto emoção. O bingo, eu ganho, eu perco. Eu bato, não bato. Fico por uma. Quero o dez e sai o onze. Eu não estou nem aí. Não sinto nada. Sinto uma paz dentro de mim! Deito na cama e durmo que nem pedra.

Você disse, antes de a gente começar a entrevista, que a vida era muito solitária. Você se sente uma pessoa sozinha?

Quando eu me sinto sozinha, vou para a rua. A rua está cheia de gente. Eu vejo tiroteio, eu gosto de ver. "Tiroteio? Onde é que é?" Vou ver. Gosto de tudo que é novidade. Não tenho ninguém atrás de mim, nem meus netos. Eles vivem a vida deles, são felizes, têm o que fazer, têm que cuidar da vida deles, não podem ficar cuidando de uma mulher que já viveu. Eu já aproveitei. Eles não. Estão aproveitando agora. Minha filha tem a vida dela. É religiosa e eu não sou. Não condeno. Quem sabe se é ali que está a felicidade dela?

E você se arrepende de não ter feito alguma coisa?

Fiz tudo que eu quis. Tudo, minha filha! Até puta eu fui. Porque eu precisava de dinheiro, 5 mil-réis para pagar o quarto. Era uma época ruim, eu não tinha, trabalhava em um circo longe para ganhar 20 mil-réis. E eu comecei a ver que do sexo é que é feita a humanidade. Aprendi essa lição.

ELBA RAMALHO

Elba gosta da vida e de viver. Gosta de cantar e de ser feliz. Detesta o tédio, a mesmice e o baixo-astral. Está sempre pronta, disposta, animada. No palco e na vida. Quando estreei o programa *Leda Nagle Com Certeza*, na TVE, Elba foi minha primeira convidada. Tinha acabado de ser apresentada à capoeira, estava fazendo as primeiras aulas e, claro, topou jogar capoeira no cenário do programa. E assim é a Elba, ela se joga no amor, na vida, no compromisso com a saúde, na maternidade, nos palcos, na fé em Nossa Senhora, na certeza dos discos voadores. Sem medo. E com muito prazer.

L.N: **Você tem um CD intitulado *Qual o assunto que mais lhe interessa?* [2007]. Qual é esse assunto, Elba, além da família?**

E.R: O amor, a amizade. O homem deve buscar as virtudes e ajudar um ao outro. O mundo está muito difícil, a gente vê muita iniquidade, muita confusão. Muita taxa, muito dinheiro, muita história. Essa preocupação toda. Depois, quando chega à velhice, vê que criou um mundo de concreto ao redor, e fica assim: identidade, poupança, o que tem e o que não tem. É melhor amar e fazer coisas boas pelo próximo. Faço as minhas reflexões espirituais sociais, mas deixo que as pessoas façam as suas escolhas. A liberdade de escolha, o caminho que quer seguir, é de cada um. A família é o grande alicerce pra aguentar todo esse caos. É a menor e mais importante organização desse planeta. Deve ser preservada. Pode você não ter afinidade com A, B ou C, mas tem que lutar e colocar o amor acima de qualquer coisa porque o laço consanguíneo é muito forte. E mesmo sem haver laços consanguíneos, também se torna da família, porque o amor fala mais alto.

E você resolveu ampliar a família priorizando o amor, né?

Busquei outros caminhos para ampliar a família que constituí. Adotei a Maria Clara e, quando ela estava com 5 anos, adotei a Maria Esperança. Queria uma irmã para a Clara que combinasse idade com ela. Acabei buscando a Esperança no orfanato com cinco meses. A Clara e a Esperança não são laços consanguíneos e eu as considero minhas filhas verdadeiras. Igualmente. Filho é aquele que está no seu convívio diário. Família são aqueles com os quais estabelecemos laços de afetividade. Acho que mesmo quando o homem pula fora, é preciso se manter unido, para não desestruturar a família.

Como descobriu a Esperança?

Sempre que vou fazer show em algum lugar, a primeira coisa que faço é ir visitar um orfanato. Mesmo que não leve nada, vou oferecer um pouco de carinho a essas crianças. Foi assim que conheci a Esperança. Ela tinha dois meses, tinha acabado de chegar, de ser destituída da família, mas não estava ainda para adoção.

Essa família é de vários pontos do Brasil. O Luã nasceu no Rio?

Não. Ele foi gerado no Rio. Mas fui fazer um show na Paraíba, quando estava de oito meses de gravidez e ele acabou nascendo em Campina Grande. A cidade em que eu estudei. Luã é paraibano, a Clara é paulista e a Esperança é potiguar, do Rio Grande do Norte.

Como você está fazendo com filhos pequenos, agora que o mais velho já é um rapaz?

Estou muito motivada. [Na época, Luã estava com 20 anos, Esperança, a mais nova, com 1 ano e 2 meses, e a do meio, Clara, com 5.] Gosto. Mas o ritmo é diferente com cada um deles, e ainda mais com a vida que tenho, que me deixa muito ausente, muitos shows, muitas viagens.

E quando rola a vontade de aumentar a família, o que passa na sua cabeça?

Vou e aumento. Hoje em dia quero sombra e água fresca. Sou uma pessoa muito tranquila e já aproveitei bastante a vida. Como trabalho muito, tenho que abrir mão de algumas coisas para poder ser uma mãe melhor. Abro mão do supérfluo: das festas, por exemplo. Quase sempre estou em casa com as minhas filhas, não vou a lugar nenhum. E gosto. É a maior satisfação ficar junto dos filhos e educá-los da melhor maneira possível, renunciando a isso. Praticamente nem vou ao cinema. Quase não faço nada, para ficar com a família.

Com prazer?

Com muita alegria. Muito prazer. Já vivi tantas coisas boas. É uma coisa muito particular, de cada um. Tem gente que diz assim: "Você é louca, você tem que aproveitar. Já trabalhou demais. Tem que viajar, se divertir. Gastar bem o seu dinheiro." Digo: estou gastando otimamente bem o meu dinheiro com as minhas filhas que estavam abandonadas nos orfanatos. Tenho esse espírito solidário. Gosto e defendo a causa da adoção. Acho que existem crianças abandonadas necessitando de um amparo, de carinho. É muito importante, como cidadão desse planeta, tentar consertar, não o mundo totalmente, porque é muito difícil mudar valores de um mundo tão materialista, em que tudo gira em torno do dinheiro. Mas a gente vai fazendo um pouquinho.

Pois é, a lei, a burocracia, às vezes, colaboram para a desistência de quem quer adotar, não?

Tivemos sorte porque conseguimos duas meninas incríveis. Tive muita sorte na segunda porque a adoção aconteceu em dois meses. Isso é uma coisa rara. Foi um milagre praticamente. A menina não estava ainda pronta para ser adotada, quando eu dei mamadeira para ela. Cochichei no ouvido da criança: venho te buscar. E fui-me embora. Depois eu, Luã, Maria Clara e Gaetano voltamos ao mesmo orfanato. A garotinha já estava um mês mais velha. Falei: "Olha, Gaetano, que menininha bonitinha." Voltei para o Rio. E quando foi no meio de janeiro do ano seguinte, a assistente social me ligou: "A menina que você gostou já está para adoção. Foi destituída definitivamente da família. Vai entrar? Tem uma fila." Liguei para o meu advogado na Paraíba e pedi para ele ir até o Rio Grande do Norte dar entrada nos papéis. Mas existe muita burocracia. É difícil. Mas digo a quem quer adotar para não desistir, não dar ouvidos aos preconceitos.

Você sofreu algum tipo de preconceito por isso?

Recebi uma cartinha me aconselhando a não adotar uma menina... Vizinhos e mesmo alguém da tua família tentam te demover da ideia. "Mas você vai adotar? Já tem o Luã! Não é sua filha, você não tem nada a ver com isso." Quer dizer: sempre tem um espiritozinho assim meio desencorajador. Sem contar os mitos de que o adotado não vai te amar, que vai lhe trazer problemas no futuro. Meu Deus, tudo pode estar por um segundo, como diz a música do Gilberto Gil. Tem gente que fica curiosa para saber se eu amo minhas filhas como eu amo o Luã. Digo: "Com a mesma intensidade e um pouquinho mais.'" As pessoas precisam entender que o amor é incondicional. Ele é o sentimento mais doce e mais nobre. É um preceito obrigatório para a humanidade. Se fosse realmente praticado, acho que não haveria a metade dos problemas, o mal cairia por terra. Faltam amor e disponibilidade.

A Kombi ampliou porque agora tem mais babá, mais brinquedos, mais tudo.

Fui sempre assim. Amamentei Luã até os 9 meses e fui para Portugal. Fiz uma temporada lá, naquele Coliseu. Dava um intervalo, botava Luã no peito e dava de mamar. Descobri a maternidade com a maturidade. Já fiz muita besteira, já gastei muito dinheiro à toa. Aliás, esse é um assunto que não me interessa. Estudei economia por cinco anos na faculdade e não dou para a coisa mesmo.

Nem para o controle de suas despesas pessoais?

Nem para isso. Faço um cheque e sou incapaz de anotar o valor no canhoto. Sou uma total lesada em matéria de economia.

A maturidade é a sua?

Agora é. A família. A solidariedade. A ação social. Apesar de sempre ter sido muito profissional, hoje me sinto mais madura. É reflexo do bom momento por que passo. Sempre trabalhei muito, mas acho que cresci muito como cantora, como intérprete, a ponto de ter esperado três anos para gravar o disco *Qual o assunto que mais lhe interessa?*, depois do projeto *Elba e Dominguinhos* [de 2005]. Exatamente para que saísse maduro.

Por falar em disco, é verdade que quando foi gravar o *Leão do Norte* [1996] você rodou a baiana, fez pé firme e falou: "Vou gravar um disco com os clássicos nordestinos porque é a minha história, quero resgatar." Como foi isso?

Foi. Fiquei com essa ideia na cabeça durante muitos anos, alimentada em conversas com amigos, jornalistas, pesquisadores e os próprios compositores. E o público, de um modo geral, me exigindo uma coisa mais ativa. Sempre fui uma pessoa que representou o Nordeste. Uma defensora ardorosa da cultura popular do Nordeste, uma cultura popular brasileira. Desde o teatro. Enfim, nunca me afastei das minhas raízes. E vinha de dois discos em que a gravadora Polygram fez outras opções musicais, como investir no Caribe. A gente fez. Eu me perdi. Assumo a responsabilidade. É coisa de artista mesmo, a gente sai, quer voar, viajar por outras tendências musicais. E, com *Leão do Norte*, resolvi fazer um trabalho em que eu tivesse mais autonomia. Que eu pudesse ir ao estúdio, escolher o produtor, trabalhar junto, descobrir a sonoridade do disco. Para mim, não é só chegar e cantar. É participar da concepção, da criação, da execução dos arranjos e de tudo o mais.

Houve atritos com a gravadora?

Um pouco. Estava insatisfeita com a Polygram. Doze anos de casa. Saí da gravadora. Não só por culpa deles, é lógico. Desencontro mesmo, artístico. Não queria nem gravadora mais, queria ficar independente. Estava cansada daquela coisa, de vender a alma para o diabo mesmo. Queria ficar livre. Tenho batalhado tanto! Vinte anos depois, eu já estava assim, tendo que discutir com diretor artístico. "Grava essa!", ele dizia. Eu respondia: "Mas essa não é boa!" E ele: "Mas eu acho que é boa!" Então eu digo: "Não quero mais isso! Vou gravar o que eu acho que é bom pra mim." E consegui encontrar com a BMG, nem queria ir para lá, na verdade. O Zé Oscar foi fantástico. "Faz o disco que você quiser, só quero ver pronto!" Fiz o *Leão do Norte*, que é um trabalho em cima dos clássicos da música popular do Nordeste. A gente pesquisou, eu e o Zuza Homem de Melo, tive a grande colaboração do Zuza, jornalista fantástico, amigo de São Paulo.

Zuza é uma figura adorável!

E que tem um acervo musical incrível. Fomos lá, nos discos velhos, antigos, pegamos a obra, desde Lauro Maia até essa nova geração do Nordeste. E fomos levantando a obra desses compositores, que são vinte. Tem parcerias fantásticas, como Jackson do Pandeiro e Rosil Cavalcanti, dois compositores da minha terra, que nos anos 1940 fizeram sucesso e algumas músicas fantásticas juntos. O disco é uma grande homenagem a esse leque, a esse caldeirão de mitos e de expressões rítmicas, harmônicas e melódicas que é a cultura do Nordeste.

Musicalmente falando, o Nordeste está sempre renascendo, sempre surgem renovações como o Lenine, o Chico César, não é mesmo?

São duas revelações fantásticas. E tem uma coisa que o Sul não sabe muito: o Brasil é enorme. A gente trabalha muito no Brasil inteiro. E não é para pouca plateia. É para muita gente, o tempo todo. O público do Nordeste, ele sempre foi fiel. O público do Sul às vezes se acomoda um pouco por causa do grande movimento que acontece na música, várias tendências musicais. Mas o Nordeste está sempre dando uma renascida, sim.

Valeu a pena ter rodado a baiana? O disco aconteceu?

Sim. É o meu reencontro com o público. Meu público do Brasil que é maravilhoso. Eu não tenho nada a reclamar desse público incrível. É realmente a minha paz de espírito, entendeu? Um trabalho de que eu saí satisfeita no final. Não importava se ia vender um, dois, três ou mil discos. Ou 100 mil discos. Para mim, o importante era fazer esse trabalho.

O sucesso está entre as suas prioridades?

Não estou mais preocupada com o negócio do sucesso: vendeu, não vendeu? Isso é um pânico. Disco de ouro? Ganhou platina, ganhou não sei o quê? Não. Estou preocupada com a qualidade agora. Daqui por diante eu não faço mais concessão. Se a gravadora me quiser, vai ter que gostar disso que eu faço desse jeito. Essa é a minha verdade. Sem ela, eu não existo. Eu não resisto a nada.

Como você veio para o Rio?

Com o Quinteto Violado, para fazer um show chamado *A Feira* [em 1974]. Foi quando conheci o Dominguinhos e vi a Marines cantando com um chapéu de couro. Fiquei no Rio batalhando teatro. Não pensava nunca que ia cantar forró.

[O diretor de teatro] Luís Mendonça, com quem você estreou em *Viva o cordão encarnado* [1974] teve muita importância na sua carreira?

Teve. Quando o Quinteto voltou para o Nordeste, eu fiquei no Rio, com uma mala, meia dúzia de discos e umas roupinhas. Fui até o Mendonça porque [o ator] Carlos Vereza tinha me assistido com o Quinteto. No show, eu cantava e fazia personagem. Vereza disse: "Menina, você é muito talentosa. Vou lhe dar o nome de um diretor de teatro aqui no Rio, que você pode procurar em meu nome." E me deu um bilhetinho. Não conhecia ninguém no Rio. Fui assistir ao *Viva o cordão encarnado*, no Teatro Dulcina, com Elke Maravilha, Tânia Alves... Fiquei tão tímida quando vi Elke passar na minha frente. Eu, com o bilhetinho na mão. Me senti tão pequenininha perto daquele povo, que disse: "Não vou entregar bilhetinho nenhum. Eles não vão nem olhar para a minha cara." Voltei desiludida pra casa. Conheci Alceu Valença, o Cássio Fernando, e disse que era atriz. Pegava meu violão, tocava e cantava mal, mas tinha aquela verve. O Cássio Fernando falou que ia me levar a um diretor que, por acaso, era o Mendonça. Ao ser apresentada, ele disse: "Você é atriz? É da Paraíba? Você canta?" Falei: "Canto, danço, toco." Toda metida. Ele: "Tá bom. Leva esse texto, estuda e a gente estreia quinta-feira em Vitória, no Espírito Santo. Não tem tempo de ensaiar." A Sônia de Paula estava saindo do espetáculo e deixou uma vaguinha para mim no *Viva o cordão encarnado*.

E como foi a estreia?

Estudei o texto e brilhei na estreia. Fiquei na mesma noite como integrante do grupo. Foram cinco anos. Com Tânia Alves, Tonico Pereira. Enfim, o Mendonça revelou muitas pessoas de talento. Ele era muito generoso. Madame Satã fez *Lampião no Inferno*. Na época, ele era casado com a Ilva Niño, uma grande atriz.

E com Dominguinhos? Fez shows, disco, como é essa amizade de trinta anos?

É uma história de amor. O Dominguinhos é um mestre, tudo o que ele diz a gente reverencia. Até músicos que me acompanharam, contratei por indicação dele.

Com Luiz Gonzaga você chegou a ter uma relação mais próxima?

Sim. Tanto que fiz o *Elba canta Gonzaga* [2002] que é um disco devocional. É o nosso mestre, o nosso Rei do Baião. Uma referência. É nossa cultura. Os costumes que vivenciei e vivencio até hoje no meu coração têm a ver com a história do Rei do Baião, que teve uma relação profunda com todo o povo nordestino. Principalmente o sertanejo, como eu, tem Gonzaga como o símbolo máximo da nossa igreja. Gravei com ele várias vezes. Fui para o estúdio fazer voz de fundo com Gonzaga. Tudo. Ele era muito apaixonado por mim. Eu sei, porque a gente tinha uma relação estreita de amizade e carinho. Ele se incomodava quando os críticos falavam mal de mim.

E qual era a reação dele diante das críticas negativas que lhe faziam?

Chegou até a fazer uma música que dizia "Táqui pra tu", e falava para eu cantá-la e dar uma banana para os críticos. E eu: "Não, ô seu Gonzaga, deixa pra lá." Ele dizia que eu era outra cachaça na vida dele. O forró era muito estigmatizado. Fui considerada muito tempo uma cantora menor por cantar música nordestina. E não é fácil cantar coco, xote, baião. Quem quiser que ouse dizer que é fácil. A obra de Gonzaga não é uma obra simplista. Ele era um homem simples, popular, mas sua obra era bem construída, de harmonias muito perfeitas. A obra dele era muito mais que o forró ligeirinho, pé de serra que se faz hoje. Traduzia os costumes do Nordeste.

Você é mesmo apaixonada pela obra do Rei do Baião, não?

Para mim soa como um filme em que você vai vendo os vaqueiros, os juazeiros, o ingá, o rio seco, o rio cheio, a chuva, o céu, os pássaros. É cinematográfico. O dia a dia, a menininha. O picante do nordestino, o humor que a gente tem e que é uma coisa bastante afiada. O nordestino gosta de brincar com a vida, com as coisas. Tudo acaba sendo uma grande festa, mesmo o funeral, quando as carpideiras passam a noite cantando. A vida do nordestino é uma cantoria. E Gonzaga traz essa dualidade da dor e da alegria na sua obra.

É fácil manter Gonzagão vivo?

A gente está aqui ralando há trinta anos para ter o que dizer e, de repente, vem a supervalorização das bundas, dos peitos, das mulheres gostosas. É uma coisa difícil mantê-lo vivo. Mas, se depender de mim, ele vai continuar eternamente. Acho o baião tão importante na história da música brasileira quanto o samba. Acho que Gonzaga tem um lugar tão privilegiado na nossa música quanto tem Antônio Carlos Jobim. Não estou minimizando em nada Jobim, que é o nosso maior maestro. Mas Gonzaga é um gênio. Uma genialidade dentro de um histórico. De uma expressão cultural que a gente tem que tirar o chapéu.

Você é uma pessoa que tem fé. Costuma rezar diariamente?

Sim. Todo dia, quando vou me deitar, rezo e pergunto: "Senhor, eu falei mal de alguém?" Falar mal do outro não leva a lugar algum. Gera uma energia extremamente negativa. Sofri muito com as críticas, os apelidos que me davam no início da carreira. Eu falava: "Vou conquistar esses jornalistas na reza." Acho que conquistei muita gente na reza.

Tem muita devoção aos santos?

Tenho. Sou de guardar detalhes que me ligam a eles. Como o de vir ao *Sem Censura* no dia 13 de maio de um determinado ano, e voltar no ano seguinte, justamente porque passei em frente à igreja de Nossa Senhora de Fátima.

Já que estamos falando de santos... E quando vem a época do São João, é uma loucura?

Meu Deus! Teve ano que foram 17 shows só no mês de junho. E não só no Nordeste. Teve o São João do Rio, na Marina da Glória, que foi bárbaro. É cansativo, mas é bom. Cinco quilos a menos, volto malhadinha, sequinha. Não é um showzinho parado. Não sou uma pessoa técnica. No palco, esqueço que tenho um show no dia seguinte. E me divirto mais que o povo que está assistindo. Faço o meu São João no palco. As distâncias entre as cidades são grandes e os shows nunca acontecem antes de uma da madrugada. Na hora em que todo mundo vai dormir, eu vou trabalhar. O que cansa bastante, porque acaba às três horas. Viaja mais uma, duas horas. Chega às seis horas, dorme para caramba. Acorda e já vai viajar de novo. E vai assim até terminar a temporada de shows. O São João não é uma festa nordestina, e sim brasileira. Ela comemora a fertilidade, a alegria. Enfim, a fartura. Por isso que se tem a mesa cheia de comida, por isso que se dança.

No Nordeste, o São João é fortíssimo?

Diria que até mais que o Carnaval. O Carnaval acabou virando um negócio, do meu ponto de vista. A exceção é Pernambuco. Não estou minimizando os carnavais do Brasil. Mas a tradição pernambucana é fantástica, e permanece intacta. Não houve ainda muita infiltração de outras influências. Pernambuco é o frevo, orquestra, frevo de bloco, de rua. Os maracatus, os caboclinhos, vassourinhas. Lindo de se ver. Tudo como manda a tradição. O que não acontece em outros carnavais, que viraram uma coisa bacanérrima, mas muito mais em cima do axé, dos trios elétricos. A própria Paraíba está fazendo isso: trio elétrico, axé. E Recife, não. No São João, você não tem pra onde correr, tem que ter Gonzaga na vitrola ou Elba ao vivo.

Poderosa a moça, não?

Se não tiver Luiz Gonzaga com sua sanfona cantando xote, baião, se não tiver a bandeirola colorida na rua, a canjica, a pamonha, o quentão, não é São João. É lindo. São festas de rua. Tem forródromo em Campina Grande, com quermesses, barraquinhas todas decoradas, tocando sempre a música de todos os compositores regionais. É um mercado de trabalho que funciona hoje de forma muito diversificada e muito ampla. O artista nordestino não precisa mais se deslocar para o Rio ou São Paulo para tentar sobreviver. A música nordestina ganhou muita força nos últimos anos.

A juventude está dançando forró, né?

E no Brasil todo. Acho ótimo porque caem os muros. Acaba aquela história de "Ah, sou paraibana e não posso dançar pagode nos morros do Rio de Janeiro". O forró resgata aquela moda do dançar agarradinho. O jovem do sul reinventou a dança porque ela está muito atrelada à música. Como toda festa de rua. Se se canta, se dança junto. Eu, que sou nordestina, aprendi a dançar forró lá e, vendo meus irmãos, as meninas aqui do sul dançando, é completamente diferente. Eles botaram um charme na dança, uma sensualidade, uns passinhos, umas coreografias.

Qual é o segredo da eterna juventude, hein?

Sou uma pessoa que gosta de saúde, me cuido à beça. Tenho um espírito assim: gosto da vida pra caramba! Da felicidade. Não sei viver com tédio nem com baixo astral. Não consigo entender a vida por esse lado. Faço a minha meditação, minha ioga, minhas coisas, levo a vida no chute, na brincadeira. Isso me mantém assim, com esse ar de eterna adolescente, que eu tenho mesmo, gosto de ser jovem. Meus espetáculos eu procuro transformar numa grande festa. Acho que essa coisa de trazer alegria na frente é uma coisa que caracteriza muito o meu trabalho e a minha personalidade. Mesmo quando estou cantando uma canção romântica, não é uma coisa para baixo.

ELIZETH CARDOSO

Elizeth Cardoso era uma das pessoas mais bem-humoradas que conheci. Ria de tudo, dela mesma, das dificuldades da vida e das alegrias também. Era uma mulher elegante. De atitudes elegantes. De gestos elegantes. Não guardava rancores, nem mágoas. Tinha um sorriso, uma palavra de carinho para todos, sempre. No aniversário de 40 anos de Maria Bethânia, numa festa linda, na Vila Riso, tomei coragem e perguntei a Elizeth como ela fazia para, mesmo fumando, fazer cirurgias plásticas sem os médicos reclamarem. E ela respondeu, rindo muito: "Mas não tem mistério. Marque a consulta cedo, tipo nove da manhã. Não fume e, quando chegar para a consulta e o médico perguntar se você fuma, diga que parou. Só não fale que foi ontem à noite. Dá sempre certo." Adorável Elizeth. Tivemos muitos encontros, papos divertidos, em diferentes momentos da carreira dela. Sempre com muito humor. Divina Elizeth.

L.N: **Acho um barato os apelidos todos que te deram. Noiva do Samba-canção, Lady do Samba, Machado de Assis da Seresta, Mulata Maior, A Magnífica, Enluarada, Primeira-Dama da Música Popular Brasileira, até, finalmente, A Divina. Você ainda se assusta cada vez que te chamam de A Divina?**

E.C: Porque acho que esse título é, assim, muito forte pra mim. Você sabe que eu aceito perfeitamente o Elizetíssima, o Cantadora do Amor, o Faxineira das Canções e todos os que você citou. Mas quando chega o A Divina, me dá uma preocupação. Às vezes, as pessoas chamam "ô Divina" nas ruas e eu não olho, com medo.

Medo de quê?

De dizerem: "Olha a convencida aí." Foram os amigos que me deram todos esses títulos. São eles que acham que sou tudo isso. Eu me sinto feliz, claro. Acho que A Divina é um pouco demais para mim. Mas, como a Sarah Vaughan também é, acho que preciso assumir o título. Aliás, foi ela que me deu a maior força para isso. Um dia, ela soube que eu era A Divina brasileira e que ficava meio encabulada. Então, ela procurou uma intérprete, uma amiga nossa, a Mary, e mandou me dizer que um adjetivo que nos colocam, seja ele qual for, nem que seja um palavrão, a gente tem que aceitar. E que, nos Estados Unidos, na terra dela, ela era A Divina americana. E mais, que não ia deixar que ninguém passasse esse título, que seria A Divina até morrer. Então, me disse para eu segurar essa Divina com todas as forças e ficar com ele até o dia derradeiro.

Como surgiu esse apelido?

A Divina surgiu num show na boate Night and Day há muitos anos, quando eu trabalhei ao lado de Grande Otelo e Aurora Miranda. O show chamava-se *Mister Samba*. Era sobre a vida do Ary Barroso. O Sérgio Porto estava meio adoentado e pediu que o Haroldo Costa assistisse e escrevesse sobre o show, que ele assinaria embaixo. Qual foi a surpresa? No dia seguinte, a manchete do jornal era "A Divina".

E A Divina tem sucessora ou não?

A Divina tem sucessora. Há tempos me perguntaram quem seria. Eu acho que quem tem a ver muito comigo é a Clara Nunes. Minha amiga, minha afilhada de casamento, pessoa que tem muita afinidade comigo. Acho que ela vai segurar essa peteca direito e vai levar até o final. Eu já disse: "Olha, não sei o que significa para você eu ter te apontado como minha sucessora, mas, para mim, significa muita coisa. Agora, presta atenção e leva até o final porque eu não sei se vou estar aí para ver tudo isso."*

Se você não cantasse, você não seria feliz?

Não seria mesmo porque acho que já nasci cantando. A primeira vez que cantei em público foi aos 5 anos de idade, num clube onde um tio meu era presidente e que se chamava Kananga do Japão. Na época, era um clube frequentado pelo pessoal todo da estiva, os grandes homens da Praça XI. E o meu tio cismou que eu tinha que ser a madrinha do São Jorge da Kananga do Japão com 5 anos. Tinha uma imagem enorme, que eu não podia carregar. Alguém levou a imagem até a igreja de São Jorge, no dia 23 de abril, eu batizei o santo e depois fomos todos para o clube. Era uma festa durante o dia e eu, então, muito saliente que era, subi no palanque. O pianista era o seu Torjeiro porque, naquele tempo, não se usava orquestra. E com 5 anos falei para ele: "O senhor quer me acompanhar?" Ele: "Acompanho até onde?" Eu: "Não, cantando." E foi então que eu cantei uma marchinha, e aí todo mundo se virou para o palanque. "Zizinha, Zizinha/ Ó, minha santinha/ Ó, vem comigo, vem/ Meu amorzinho/ Também quero tirar minha casquinha." Uma bobagem a marchinha, mas foi a primeira coisa que cantei em público.

E como foi a descoberta da Elizeth pelo Jacob do Bandolim?

Ah, o meu mestre Jacob! Ah, como gostaria que ele estivesse aqui! Eu estaria, assim, em estado de graça. Num aniversário meu, na rua do Resende, 87, numa festa para a qual o Jacob foi convidado, numa determinada hora da noite, meu tio pediu que eu cantasse. Cantei de brincadeira "Do amor ao ódio" e "Duas lágrimas". Jacob, todo entusiasmado, me acompanhou, e qual foi a surpresa um mês depois? No dia 18 de agosto, ele me convidava para cantar na Rádio Guanabara, na rua Primeiro de Março, num programa chamado *Programa Suburbano*. Na época, os locutores e apresentadores eram Cristóvão de Alencar e Xavier de Souza. Cantei simplesmente ao lado de Noel Rosa, Aracy de Almeida e Vicente Celestino.

* Clara Nunes morreu em 2 de abril de 1983, aos 39 anos. Elizeth Cardoso morreu no dia 7 de maio de 1990, aos 69 anos.

Você tinha que idade?

15 anos.

E como foi cantar no meio das feras da época?

Levei aquilo como uma brincadeira. Não pensei em nada. Cheguei lá e cantei. Hoje eu fico muito mais tímida para cantar em público do que naquela época. Ali eu não levei a sério nada. E quando terminei de cantar, o doutor Alberto Mandi me chamou na diretoria e disse: "Foi a sua estreia no rádio. Você está convidada para voltar na semana que vem." E assim começou tudo. Como, naquela época, quem era eu, meu Deus do Céu, para conseguir contrato? Fui à luta. Cantei em todas as emissoras do Rio de Janeiro, menos na Rádio Mayrink Veiga, que era onde cantavam os medalhões: Carmen Miranda, Aurora Miranda, Francisco Alves, Silvio Caldas, Mário Reis e tal. E, logo, um mês após, foi a inauguração da Rádio Nacional. Eu vivi todas as fases do rádio. Como eu não tinha repertório, eu cantava o dos outros. Hoje em dia se imita um cantor. Eu imitava logo três. Era exagerada. Cantava o repertório da Aracy de Almeida, da Odete Amaral e da Marília Batista, que eram cantoras com registros completamente diferentes. Mas eu cantava qualquer música dessas três. E partia para a imitação. Mais tarde, fui buscando o meu caminho. Fui me tornando mais independente.

Você foi *crooner* durante muito tempo. A gente sabe que a noite é uma grande escola, mas também deve ser uma barra, não?

Não. Ali a gente cria uma tarimba muito grande. Eu havia começado a cantar em 1916, em 1939 me casei e seis meses depois me separei. Coisas da vida. Aí ficou aquele aperto. E, de repente, surgiu um convite de uma amiga para que eu fosse trabalhar em uma escola de dança. Eu pensei que a escola de dança fosse aquilo que todos pensam que é: uma escola para aprender a dançar. Achei ótimo porque ia me meter, ensinar a dançar, coisa de que gostava muito. Cheguei lá e vi que era diferente. Era um negócio de um cartãozinho, o freguês pagava 3 mil-réis na porta e a bailarina ganhava 1.500 e, logicamente, a casa, 1.500. Eu não dançava, ninguém me tirava. E eu fiquei naquela de horror. Um dia, fizeram lá uma tal de "hora da triagem" para o dono da casa escolher uma *crooner* para a orquestra. E foi aí que o meu amigo e a minha amiga surgiram e disseram: "Manda a Elizeth cantar que ela já cantou em rádio." O dono respondeu: "Vamos ver o que vai acontecer, já que ela não dança. Vamos ver se pelo menos ela canta." Fui e cantei. E desde esse dia eu passei a ser a *crooner* da escola de dança do Avenida Danças, que era em frente à Galeria Cruzeiro, na avenida Rio Branco.

Ser *crooner*, então, foi muito bom para você?

Foi a maior coisa da minha vida, porque eu aprendi e lidei com músicos, conforme eu lido até hoje, que são as razões da minha vida. Fui *crooner* da Orquestra Tabajara, da Orquestra do Dedé, do Napoleão Tavares. Cantei ao lado de Jamelão e, inclusive, viajei ao lado dele e da Ademilde Fonseca com a Orquestra Tabajara pela primeira vez para a França, para uma festa carnavalesca em um castelo, que o doutor Assis Chateaubriand organizou [em 1952], com a presença de vários nomes do cinema. Foi a primeira vez que eu saí do Brasil para cantar no exterior. Uma beleza.

Você é a precursora da mulher independente, da mulher que trabalha, que vai à luta. Como você vê hoje essa luta da mulher?

Eu acho maravilhosa. Nós temos um poder muito grande, e chegou o momento de mostrarmos que também somos alguém. Antigamente não existia essa oportunidade. O negócio era muito escondido. Era sempre o macho que dizia não sei o que e tal. E agora nós estamos aí pra tudo. Inclusive em todas as faixas. Temos políticas, jornalistas, enfim, nós estamos com força total. É a mulher aí 100%.

Conta um pouco da sua batalha até ser cantora.

O que eu batalhei, minha amiga! Desde os 10 anos de idade. Tive muito pouco tempo para estudar. Os meus pais se separaram e eu tive que assumir. Então, eu não tive tempo para estudar. Comecei a trabalhar com 10 anos. Morava no centro do Rio, e na esquina da rua São José com a Vieira Fazenda havia um café, onde tinha um varejo de cigarro. Foi meu primeiro trabalho. Era vendedora de cigarro e para conseguir alcançar a prateleira mais alta eu tinha que botar um banquinho. Depois dali passei por várias experiências de trabalho. Fui trabalhar numa fábrica de sapólio, onde a gente pagava dez tostões na época por um prato de comida. Aí vinha aquele prato: feijão, arroz, um bife, ovo estrelado, couve à mineira e tudo. Ô delícia! Da fábrica de sapólio, fui trabalhar numa fábrica de peles. Era Peleteria Francesa, onde se faziam casacos de pele. Depois disso fui ser cabeleireira. Quer dizer: tudo diferente. Não tinha que ser nada disso.

E foi uma boa cabeleireira?

Minha filha, deixa eu te contar. Quando comecei a trabalhar no salão, fui para a seção de alisamento de cabelos. E a gente treinava na cabeça de uma pessoa. Eu peguei uma criatura como cobaia. Ela servia de cobaia para todo mundo porque gostava de alisar os cabelos. Chamava-se Mercedes. Ela sentou-se na minha cadeira. Aí eu esquentei a tesoura, que era o que se usava. Esquentava, botava na cabeça e puxava para alisar. Olha, quando eu meti a tesoura na criatura, veio a metade do cabelo dela. Não consegui alisar nada. Ai, me deu um nervoso tão grande quando vi aquela fumaça saindo do cabelo da criatura, que larguei tudo e só queria ir embora. Parecia que eu tinha incendiado a cabeça dela. Mas aí eu passei do alisamento ao permanente, que, naquela época, estava no auge. O salão onde eu trabalhei não existe mais. Mas eu posso dizer: era o Salão Antonieta. Ele foi um dos primeiros a lançar os permanentes.

Você gravou seu primeiro disco em 1949. "Canção de amor" é dessa época?

"Canção de amor" é de 1949, sim, quando eu voltei à Rádio Guanabara. É o meu prefixo. Se eu não cantar essa música quando entro, não cheguei no pedaço. "Saudade, torrente de paixão/ Emoção diferente/ Que aniquila a vida da gente..."

O que você gosta mais de cantar?

Ah, não tem. Gosto de cantar tudo, e não só o meu repertório, não. Às vezes, eu canso. Aí parto para o repertório dos outros. Canto Roberto Carlos, Caetano Veloso, Bethânia, Elis Regina. Eu gosto muito de cantar com os olhos fechados. Não sei o motivo. Eu viajo, me transporto para outros mundos, lugares diferentes. Aí, estou assim cantando: "Ah, meu amor, não vais embora" e o garçom fica abanando um papelzinho na minha frente. Sabe o que é aquilo? É alguém pedindo para eu cantar uma música. Quantos bilhetinhos eu tenho guardado! Caixas e mais caixas de bilhetes que me chegam para eu cantar outras coisas. E eu, sabendo, canto. E quando os músicos não sabem, eu canto à capela. Canto sem acompanhamento mesmo. Sabe qual é o apelido que meus músicos me puseram? "Cantora quilométrica." Quando começo a cantar, não quero terminar nunca.

Aquela que vai dar uma canja e canta logo oito músicas.

Quando eu cantava com o Zimbo Trio também era a mesma coisa. Começava a cantar e não queria parar nunca. Aí, o Rubinho, o poderoso chefão do Zimbo Trio, dizia: "Escuta aqui, quando você vai terminar?" Ou então mandava um bilhetinho assim: "Vê se termina, porque já passou mais de uma hora." É assim a minha vida. E sempre foi assim. Sabe por quê? Porque, na realidade, meus amigos, eu gosto de cantar. Nasci cantando e não sei quando vou terminar. Com tantos anos de microfone e mais ainda de idade, estou pedindo a Deus que a minha gargantinha ainda dure mais um pouco para eu ver até onde vou cantando. E vocês vão ter que me aturar porque, enquanto os contratos aparecerem, eu vou cumprindo. Sei lá até quando. Não vou dar adeusinho de lenço branco porque acho horrível. Depois dá aquela tremenda dor de cotovelo. Aí você vai, tem vontade de cantar. Começa tudo de novo. Não quero chegar nessa de dar adeusinho com lencinho branco. De jeito algum.

Você cuida da voz?

É lógico, porque tenho que me cuidar, é meu instrumento de trabalho. Todo mundo devia fazer isso. Tenho um professor, que é um grande tenor, Eládio Perez, e quem me indicou foi a Nara Leão. Eu precisava, porque, trabalhando do jeito que trabalho, às vezes fico rouca de um dia para o outro. Toda semana eu vou à casa do meu professor, ele me passa os exercícios que faço em casa para não ficar rouca. E, na realidade, eu tenho estado com a minha voz, graças a Deus e ao professor Eládio, muito bem. Eu exercito, tenho o cuidado de não fumar. O fumo me faz muito mal. Não que eu não goste. Eu gostaria muito de ter aquele cigarrinho gostoso que a gente fuma na hora de dormir, que faz tão bem à vida da gente. Mas eu não posso porque exatamente a nicotina me faz mal à garganta. De vez em quando, gostaria de tomar um sorvete, um gelado, e nada disso eu posso fazer porque me faz muito mal à garganta. E, na realidade, tenho muito cuidado com a minha garganta porque ela é quem dá toda a segurança da minha vida.

Você dá a impressão de ser uma pessoa muito feliz, alto-astral. É isso mesmo. Você está feliz?

Eu estou felicíssima. Procuro encurralar todos os meus problemas para que eles não venham à tona, pois ninguém tem nada a ver com isso. Então, se a gente puder distribuir o bom momento, uma força positiva, por que se ligar à negatividade? De jeito nenhum. Quero que todo mundo veja em mim aquilo que eu quero ver nos outros. Quero que todos sejam felizes. Vou morrer muito feliz.

Algum arrependimento?

Tudo valeu a pena. Tudo, tudo, tudo foi uma escola de vida. Não tive tempo para estudar, mas tudo o que a vida me ensinou, me ensinou numa muito boa. E eu curto com alegria. Eu estou satisfeita. "Começaria tudo outra vez, se preciso fosse, meu amor."

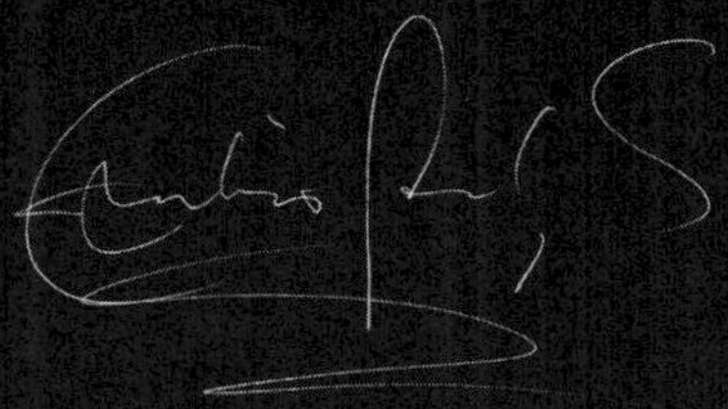

EMÍLIO SANTIAGO

Emílio Santiago é um amigo querido. Educado, elegante, um perfeito cavalheiro. Do tipo que ouve e presta atenção ao outro e ao mundo à sua volta. E não perde o glamour. É um cantor impecável. Um artista disciplinado. Mas o lado mais comovente de Emílio é a sua própria história de vida. Tinha seis dias de nascido quando sua mãe verdadeira queria encaminhá-lo para um abrigo. A empregada doméstica da casa não suportou a situação e decidiu adotar o menino. Assim Emílio ganhou Ercília, mãe dedicada e carinhosa, que incentivou o cantor, deu forças para o cidadão se formar em direito e virou uma espécie de filha querida do menino crescido, no final da vida, que se encerrou aos 92 anos. Ercília não faltava a um show, orgulhosa de sua cria e do talento do filho. Talento que ninguém contesta, nem Cauby Peixoto. Numa das várias entrevistas que fiz com Cauby Peixoto perguntei a ele quem era o maior cantor do Brasil. Orgulhoso de seu talento, Cauby não titubeou: "O primeiro não sei. O segundo é Emílio Santiago."

L.N: **"Saigon" é a sua "Conceição"? Aonde você vai, tem que cantá-la? É bom pra você?**

E.S: Lógico, claro! Porque, se lembram da música, vão lembrar sempre do Emílio Santiago. É a música que marcou a minha carreira.

Mas não é desagradável para você fazer um show em que ela não esteja no repertório e no final alguém fala: "Ah! Canta 'Saigon'?"

Não, não. Elas pedem logo no início! Já entro em cena, tenho que dizer: "Calma, gente, vamos com calma! Vou cantar um pouco, depois vou cantar 'Saigon'!"

Isso te aborrece ou te envaidece? Como você lida com isso?

Envaidece muito. "Saigon" tem uma história muito interessante. A música foi apresentada quando eu não tinha gravadora. A primeira cantora a gravar "Saigon" foi a Beth Carvalho. E a segunda foi Leny Andrade. E eu fui o terceiro a gravar porque estava já nas Aquarelas [série de discos chamados *Aquarela Brasileira*], na segunda *Aquarela*. Tem um significado muito interessante essa música. É uma música que tinha que ser minha mesmo. Minha, era um sucesso, eu não tinha gravadora, eu não gravei. Meus colegas gravaram antes de mim. Mas a música tinha que ser minha. Tinha que ser, tinha que acontecer comigo.

Você recebeu a música de quem?

Do Cláudio Cartier, Paulo César Feital e Carlão.

E eles deram para você num desses momentos em que o cantor fica anos sem gravadora?

Exatamente. Sem gravadora. E começou a rolar. Elas conheceram a música e gravaram antes de mim porque a música é boa. Eu só consegui gravar com as *Aquarelas*.

Você aceitou de cara o projeto *Aquarelas*, achou que era uma boa?

Olha, fui conhecer meio temeroso. Porque eu estava sem gravadora, e achava que, naquele momento — acredito que foi em 1988 —, tinha que ficar um pouco fora das gravadoras, para entender melhor a relação cantor e gravadora. Então o Roberto Menescal me chamou. Era um projeto do Heleno Oliveira com o Roberto Menescal. Ele me chamou e disse: "Olha, nós temos um projeto aqui prontinho. Só falta você." Vi o projeto e achei interessante. Acho que, naquele momento, seria interessante me mostrar como cantor mesmo. Naquele momento, eu estava fora da mídia, fora de tudo isso. E fomos fazer. Uma *Aquarela* foi uma experiência. Uma. Seria uma. Seria apenas uma. Mas foi um sucesso assim, retumbante! E chegamos a fazer sete *Aquarelas*.

As pessoas amavam dançar o repertório das *Aquarelas*.

Dançam até hoje, nas academias. Se dança muito *Aquarela Brasileira*. Se dança muito Emílio Santiago.

Se namorou muito ao som de Emílio Santiago.

Também. Namoraram muito ao som de "Saigon". Enfim, todas as canções.

As *Aquarelas* foram importantes para você?

Foram, e o povo me cobrava muito: "Não vai fazer mais *Aquarela* para gente?" Foram sete *Aquarelas*. Foi um sucesso muito grande e muito marcante na minha carreira. Então agora estamos aqui, atendendo ao pedido do grande público.

E com esse vasto repertório de sete *Aquarelas*, tem alguma música de que você gosta mais?

Não, ficaria com "Saigon" mesmo. Justamente por causa dessa história, do momento em que ela chegou às minhas mãos.

No DVD *Emílio Santiago — O melhor das Aquarelas* [2005], dá para a gente notar como a plateia vira um grande coro quando você canta essa música.

Nem preciso ter coro no palco. Sei que a plateia vai me acompanhar mesmo. Aliás, "Saigon" é o rei do karaokê. Em todos os lugares as pessoas vão cantar. Se não tiver "Saigon", não tem graça.

É uma música simples para as pessoas cantarem?

A plateia cantou direitinho. Formou um grande coral.

"Saigon" é uma referência de uma época, da Guerra do Vietnã. Mas essa moçada que vem, que está aí, eu vejo gente jovem fazendo som no barzinho e cantando essa música.

Na verdade, "Saigon" é a história de um casal que se adora. Os dois são apaixonados, mas brigam o tempo inteiro. A vida deles é um inferno. E "Saigon" é o lugar.

No início da carreira você cantou muito na noite e deve ter aprendido a saber o que as pessoas gostam de ouvir, não?

Claro. Evidente. A noite deu para a gente toda essa cancha. A Alcione outro dia falou uma coisa que eu achei interessante: é que a gente aprendeu a dar para o público exatamente o que ele gosta porque sempre tinha que fazer o gosto dos clientes, das casas e tudo. Aprendemos a saber o que o povo está querendo ouvir. Sem contar que lhe dá a oportunidade de trabalhar com grandes músicos brasileiros.

Da fase de cantar na noite, tem alguma música que você pegou uma "pinimba" dela de tanto as pessoas lhe pedirem para cantar?

Sempre tem uma coisa assim de o cara chegar e pedir uma música. E tem histórias engraçadíssimas. Eu já não tenho muitas não, mas sei de gente. Mas sempre tem uma música de que a gente pega implicância, porque, às vezes, contratam a gente e no contrato já vem: tem que cantar isso, aquilo e aquilo outro.

Conta ao menos uma que você implicou, vai...

Sempre fui muito solicitado para cantar músicas românticas. Acho que uma música que me pediam sempre para cantar era *(cantando)*: "Meu coração, não sei por quê..." Essa era certa e eu cantava.

E mais de uma vez. Porque no fim da noite aparece aquele bêbado, porque você acabou de cantar e ele não ouviu, né?

Mais de uma vez, na mesma noite. Mas tinha um charme também. O cara era atendido e colocava dentro da taça um dindim para a gente.

Você gostava dessa vida de cantor da noite?

Gostei até um dia que eu entrei na boate às dez da noite e saí às dez da manhã. Aí jurei que não queria mais cantar na noite. Eu já estava ficando meio saturado. Não tinha mais dia. Chegava de manhã, dormia e quando acordava já tinha acabado tudo. Às vezes, não dava tempo de ir ao banco, de comprar alguma coisa. Então, quando aconteceu essa história de ir das dez da noite às dez da manhã, falei: "Não quero mais cantar." E foi uma confusão danada, porque era na [boate] 706 e o Arnauld e o Sérgio de Souza, que eram os donos, ficaram apavorados comigo. De repente, eu não queria mais cantar de noite. Eles arranjaram um horário para mim que achei bastante interessante. Eu abria a boate às dez horas e à meia-noite eu passava para outra atração, que era o Osmar Milito e o grupo dele. Eu chegava às dez horas, cantava minhas duas horas diretas, maravilhosas, e aí voltei a gostar um pouco. Trabalhei muito na noite, chegando em casa só de manhã.

Você já era formado nessa época?

Não, me formei em 1974. Comecei a faculdade em 1970, e foi quando e onde eu comecei a cantar. Então era tudo muito paralelo. Cheguei a trabalhar de dia, estudar de noite e cantar de madrugada. Do trabalho, eu ia para a faculdade, depois passava em casa, me arrumava e ia cantar na boate. Fiz faculdade de direito.

Antes de cantar, você trabalhava em quê?

Em escritórios de executivos, de relações humanas. Era muito legal, muito interessante. E lá em casa o povo ficou até meio grilado porque eu abandonei um bom salário justamente para cantar. Foi uma experiência de vida muito boa ter trabalhado de dia, estudado à noite e cantado na madrugada.

Como cantor você aprendeu também na noite?

Muito. Aprendi a viver, a conviver com as pessoas, a tratar as pessoas e, fora isso tudo, a gente canta muito. E canta tudo. Musicalmente falando, enriquece profundamente a gente. Enriquecemos profissionalmente com tantas músicas que cantamos, e ouvimos, e tocamos. O saber escolher repertório. Tudo isso vem muito de você ter feito essa estrada, que eu acho fantástica.

Suas influências se tornam maiores do que as de quem não passou por essa experiência, porque você assimilou tudo aquilo. O seu cantar é a soma dos cantares dos outros, né?

É verdade. Hoje, acho que não tem mais o tipo de casa onde cantamos. A primeira vez que cantei na noite foi assim: eu tinha feito o concurso lá na faculdade. Aí fui fazer um programa de televisão com o [apresentador] José Messias. Quem estava acompanhando aquele programa de tarde na TV Rio era o [maestro] Anselmo Manzoni. E o Anselmo falou: "Emílio, você está muito sem experiência, muito cru. Você tem que cantar na noite. Vou arranjar uma parada pra você pegar uma cancha." Ele me levou pra cantar numa boate, no fim do Leblon, chamada Colt 45. Eu abria a boate, logo em seguida tinha um show do Grande Otelo e eu voltava depois pra cantar. A Marlene também fez lá o show *Na boca da noite um gosto de sal*, porque essa música foi feita pra ela. Eu abria o show dela. E agora, quando a Marlene fez 80 anos, eu fui parabenizá-la e ela me disse: "Você se lembra que eu chegava cedinho lá na boate e ficava sentada na escada vendo você cantar? É porque eu já achava que você tinha um lance diferente." Eu comecei a cantar assim, com esse pessoal, com essa gente. Hoje, tenho muita tranquilidade, musicalmente falando, justamente porque trabalhei em casas maravilhosas: Flag, 706, Black Horse, Number One e por aí.

Não tem mais isso, né? Só estar cantando antes e depois de Grande Otelo já era uma escola, não? Ver o Otelo trabalhar toda noite só pode ter sido bom.

Maravilha. Fui fazer o concurso do Flávio Cavalcanti. Na noite final de *A grande chance*, no Teatro Municipal, e depois fiz o MIT. Depois que acabou o concurso, fomos comemorar na boate Bier Klause, no Lido. Aí, me desce o Tito Madi, que cantava na boate A Fossa com a Marisa Gata Mansa e o Ribamar. Eles me convidaram para eu fazer parte do *cast* da Fossa. Então, eu cantava nos intervalos do Tito Madi e da Marisa Gata Mansa. Era uma coisa maravilhosa, uma época deslumbrante.

Foi uma época de ouro. Quem viveu, curtiu. Marrom tem histórias maravilhosas da noite também.

Foi assim que eu conheci a Alcione na Catacombe, chegando pra fazer o show, carregando o trompete dela dentro de uma sacolinha de supermercado, que na época era de papel pardo.

Os grandes cantores brasileiros te influenciaram de alguma forma?

Cresci escutando Cauby, Nelson Gonçalves... e até hoje eu me inspiro neles em alguns momentos.

É bom ser cantor, intérprete? Ou dá vontade de botar o dedo e ser compositor? Ou ser intérprete é uma maneira de ser compositor de outra forma?

Não sei. Existe essa coisa da necessidade da composição. Acho que até então eu estou muito satisfeito com a coisa de cantar. Cantar é tudo na minha vida. As pessoas que conviveram comigo na infância, na adolescência, na juventude, sempre acharam que eu tinha de acabar sendo cantor.

Como é a sua seleção de repertório?

Sempre caminhei muito à margem de sucesso, de qualquer tipo de modismo, de grupo, esse tipo de coisa. Caminho à margem, mas sempre assimilando, captando o que tem de bom nas coisas que estão acontecendo. Minha carreira foi construída assim. *Aquarelas Brasileiras* me dão essa satisfação de cantar à vontade, sem nenhum compromisso com nada, sem nenhum preconceito. Compromisso só com o que acho que é bonito.

GLORIA PEREZ

Gloria Perez é uma guerreira. Forte e sensível. A mais distraída e a mais atenta das pessoas que conheço. Distraída para as coisas do cotidiano, atenta para com os sentimentos e as dores do mundo. Mesmo convivendo com a pessoa e entrevistando a autora em diferentes — fáceis e difíceis — momentos da vida, fico sem entender como ela consegue ser tão corajosa, tão valente, sendo, ao mesmo tempo, tão frágil. Absolutamente tecnológica e despudoradamente humana. Comprometida com as injustiças e compreensiva com os sentimentos, ela é pioneira nas campanhas sociais feitas em novelas de televisão. Escreve sozinha suas histórias, mas parece ter um radar que a liga ao mundo de ontem, de hoje e de amanhã.

L.N: **Janete Clair me disse, numa das raras entrevistas que deu, que existia, pelo menos no tempo dela, um preconceito muito grande em relação à mulher em vários segmentos, inclusive em relação à mulher que é autora, novelista. Você acha que isto é possível ainda hoje?**

G.P: É uma tradição dos intelectuais brasileiros — com honrosas exceções — o menosprezo ao que é popular! Isso vem de longe, está nas raízes mesmas da nossa formação histórica: quanto mais afastado daquilo que é popular, mais credenciado como intelectual. O [filósofo] Roland Corbisier tinha uma frase ótima. Dizia: "Em todo lugar do mundo, o gênio é quem consegue transformar o incompreensível em lugar-comum. Aqui no Brasil o gênio é quem consegue transformar o lugar-comum no incompreensível!" Assim foi com Janete Clair: não perdoavam sua popularidade nem sua imaginação. Janete sofria um verdadeiro massacre, eu vi de perto, trabalhei com ela. Porque era popular e, claro, porque era mulher: sempre pareceu mais fácil bater em mulheres. Que eu me lembre, o único intelectual que, em vida, a reconheceu como gênio foi o Nelson Rodrigues. Depois que ela morreu, muitos lhe creditaram homenagens, mas como cult! No entanto, ela fez mais do que contar histórias que encantaram multidões. Ela estabeleceu os princípios que até hoje norteiam todos os novelistas — seguidores ou não do seu estilo: a unidade do capítulo. Antes dela, as novelas eram concebidas a metro.

Janete Clair era amada pelo povo e muito criticada pelos intelectuais, que chamavam sempre a sua novela de folhetim. Com você isso também acontece? Como você lida com isso?

Toda novela é um folhetim. De vez em quando, leio essas bobagens, quase sempre ditas com ares acadêmicos. Criticar uma novela por ser um folhetim é como criticar um soneto por ter rimas! Mas há quem o faça! É estranho que um profissional que tenha por função escrever histórias para agradar o povo seja criticado por conseguir fazê-lo, não é? É como criticar o atacante por fazer um gol, quando ele está ali pra isso. Nem perco tempo tentando entender.

Toda novela sua tem uma marca: campanha de responsabilidade social. Agora, em *Caminho das Índias* [2009], você levanta a bandeira contra o

preconceito em relação aos doentes mentais e a campanha que trata da violência dos jovens nas salas de aula e na vida social. Quando isso começou?

Uma das coisas mais atraentes da telenovela é a capacidade que ela tem de iniciar debates nacionais. Toda novela suscita debates: quem deve terminar com quem, o vilão deve ou não ser castigado, e por aí vai. Então pensei: "Por que não introduzir também debates que possam ter uma interferência real e benéfica na vida das pessoas?" Assim nasceram as campanhas. Essa mistura do jornalismo com a ficção foi minha contribuição para o gênero, e me orgulho muito de que hoje esteja institucionalizada. Mas no começo recebi muitas críticas, de pessoas que achavam que novela não era o espaço adequado para falar de causas sociais. É assim mesmo, as inovações assustam. Como diz Caetano, "É que Narciso acha feio o que não é espelho/ E a mente apavora o que ainda não é mesmo velho/ Nada do não era antes quando não somos mutantes." Continuo querendo desbravar campos novos. Tem seu preço — eu pago. A primeira dessas campanhas foi na novela *Partido alto* [1984]. Havia o núcleo do bairro do Encantado. Fiz contato com a associação de moradores e fiquei sabendo que não havia uma linha de ônibus ali, e que eles tinham que andar muito para pegar uma condução. Então a personagem chegava em casa exausta, de sapatos na mão, reclamando da falta de ônibus. Deu resultado. O Encantado ganhou ônibus, e eu guardo até hoje as cartas de agradecimento e o prêmio que ganhei dos moradores. A segunda inaugurou as campanhas de proporções maiores. Foi na novela *Carmem* [1987-88], na TV Manchete, com uma campanha de esclarecimento sobre a aids. Betinho, inclusive, foi o porta-voz. Era uma época em que as pessoas achavam que a aids era uma doença de homossexuais, "um castigo de Deus", e que se pegava até falando com o portador.

Era o começo do começo, preconceito total.

Total. Então, o que eu fiz na novela? Quem tinha aids era uma dona de casa, dona Rosimar, com comportamento acima de qualquer suspeita. Ela pegara em uma transfusão de sangue. Os vizinhos todos rejeitavam dona Rosimar, não queriam mais falar com ela. E dona Rosimar, desesperada, procurava o Betinho, que ia à vizinhança durante vários capítulos explicando o que era a aids, como as pessoas se contaminavam, que todos podiam conversar com as pessoas soropositivas, beber água no mesmo copo, etc. Depois de *Carmem* veio *Barriga de aluguel* [1990-91]. Nessa novela, a gente conseguiu que se discutissem e começassem a acontecer as primeiras leis sobre embriões, leis que rolavam no Congresso, mas que não haviam ainda sido aprovadas.

A discussão na sociedade é que não existia ainda.

Isso. Estava lá no Congresso, mas tudo era muito novo. Eu tenho um pouco esse carma. Como enxergo um pouco além, tenho uma antena no futuro, geralmente as pessoas pensam que eu enlouqueci quando apresento um tema. É interessantíssimo. Quando escrevi sobre a internet, ainda era um negócio com que as pessoas não lidavam muito, eu abria os jornais e ficava pasma. Diziam: "Maluca, louca, inventando história." Eu ficava duplamente pasma porque sou ficcionista. Então, se estivesse inventando aquilo, era ótimo. Meu papel é inventar. Em segundo lugar, achava uma loucura que pessoas ditas informadas desconhecessem tão completamente uma tecnologia que estava mudando a face do mundo. Esses assuntos estão ali latentes, há que ter olhos para enxergar.

Estão até nos jornais, não estão nas primeiras páginas ainda.

Exatamente. Como, por exemplo, essa questão agora da travessia dos brasileiros para o exterior. Há três anos, quando fui passar as férias nos Estados Unidos, depois de *O clone* [2002], fiquei horrorizada ao ver a quantidade de brasileiros que tinha atravessado o deserto, vivido toda essa aventura, para ficar ilegalmente num país estranho. O Brasil está acostumado a ser aquele que recebe, é um país que recebe imigrantes. Eu não imaginei que a gente tivesse uma experiência tão grande em emigração. Mas tínhamos. Eu pensei: "Bom, vamos falar disso." Eu também não sabia que isso existia. Então, o grande orgulho que tenho nessa novela [*América*, 2005] é de ter trazido para a primeira página dos jornais um assunto inteiramente esquecido e muito doloroso. As pessoas se submetem a coisas impensáveis para realizar essa travessia, em busca desse sonho americano que soa como a conquista do paraíso.

E você conversou com várias pessoas que vivem ilegalmente? Escutou histórias, e as histórias são de sofrimento mesmo? Aquele sofrimento que a gente viu na Sol [personagem de Deborah Secco na novela *América*]?

O sofrimento da Sol não é nada. É cenográfico. Embora eu tenha utilizado na história de sua travessia alguns fatos reais que me foram relatados, a vida encenada é sempre mais leve. Por exemplo: a morte da Fátima, que a Bete Mendes fez, foi uma história contada por um rapaz que atravessou com a irmã. Ele estava traumatizado. Ele atravessou com a irmã e ela foi picada por uma cobra. Ali não tem socorro. Então, restava escolher: ou deixava agonizando ou dava um tiro para acabar de vez com aquilo. Ela optou pelo tiro. E é uma situação terrível de viver. Eu coloquei isso na novela. Há relatos terríveis de mães que seguram crianças no colo. Na balsa, eu não botei nenhuma criança para não assustar, embora aquilo seja tudo cenográfico também. Tem a história de uma mãe que enlouqueceu e ficava na praia todo o dia porque ela adormeceu e, numa daquelas ondas, o bebê que estava em seu colo caiu na água. São histórias de vida muito dolorosas. E tem uma coisa que me impressionou muito: todos que vieram pelo mar guardam as roupas com que fizeram a travessia. Os que atravessaram por terra, guardam os sapatos. É uma espécie de relíquia. Aquela coisa enxovalhada, rasgada pelas intempéries que eles passaram. Um sapato com a sola furada, desgastado pelo deserto. Eles me mostraram aquilo como uma relíquia, um troféu. Se foram capazes de suportar aquela travessia, serão capazes de suportar qualquer outra coisa.

E alguém já chegou numa caixa à casa de alguém, como aconteceu na novela?

Pior que isso. Olha que interessante: eu botei a história da caixa muito *light* porque foi de Miami para Miami. Na verdade, uma cubana entrou numa caixa e se despachou de avião. Fiquei muito impressionada, tenho até essa notícia recortada.

E chegou viva?

Chegou. Muitos morrem, mas essa chegou viva. Se o cubano pisar em solo americano, tem a legalidade automática. Então, eles tentam entrar de qualquer jeito, até mesmo numa caixa. Brasileiro não pode se despachar numa caixa porque vai preso na hora. Ouvi histórias muito dolorosas. Depois dessa lei, que concede cidadania ao cubano que pisa em solo americano, a polícia está começando a pegar os que tentam chegar por mar ainda na balsa, sem deixar que ela atraque. Um cubano me contou que ele pegou um instrumento cortante da bolsa do médico, que subiu na balsa junto com a polícia, fez um ferimento profundo na perna e teve que ser socorrido, levado para a terra. Em meio a um delírio de dor, depois de tantos dias no mar e do ferimento, ele murmurava: "Eu já pisei no chão?"

E eles são realmente devotos da Virgem de Guadalupe?

A Virgem de Guadalupe é a protetora dos sonhos impossíveis e é cultuada em toda a América. Uma cubana me contou que estava numa balsa com toda a sua família, e muitos já haviam caído. A população que entra na balsa não é a mesma que desembarca. Muita gente vai ficando pelo caminho, tragada pelas ondas ou pela fome e sede, porque acabam água e comida. Nunca se sabe quantos dias vai durar porque depende do mar — muitas vezes, ele leva a balsa de volta ou para em outro lugar, que não a costa americana. Essa moça me disse que no meio de uma tempestade terrível, uns gritavam para voltar, e a mãe dela fez uma oração para a Virgem de Guadalupe em voz alta. Ela pediu que, se eles não chegassem ao seu destino, que a Virgem então matasse todos de uma vez, que fossem tragados para acabar com aquela agonia. Na hora em que a mãe fez essa oração, o céu se abriu. A tempestade no mar faz com que o dia vire noite; não se consegue enxergar quem está na sua frente. Aí o céu abriu e eles viram a terra. Assim me contou ela. Eu fiquei tão emocionada com essa história que fiz a Sol viver algo semelhante em *América*. Acho que botar essas coisas na novela é uma homenagem a essas pessoas que me contaram tantos momentos de vida. Quando a novela passar lá, eles vão reconhecer pedaços da sua história.

Houve também em *América* a campanha afirmativa dos deficientes.

O programa de entrevistas dentro da campanha não foi uma criação minha. Eu trouxe para dentro da novela a ideia do Dudu Braga de fazer um programa em que ele entrevistasse pessoas com vários tipos de deficiência e que deram certo. E dar certo não é fazer alguma coisa que torne a pessoa famosa. É dar certo na vida. Construir uma vida e viver bem dentro dela.

Ser feliz é o grande barato. É nesse sentido que todo mundo quer dar certo.

Exato. E esse programa foi muito bacana porque mostrou vários tipos de deficientes que conseguiram superar as limitações e dar certo. E isso influenciou as pessoas.

Você é engajada em várias questões, mesmo quando elas não estão em suas novelas. Atualmente, muito se fala na questão das penas que não são cumpridas porque, por meio de diversos artifícios legais, um assassino logo sai da cadeia. Ou a maioridade penal, também em pauta.

Eu sempre defendi uma tese: se a prisão não recupera, pelo menos ela defende a sociedade daquele indivíduo. Acho que o menor deve ser punido, é claro, de acordo com a gravidade do que tenha feito. Não se pode comparar um menor que arrasta uma criança pela rua por 7 quilômetros com aquele que rouba uma bolsa. Acho que deveriam ficar até em instituições separadas. Agora, para mim, pouco importa onde vão prender o menor. Se é na cadeia comum ou em alguma instituição socioeducativa. Mas se ele tem que ficar lá trinta anos, tem que ficar trinta anos. Senão, para que serve a lei? É para proteger a sociedade ou não? A pena máxima hoje é de trinta anos, sendo que o juiz só condena a 19, para não ter um segundo júri. Lembra daquele rapaz que entrou no cinema e fuzilou as pessoas? Já está na rua. Mas, se ele ficasse preso, não se preservaria uma porção de pessoas? Eu acho que sim. E por que ele saiu? Porque pediram para ele o direito do crime continuado, que foi o mesmo que vigorou no julgamento de Vigário Geral. Na chacina dos anos 1990, os assassinos mataram 21 pessoas e todas elas ficaram valendo por uma pessoa e meia. Ele, o do cinema, também reivindicou esse direito e está solto. Como é que pode? O desvalor da vida é tão grande que, se você juntar todos os seus inimigos numa sala e fuzilá-los de uma vez, acaba valendo a pena, porque você paga somente por um crime. Um a um não vale a pena. Mas fuzilar em bloco passa a ser vantajoso.

Há quem diga que qualquer um é capaz de matar, dependendo das circunstâncias.

Há. Existe o crime passional, o crime cometido em legítima defesa, mas é claro que existem circunstâncias. Desse ponto de vista, você até pode dizer que qualquer um pode ser capaz de matar. Mas o "como" faz a diferença. Mas não é todo mundo que é capaz de tramar um assassinato e assassinar alguém com requintes de crueldade. Há um limite que muitas pessoas simplesmente não têm. Minha filha foi barbaramente assassinada, todo mundo sabe disso, e eu recebia muitas cartas de apoio. E recebi muitas da cadeia. Uma que vinha constantemente dizia que bastava em qualquer entrevista que eu dissesse uma determinada palavra que os assassinos da minha filha seriam mortos em menos de uma hora. Eu nunca disse essa palavra. E me policiava muito durante as entrevistas para não dizê-la.

O Brasil necessita de medidas urgentes para conter a violência?

Outro dia, eu vi um representante dos direitos humanos conversando com o promotor José Muñoz Piñero na televisão. E se tratava de uma excelente proposta do governador Sérgio Cabral: a de que cada estado deveria ter uma autonomia na legislação. O representante dos direitos humanos, de quem não me lembro o nome, foi contra a proposta. E usou o seguinte argumento: "Ora, nós correríamos o risco de todos os criminosos se concentrarem nos estados que tenham as leis mais fracas." Eu pensei: "Bom, até ele sabe quanto a fragilidade das leis beneficia o crime." Por isso, a gente vê nos filmes americanos: os criminosos fogem para o Brasil para escapar da Justiça. Urgência, sim, temos urgência em combater a violência. Quem está com dengue e chega ao hospital, o que o médico faz? Manda para o CTI, toma providência imediata ou bota numa sala de aula para ensinar a cuidar da água no vasinho de planta da casa? Não, estamos sendo massacrados na rua e qual a providência que se toma? Abrem-se ainda mais as portas das cadeias sob o pretexto de que ela não recupera ninguém. Esse menor que arrastou o João Hélio deveria estar na cadeia, e não cumprindo pena alternativa. Se estivesse na cadeia não teria cometido esse crime bárbaro. O matador do [jornalista] Tim Lopes, o Elias Maluco, deveria estar preso e estava na rua.

E voltamos à questão principal: os condenados por esses novos crimes em breve estarão nas ruas de novo.

A maior violência que posso imaginar acontecer com uma pessoa é a mãe desse garoto João Hélio sair à rua daqui a três anos e dar de cara com esse bandido. Ela viu o filho ser arrastado, assassinado de forma bárbara e daqui a três anos pode sair à rua e dar de cara com o assassino solto e com a ficha limpa, porque era menor. Isso é um absurdo, uma violência horrorosa.

Há muitos anos, a sociedade se mobiliza com abaixo-assinados: a morte da Daniella, a chacina de Vigário Geral, a morte de Gabriela [vítima de bala perdida, em 2003], a morte de João Hélio...

As mães de Acari estão até hoje em campo sem conseguir nada. O que queremos é prática. Que o Brasil tenha uma das legislações mais avançadas do mundo, como escuto dizer, não nos importa. O que ela tem que ser é eficiente, e não é. Soa como se gabar de ter construído uma universidade de primeiro mundo num lugar onde ninguém sabe ler!

A emenda conseguida por você foi uma vitória.

As pessoas têm pouca noção dos seus próprios direitos. Na época em que mataram a Dani, o que aconteceu? Eu verifiquei — porque eu também não sabia — que se podia matar alguém e ficar solto. Fiquei indignada porque, se a pessoa matasse um boto, uma arara, um passarinho, era presa e o crime, inafiançável, porque é considerado hediondo. Mas, se desse o tiro no fiscal do Ibama, respondia em liberdade. Responder solto num país em que se leva dez anos para ter o julgamento é ficar na rua para sempre. Lógico. Então, fiquei indignada com isso. Aqui um parêntese, porque vão perguntar como que os dois assassinos da Daniella ficaram presos. Ficaram presos esse tempo, não porque mataram a minha filha, mas porque o juiz considerou que assim os protegia do linchamento público. Eles ficaram presos porque o juiz encontrou essa maneira para a proteção deles e não para punir o que eles fizeram. O que já é uma vergonha. Fiquei indignada ao saber que eles poderiam responder em liberdade, mas não sabia qual era a pedra que deveria mexer. Fui atrás do procurador-geral aqui do Rio na época, o dr. Antônio Carlos Biscaia; ele fez um estudo e me disse: "A pedra para mexer aqui é transformar o homicídio qualificado em crime hediondo, porque só o crime hediondo dá cadeia." Então, ele me deu o caminho para que, dali em diante, não no caso da minha filha, já que a lei não retroage, os crimes fossem punidos. Sempre digo e repito que é uma coisa muito trágica porque isso que consegui, essa lei dos crimes hediondos, foi a primeira emenda popular da história do Brasil [em 1994]. Nenhum partido político ou ninguém tinha conseguido isso antes. Nós conseguimos, em três meses, 1,3 milhão de assinaturas, sem apoio de nenhum grande órgão de imprensa, por meio de listas passadas de mão em mão. E essa primeira emenda popular da história do Brasil conseguiu igualar a vida humana à vida dos botos e dos papagaios. O desvalor da vida humana é muito grande. Os assassinos da minha filha hoje são primários, têm a ficha limpa. Nesses tempos de vida virtual, fico pensando que a gente vive, aqui no Brasil, uma vida virtual. O assassinato da minha filha foi deletado... Ela não existiu? Foi uma alucinação minha? Daqui a um tempo, cinco anos depois da sentença transitada em julgamento, o Elias Maluco também não será um assassino. E as pessoas que conheceram o Tim Lopes? Ele simplesmente não existiu. O Elias Maluco também não será mais assassino. A gente vive uma vida virtual. Como não tem o assassino da minha filha? Daqui a vinte anos, o Elias Maluco não pode ser chamado de assassino. E as pessoas que conheceram Tim Lopes? Ele não existiu. É imaginação sua. O Elias Maluco não matou ninguém. É horrível, não é verdade? É uma realidade virtual.

E, depois, quem é novelista, escritora de ficção é você, Gloria Perez.

E tem outra coisa: bandido no Brasil, se tiver um pouco de dinheiro, não vive nem um pouco em condições subumanas. Fizeram até reforma na delegacia para abrigar os assassinos da minha filha. Sabe o que eu acho, sinceramente? Quem é capaz de mudar esse país, capaz de conseguir alguma coisa, é a imprensa. Porque a sociedade, sozinha, não tem como chegar lá. A gente recolhe as assinaturas, leva lá e nada acontece. As pessoas querem fazer alguma coisa, a sociedade está desesperada por isso. Eu recebo centenas de cartas nesse sentido. Agora, como é? Fazer o quê? Não sabem o que fazer, e nem a gente sabe mais o que dizer. Eu acho que falta à Justiça descer do mundo das ideias para o mundo real. Senão, a justiça vai ser só uma ideia na nossa cabeça. Ela só se realiza concretamente quando o assassino da filha da Cleyde, a Gabriela, é preso. Quando o assassino da minha filha é preso. Quando os que arrastaram o menino João Hélio são presos. A Justiça só se concretiza na prática. Fora da prática, ela é uma ideia linda e mais nada. Então, acho que falta às pessoas descerem para o mundo real para tomarem soluções práticas. Claro que o problema é complexo. Leva tempo porque são várias as medidas a serem tomadas, pois há medidas de curto, médio e longo prazo. Mas temos que começar por alguma coisa. Vamos correr para começar pela de curto prazo, que é isolar essas pessoas que estão fazendo mal à sociedade. Não tem cadeia? Construam mais cadeias se essa é a necessidade do momento. Humanizem as cadeias. Ocupem os presos. Falar em trabalho de preso no Brasil soa como pedir a tortura. Quando, na verdade, eu não entendo como se pode pensar em recuperar alguém sem trabalho.

O homem sem trabalho perde a honra. E sem honra o homem se mata, como diz a música.

Nem tortura, nem trabalho forçado. É trabalho real. Não é amarrar uma bola no pé. Parece que as pessoas acham isso.

Tortura nunca mais, para ninguém.

A esquerda brasileira foi presa e torturada nos porões da ditadura, e isso foi uma coisa horrível. Mas a convivência com o preso comum fez com que essa geração de esquerda achasse que todo preso é igual. Quem é preso por um crime não é igual a alguém que foi preso por sua liberdade de expressão. Nem toda repressão é ruim. Reprimir a liberdade de expressão é um horror. Reprimir o crime é uma necessidade. É um benefício social. Acho que esse é um grande tema a ser discutido.

JOÃO UBALDO RIBEIRO

João Ubaldo domina um estúdio de TV ou uma mesa de bar com a mesma desenvoltura. Fala solta, num ritmo baiano, lá vai ele passando por todos os temas e assuntos. Indo para onde quer, soberano e absoluto. Parece que o tempo, este senhor, só é soberano para os outros. O tempo de Ubaldo ele mesmo faz. Imortal que já esnobou a Academia Brasileira de Letras, ele admite que não tem cara de escritor, que gosta mesmo é de circular pelo Leblon de bermudas e havaianas. Quando está escrevendo tem lá suas regras: no mínimo três páginas por dia, quase sempre nas primeiras horas, tipo cinco da manhã. Fã de São Jerônimo, devoto de Nossa Senhora do Perpétuo Socorro, reza toda noite antes de dormir e é um baiano que nunca se interessou e nem reverenciou seu orixá. Mas, por onde anda na Bahia, lhe dizem que é de Oxossi. Irreverente, ele brinca: "Deve ser um Oxossi manso... eu nem trouxe minha flechinha..."

L.N: **Você esperava um dia ser imortal?**

J.U.R: Ainda não me acostumei direito à condição de imortal, ainda tenho que aprender algumas coisas, mas é bom, sim. Eu gosto de ter entrado para a Academia. Na hora em que eu aceitei me candidatar, me conformei às regras de uma instituição que eu mesmo não entendia direito e entrei pra ganhar. Quer dizer, entrei pra ganhar não no sentido de que sou algum Zico, ir lá fazer um estrago na defesa dos adversários, mas entrei com vontade de ganhar. E gosto da ideia de estar na Academia.

Você pensava em entrar para a Academia?

Vagamente, vagamente. Já esnobei muito a Academia, achando que era coisa boba de coroas. Mas o que eu sou agora? Sou coroa. Vários amigos meus começaram a entrar para a Academia e eu comecei a fazer vários amigos que já estavam na Academia. Simples assim. Acho curioso esse assanhamento, que achei fora do comum, quase anormal, pelo fato de eu ter entrado pra Academia. Se a Academia não tivesse importância para os brasileiros em geral, para o inconsciente coletivo nacional, ninguém estaria me perguntando sobre isso e ela não viraria tema de debate, como está acontecendo agora. Se ela não tivesse Ibope, as pessoas não apertariam a minha mão me chamando de "acadêmico", "imortal". O Brasil tem direito à sua Academia de Letras, que é uma instituição centenária, uma das poucas tradições que nós temos e que perduram, e que alguma coisa há de significar para nós. Sendo eu um recém-eleito, ainda não empossado, sem direito à palavra nas sessões da Academia, não posso falar nada. Mas sendo eu um membro da Academia recém-eleito, posso avaliar, por exemplo, que a Academia, hoje, é uma instituição sólida. Que ainda pode fazer muita coisa e ainda significa muito no Brasil. E eu gosto de apontar o argumento com o qual me convenceram a me candidatar à Academia.

E qual foi esse argumento?

Eu não queria entrar, estava achando que não era a minha, vamos dizer assim. Foram quatro acadêmicos à minha casa, Cândido Mendes, Nélida Piñon, Eduardo Portella e Alberto Venâncio, e me disseram: "Vocês ficam falando mal da Academia porque não bota escritor lá dentro e, na hora em que a gente chama o escritor para entrar, vocês ficam tirando o corpo fora. Então, você não tem direito mais de falar." Foi irrefutável. E cá estou eu na Academia. Se alguém, no entanto, quer que eu fique fazendo planos para revolucionar a Academia, como uma espécie de Napoleão, aviso que não será possível. Eu mal conheço os estatutos, as práticas, as tradições da Academia, e não estou entrando lá para resolver os problemas ou redefinir o papel da instituição para os brasileiros. E eu me candidatei, me submeti a toda a tradição da Academia, de telefonar para uma pessoa desconhecida. Ao contrário do que pareço, sou uma pessoa tímida, e tinha problemas em telefonar pra gente que eu não conhecia e dizer: "Alô, boa tarde. Meu nome é João Ubaldo." "Quem?" Sim, eu fiz isso várias vezes, mais do que eu merecia.

Entrou pra ganhar. E ganhou.

Miraculosamente eleito. Porque a minha campanha foi uma das piores jamais vistas na história da Academia. Só havia feito campanha quando fazia política estudantil. Fui Secretário de Cultura do Instituto Acadêmico Rui Barbosa, da Faculdade de Direito da Universidade Federal da Bahia, eleito pelo voto popular. Só perdi na minha sala. Mas ganhei.

Um escritor não é, normalmente, uma pessoa popular. Você anda no Leblon e as pessoas te cumprimentam. Você rompe essa tradição?

Eu sempre brinco que não tenho cara de escritor. Porque as pessoas aprendem que escritor tem que ter determinada cara. Hemingway morreu com cinquenta e poucos anos, com aquela cara de papa, com aquela barba branca. As pessoas têm uma certa visão solene, ainda mais na nossa cultura portuguesa, ibérica, que é solene, um pouco dada às solenidades. Mas eu nunca tive cara de escritor. Talvez seja um pouco isso. Como um sujeito que anda de bermuda e sandália havaiana pode ser um imortal? É impressionante o número de pessoas que encontro e ficam falando comigo. Existem vários tipos: alguns que são mais dados, vão e falam com a gente na rua, outros que ficam tímidos e olham de longe. Mas você sente pela boca, fazendo assim: "É o João Ubaldo." Isso acontece em restaurante, acontece na rua. Eu acho que há um certo carinho pelos nossos artistas, e eu me coloco nisso muito modestamente.

Qual o seu livro de que você mais gosta?

Pelo volume e pelo *tour de force* que aquilo representa, *Viva o povo brasileiro* [1984]. Mas não é uma preferência. Os livros são como filhos, não gostam quando há distinções entre eles.

Você nasceu escritor?

Eu nunca soube fazer coisa nenhuma. Eu sempre fui péssimo. Nunca consegui, como se diz na Bahia, empinar uma raia. Não sei como se fala aqui no Rio, acho que pipa. Bola de gude, nunca joguei bem. Era um zagueiro de uma grossura extraordinária. Um Júnior Baiano míope, grossíssimo. Enfim, era péssimo em tudo. Mas desde a juventude sempre tive paixão pela máquina de escrever e por pilhas de papel. Hoje, mexo no computador, mas mando imprimir tudo, depois... rasgo, mastigo.

Quando você acaba de escrever, fica um monte de bolinhas pelo chão, é isso?

Eu tenho um problema que é comum a todos nós, escritores. Não sou hipócrita. Não, todos nós, seres humanos, somos hipócritas. Os escritores talvez tenham uma forma de hipocrisia especial. Mas eu descobri, conversando com vários escritores amigos meus, que a maioria de nós partilha de um vezo, de uma maneira de ser especial. Eu descobri, há muitos e muitos anos, na época em que escrevia em máquina mecânica, que não suportava a ideia de alguém olhar um texto meu e ver que palavra eu tinha riscado para ser substituída por outra. Aí me contaram que Guimarães Rosa também fazia isso. Ele fazia questão de obliterar de forma absoluta a palavra que tinha riscado para que não penetrassem nas intimidades dele. E o computador permite isso. O García Márquez — que eu, se fosse como a maior parte de alguns amigos meus, chamaria de Gabito —, o Gabito, que eu não chamo de Gabito, já que ele nem me conhece, parece que faz a mesma coisa. Eu mando reimprimir tudo, dez, vinte páginas, para não sair nenhuma que tenha aquele defeitozinho, no qual vejam minha intimidade. Eu descobri que é uma coisa comuníssima.

E como é o seu processo de escrever? Você tem uma hora certa do dia, uma maneira certa, algum ritual?

Eu acordo muito cedo, de madrugada, cinco horas, coisa que está mudando aqui no Rio, mas que ainda continua a ser o meu padrão de conduta. Quando eu estou escrevendo um romance, faço questão de escrever pelo menos três páginas por dia. Três páginas significam três laudas de sessenta batidas e 25 linhas que faço todo dia. O resto normalmente jogo fora e refaço outro dia.

Escrever novela, seriado, roteiro de filme, então, nem pensar.

Não por isso, é porque eu não sei. Isso aí até tem sido objeto de grandes controvérsias, uma coisa de maluco. Eu não tenho jeito para escrever roteiro, tenho até inveja de quem escreve. Eu escrevi um com o Luiz Carlos Maciel, mas se não estivesse com ele junto a mim dizendo "corte aqui, corte ali, faça assim", eu não faria nunca. A maior parte dos roteiros que escrevi com meus amigos cineastas nunca foi realizada. Eu sou o maior pé-frio em matéria de roteiro. Repito, é uma coisa que não sei fazer. É uma mistura de incompetência com falta de saco. Eu me entedio um pouco, porque não gosto de fazer rubrica. *Selma entra aborrecida, bate a porta*: "Antônio, que fizeste?" *Antônio, dando um chute em Selma.* E eu não sinto vergonha disso, pelo contrário, é uma deficiência minha, não das pessoas, mas tem gente que se sente ofendida quando eu digo isso, acha que é menosprezo por uma categoria. Uma besteira, porque eu tenho é inveja.

E o que você lê?

Revista científica. E Shakespeare.

Quais são as suas grandes admirações, de escritores, de artistas? De quem você gosta?

É muito difícil dizer, por que varia. Fiquemos naqueles que são permanentes: tenho várias edições de Rabelais e da *Ilíada*, de Homero. Já fui doido por Joyce, hoje não sou mais como era, não. Mas continuo tendo um certo fascínio. Shakespeare, tenho a obra completa, que pego sempre. Eu não sei onde botei da outra vez, porque a minha estante é muito desorganizada, mas, sempre que estendo a mão, estou querendo pegá-la. Sei grande parte da obra de Jorge de Lima, que acredito ser um poeta que reinventou de tantas formas a nossa maneira de ver o mundo e é tão injustamente ignorado pelas novas gerações. Eu gosto de Machado [de Assis], de Jorge Amado, de quem não está na moda gostar, mas eu gosto. Enfim, eu não tenho um escritor favorito, não; gosto de todo mundo. Gosto de competência literária. Claro que com a limitação nesse meu julgamento do meu próprio julgamento. Então eu posso estar perfeitamente equivocado, mas, de acordo com a minha sensibilidade, eu gosto dos clássicos. Mas as pessoas sentem remorso porque foram criadas para ler os clássicos com a reverência que eles próprios não pediram nunca a ninguém. Então você vai ler *Dom Quixote* e não quer pular nada. Claro que você tem que pular vários pedaços, aquelas poesias chatas e digressões chatérrimas. Você tem que ter a coragem e o discernimento para passar adiante e pegar o cerne do livro que atinge a todos até hoje, um clássico de uma extraordinária dimensão. Uma coisa que me deixa acachapado.

Ninguém novo na sua lista de preferências?

Não, eu leio pouco os meus contemporâneos. Mas eu devo admitir uma acentuada hipocrisia de minha parte em dizer isso, porque sou amigo da maior parte dos escritores brasileiros contemporâneos, que já conviveram comigo. Eu acho que não tem nenhum de que eu não seja amigo ou por quem não tenha simpatia. Acho que não tem nenhum que eu tenha inimizade ou algum perrengue. Mas eu minto muito a respeito deles, porque eu raramente os leio. E elogio a todos indiscriminadamente. Agora, eu cheiro seus livros. Eu uso essa expressão, "cheirar", que quer dizer que pego o livro e dou uma cheiradinha em três, quatro páginas, aí vou ao fim, assim pelo meio, dou outras cheiradinhas. Mas sempre volto aos clássicos. Meu pai dizia assim: "Você é maluco e está ficando cada vez mais doido. Um sujeito que fica lendo o mesmo livro o dia todo, só pode ser maluco." Meu pai e minha mãe sempre sustentaram essa tese. Minha mãe achava que eu era maluco por razões diferentes das de meu pai. O que leva a crer que essa unanimidade deve ter alguma razão de ser. E eu estou ficando cada vez pior, porque eu não só leio os mesmos livros, leio as mesmas páginas do mesmo livro dias, dias e dias seguidos.

Eles tinham toda a razão.

Eu tive uma crise de *Ricardo III* [de Shakespeare] recentemente. Não passava da primeira página. Não passava, não passava. O Ricardo, quando acaba a guerra, volta aleijadinho, tortinho, feio, herói e diz: "Eu estou determinado a me demonstrar um vilão." E aí começa a dizer que ele vai fazer malvadeza até o fim da vida. Eu ficava lendo aquele negócio o dia inteiro. Eu acho que é para aprender. E, um dia, escrever um livro decente, se Deus me ajudar.

Por que sua mãe achava que você era maluco?

Por certas coisas que cometi na infância, e, enfim, por todo o curso da minha vida. Graças a Deus. Uma professora me gozou uma vez, porque eu falava e pronunciava mal inglês. Eu fiquei enlouquecido. Fui humilhado na sala quando ela colocou um colega lendo em inglês e elogiou a pronúncia, para depois arrasar com a minha. Eu me lembro que minhas orelhas esquentaram, quer dizer, eu devo ter ficado vermelho. Morri de ódio da professora e fui para casa estudar inglês. E me tranquei em casa por meses, sem parar de estudar. Eu gostava muito de jogar bola, embora jogasse mal, mas era um jogador esforçado, que garantia a minha condição de zagueiro direito do Flamengo do Rio de Janeiro durante muito tempo pelo meu esforço, pela minha dedicação. Meu apelido era Delegado, pelo eficaz policiamento da grande área. Então, eu ia jogar bola, na minha condição de delegado, e levava o dicionário. Era o dicionário da Editora Globo de Porto Alegre, de Álvaro Franco. Eu levava aquilo para junto da trave, na hora em que a bola estava lá, uma penalidade qualquer, eu pegava o dicionário e ficava folheando. Minha meta era decorar cinquenta palavras de inglês por dia. E decorava, mas fiquei um maluco. Depois, a gente morava em um edifício lá em Salvador que era cheio de menino americano, filhos de empregados da empresa petrolífera lá na Bahia. Eu comecei a virar meio americano, virei Jack. E minha mãe cada vez mais ficava com a certeza de que eu era louco.

E alemão, você fala também?

Não, por causa do inglês eu era muito bem tratado na Alemanha. Todo mundo falava inglês comigo. Eu posso ler um texto em alemão laboriosamente a três palavras por hora. E não morro de fome na Alemanha. Dá pra eu pedir uma comida. A única língua que sei mesmo é inglês. Isso eu sei. Quer dizer, que arrogância...

A sua geração lutou muito por um Brasil melhor. Quero saber como você se sente hoje em relação a isso?

Nós tínhamos uma certa contaminação na nossa maneira de pensar. Hoje é fácil falar em retrospecto. Porque nós éramos, acho eu, excessivamente nacionalistas naquela época. Hoje eu não sou mais. Eu não acho que tem povo melhor que nenhum outro povo. Eu continuo a ser, digamos, para usar uma expressão bastante fora da moda, um patriota. Eu me ligo à minha tribo ainda, gosto daqui. E gosto porque é uma questão de sobrevivência até psicológica, de ter minha identidade, de ter uma associação de sentimentos com meus conterrâneos e compatriotas. Mas hoje eu já não sou aquilo que nós éramos. Nós discutíamos questões hoje meio ridículas, como a existência da burguesia nacional. Uma burguesia nacional que contradizia as teses que a gente lia, porque nós fizemos uma força muito grande para sermos comunistas e não conseguimos. Eu sempre fui meio trêfego em relação a esses assuntos, mas queria, como todo mundo, ser muito marxista. Eu tinha uma edição de *O capital* que comprei clandestinamente na mão de um livreiro amigo meu. Era uma edição espanhola, desta grossura, e eu encarei quase todo aquele livro com análise econômica, tudo anotadinho, uma coisa. Outros tempos...

O que você acha das mazelas do povo brasileiro?

Ninguém sabe o que é o famoso enigma brasileiro: é uma coisa triste verificar que nós somos, provavelmente, o país mais bem-dotado do mundo. Um país com uma unidade cultural, apesar de certas brechas nisso, mas com uma homogeneidade e idoneidade cultural tão gigantescas, um país tão rico e, no entanto, não damos certo.

Mas você acha que um dia a gente vai dar certo?

Acho que é impossível você viver sem esperança, porque se você não tiver esperança, não pode criar um filho, não pode dormir esperando acordar no dia seguinte. Quer dizer, nós temos que ter alguma forma de esperança, e eu tenho. Agora, se é racional, se eu posso fundamentar essa esperança, eu não sei. Porque a gente toma um susto a cada dia. Uma pessoa sensível não pode ler jornal, porque entra em fossa. Às vezes, eu digo: "Nunca mais compro jornal, eu não vou ler essa porcaria." Um dia tive uma crise de choro lendo no jornal que uma criança tinha sido morta em um ritual satânico, sobre o qual até quiseram me entrevistar. Coisa louca isso, uma repórter quis me entrevistar à força sobre esse fenômeno como se eu, por ser baiano, entendesse de rituais satânicos. Candomblé não tem nada de satânico, não existe nem diabo na mitologia negra afro-brasileira, quanto mais sacrifício de criança. Criou-se até um caso, porque me recusei a falar. Mas, enfim, isso aí já é uma coisa paralela ao que eu estava falando. Mas às vezes eu leio jornal e fico numa crise de depressão. Mas eu ainda acredito. Não é possível não acreditar. Se você não acreditar, realmente, se não tiver esperança, não é possível sobreviver. Então eu tenho. Só sei que tenho.

E no papel de escritor, você pode contribuir de alguma forma para as coisas melhorarem?

O escritor só pode escrever e olhe lá. Porque as esperanças que nós tínhamos quando éramos jovens, de mudar o mundo, revolucionar tudo através dos nossos livros, foram vãs, fúteis e bobas. Nós apenas contribuímos, porque toda a arte é uma forma de conhecimento. É uma maneira de ver, aprender o mundo. Não estou dizendo novidade alguma, mas muitas vezes as pessoas se esquecem. Às vezes até recebo cartas: "Eu gosto muito de quando o senhor escreve artigos, mas não leio nada do que o senhor escreve sobre ficção, porque eu só leio a realidade." Como se houvesse uma realidade que não pudesse ser descrita, como se a realidade não fosse sempre filtrada pela subjetividade de quem a observa. E eu acho que a arte é uma forma de conhecimento, mas eu tenho a mais absoluta modéstia quanto a esse papel. Não só a modéstia individual, porque não me acho melhor do que ninguém, como uma modéstia coletiva, porque não acho o escritor melhor do que ninguém. Apenas os escritores desempenham um papel de contribuir, assim como os pintores contribuem, como os que dançam contribuem, como os que cantam contribuem, como os que tocam música contribuem. Ou seja, uma forma de conhecimento do mundo. É a única coisa que eu sei fazer, é a única contribuição que eu posso prestar a meu semelhante imediato, meu compatriota, o meu conterrâneo, meu concidadão. É a única coisa que eu posso fazer e é a única que eu tenho que fazer. E já há muito tempo abdiquei da arrogância de querer mudar o mundo, de querer revolucionar o mundo. Eu quero apenas aprender um pouco e, talvez, levar alguém comigo numa espécie de coaprendizado. Só isso que eu quero.

Recentemente, o Supremo votou a favor das pesquisas com células-tronco. Você concorda com a decisão?

Concordo pela razão juridicamente respeitável. Objetivamente, juridicamente, de todas as outras formas, eu só posso ficar contente com a decisão. Eu, provavelmente, se fosse ministro, votaria a favor também. Mas eu, pessoalmente, não. Não, porque eu sou muito religioso. Ninguém sabe, eu não tenho cara. Eu tenho cara de ateu, mas sou carola. Não sou carola de igreja. Não sou católico. Não gosto de religião organizada, mas eu fui criado como católico e funciono, culturalmente, mais ou menos, como católico. Se você for abrir o computador, que é um privilégio que eu teria prazer em estender a você, vai descobrir que tem duas bibliazinhas instaladas lá. A Vulgata de São Jerônimo, que eu uso para treinar latim, que é muito fácil. Eu acredito que a concepção se dá no momento da fecundação. Eu acredito que o milagre da vida já está ali.

Então, como você votaria a favor?

Votaria porque não cabe a mim como magistrado ser vencido pelas minhas convicções religiosas. Ou me declarava suspeito e não me pronunciava no processo ou votaria de acordo com o magistrado. Por exemplo, você deve imaginar que a maioria dos juízes que decide a favor da condenação de um preso à morte pode ser perfeitamente contra a pena de morte. Se alguém pegasse um escritor baiano, enfiasse um espeto na barriga dele e o fritasse em acarajé, com o decorrente falecimento dele, necessariamente isso implicaria pena de morte mandatória. Se eu fosse juiz, ia dizer: "Pegaram o João Ubaldo, enfiaram o espeto, fritaram no acarajé. Pena de morte." Ou então eu não julgava. Então, eu, apesar de ser contra a pena de morte, provavelmente não exerceria esse cargo de juiz. Você deve ser sabedora, eu sou cheio de prendas. Sou formado em direito. E tive uma formação muito rigorosa. De maneira que eu seria incapaz de dar um voto antijurídico. O Judiciário não representa o povo, como o Legislativo representa, como os governantes.

O Judiciário é um dos três poderes que nos governam, mas que não são representantes de ninguém. Não são representantes do povo nem da religião majoritária do Brasil nem nada disso. O Judiciário é o poder que aplica a lei, que é genérica, ao caso particular, que é esse. E não teria saída. Eu votaria contra as minhas convicções religiosas. Depois ia pra casa rezar.

Ia rezar especificamente para quem?

Para Nossa Senhora do Perpétuo Socorro. Sou fã de São Jerônimo. Ele é uma das figuras mais interessantes da história da humanidade. Mas eu me pego mesmo é com Nossa Senhora do Perpétuo Socorro. São Judas é também bom santo. Se você quiser, um dia desses, eu lhe mando uma relação de uns mil santos que estão vagos.

Como vagos?

Estão dando sopa, não estão dedicados a nenhuma causa específica, como São Judas é o protetor dos endividados.

Você nasceu na Bahia e nunca teve um orixá?

Eu não sou ligado a candomblé. Não sei por quê. Meus amigos todos são. Já estive no candomblé como turista. Já jogaram búzios, e é interessante porque sempre dizem que eu sou de Oxossi. Sem eu falar nada. Já fui a várias mães de santo que diziam que eu era de Oxossi. Houve uma que teve um arrepio e quase não joga os búzios. Tive que provar a ela que eu era um Oxossi manso. Ela começou a tremer e a dizer: "Oxossi taí." E eu: "Calma, não vou fazer nada, não trouxe nem minha flechinha."

Você reza antes ou depois de ler, quando se deita?

Eu rezo logo antes de dormir. Eu podia me candidatar a mais uma glória brasileira. Certamente sou um sério candidato a recordista de bater a cabeça no travesseiro e dormir. Às vezes eu falo: "Boa noite, querida!" E já não sou mais ninguém. Tenho o pouco glorioso fato, felizmente já passei dos 65, e não estou mais sujeito a determinadas sanções. Então, posso revelar uma das grandes vergonhas por que eu já passei. Eu já dormi a serviço da pátria. Na condição de soldado de plantão na Bahia. Era meu dever dormir todo aparatado, de coturno, não sei quantos quilos de coisas pela parte de cima do corpo, e em vigília, porque, quem sabe de repente Gêngis Khan resolvia atacar Antônio Conselheiro. Enfim, nunca se sabe. Temos de estar preparados. Eu já dormi e, também, desertei em combate.

Você desertou em que combate?

Mais anos eu gostaria de admitir que tenho de vida. Mas estava eu tomando uma colina em Camaçari, estado da Bahia. Eu liderava na condição de futuro tenente da Infantaria do Exército Brasileiro, cujo estribilho do hino quem cantava era eu, devido a minha voz grossa. "É no combate que o infante é forte/ Vence o perigo e despreza a morte." Tem que falar grosso. O infante não fala fino. Era arma de macho. Havia também a Intendência, que era o pessoal que aprendia como administra uma quitanda, pra ver se fundava uma depois. Tinha o pessoal de medicina que não fazia nada e tinha o pessoal de Artilharia que usava óculos ray-ban e uniforme engomadinho. Eles faziam cálculos. Eu tinha ódio deles. Ninguém sabia nada de nada. Além disso, no meu tempo não tinha óculos ray-ban pra míope. E eu sou míope e tinha uma inveja mortal dos caras que usavam óculos ray-ban. Nunca fui um exemplo de beleza e, na minha juventude, eu creio que Drácula levaria a melhor num concurso comigo. Pois bem, eu estava tomando essa colina corajosamente. Porque havia um paradoxo. Apesar de tenente, de aspirante, eu era subordinado, na prática, a um sargento que eu espero que esteja bem e com saúde, chamado Batatão. Nessa época, nós éramos obrigados a atacar dando gritos tipo: "Avante camaradas, para a frente brasileiros! Sigam-me camaradas! Vamos companheiros. Pela pátria!" E tinha que gritar. Batatão me obrigava. Aí eu estou subindo a colina, liderando meus comandados. Eu não sei como funciona esse mecanismo e até hoje não foram esclarecidos suficientemente os fatos, apesar de o governo ser outro, mas naquela época também já se cometiam algumas imprecisões, de maneira que não sei o resultado. Verdade. O fato é que as metralhadoras do tempo da Segunda Guerra Mundial ou da Primeira Guerra tinham na frente uma grade que se atarraxava, porque os enchimentos das cápsulas eram de madeira. De maneira que elas não só tinham uma potência reduzida, como se esmigalhavam na grade. Pulverizadas. Imagina, se você desse um tiro com uma metralhadora daquela à distância de dois metros, podia até derrubar a pessoa e arranhar a pele. Mais do que isso não faria. Mas no meu caso fez. E quando eu estou chamando a ala direita, que tinha um cara chamado Davi que não queria subir, quando olho assim para o lado, vejo um mamoeirozinho caindo e o barulho dos tiros. Todo mundo se pica. E abaixado. Saí, e quando estava lá em baixo já havia um pessoal me esperando por deserção em combate. E mandei todo mundo voltar. Os engomadinhos da artilharia não tinham posto a grade. Tava saindo bala daquela desgraça. E aí me safei da corte marcial. Mas ninguém descobriu o culpado até hoje porque eles atarraxaram logo. Uma vida venturosa.

Você tem vontade de contá-la em livro?

Fico um pouquinho acanhado de contar essas minhas aventuras. Não é dos momentos mais gloriosos do Exército Brasileiro. Eu seria morto por um fogo amigo. Amigos, os caras lá em cima, de oclinhos, todos engomadinhos. E nós imundos, com a cara melada. E eu de óculos de míope. Tenho guardado dentro do meu computador certas confissões, certos desabafos. Mas descobri que o ser humano é inviável. Porque a pessoa não consegue dizer tudo nem quando está só ao microfone. Nem mesmo tendo apenas o microfone como interlocutor e podendo morrer com esse segredo ele fala toda a verdade.

O ser humano é inviável?

Eu não acredito mais na humanidade como espécie, não. O meu lado biólogo indica que nós somos inviáveis como espécie. De todos os jeitos. Inclusive do jeito mais óbvio. Nós elegemos, não sei por quê, o chamado desenvolvimento. Não é o mundo todo que partilha desses valores, mas são valores predominantes: então queremos para cada cidadão, para cada homem e mulher brasileiros — e para cada homem e mulher chineses — um nível de vida semelhante ao americano. No mundo não há ferro suficiente para fazer carro para cada pessoa. Não existe terreno suficiente para fazer uma casa de subúrbio americano para cada pessoa. Ou seja, o mundo não dá para a gente viver de acordo com certos padrões. No entanto, nós estamos insistindo em fazer isso com um planeta que não dá. Simplesmente não dá. E ele está reagindo. Nós somos uma espécie inviável. Somos tão atrasados que até hoje nós matamos os outros, odiamos os outros, ou sofremos a vida inteira por causa da aparência de uma pessoa. E por causa dos nossos valores atribuídos circunstancialmente, em pequenos pedaços da história, os valores positivos associados a essas coisas.

Daí os preconceitos raciais, religiosos...

Um sujeito pode teorizar que os negros são mais próximos do macaco. Então, fico imaginando a hipótese de um cientista. Vamos dizer, para facilitar, que um extraterrestre venha aqui e botamos Tony Ramos, nuzão — afastamos o mulherio enlouquecido —, e do lado botamos um negro e um macaco. O extraterrestre nunca viu nenhum dos três e perguntamos: "Qual desses dois seres aqui é mais parecido com aquele ali, o macaco?" O cientista já por hábito de profissão não vai responder de primeira. Ele vai olhar e ver que um tem o corpo todo coberto de pelo e o outro não tem pelo. Ele pode levantar o pelo do macaco e vai descobrir que a pele do macaco é branca. Vai descobrir que os lábios do branco são bem mais finos do que os lábios do negro. São finos como os lábios do macaco. Enfim, há várias evidências para levar a crer que esse cientista ficaria bem na dúvida e viraria para Tony Ramos e diria: "É esse aqui que parece mais com o macaco." Nós estamos acostumados, na cultura dominante de quatrocentos anos pra cá, escravista, que escravo se tornou sinônimo de negro, o que é uma burrice, porque a grande maioria dos escravos da humanidade não era negra. Mas aqui nós nos condicionamos a necessitar inclusive de explicações para humilhações, torturas e indignidades perpetradas contra o negro. Chegou-se a cogitar provar que os negros não tinham alma, portanto não eram gente, eram animais e podiam ser manipulados. Enfim, aparência boa não é a de negro. Isso está mudando, graças a Deus. A aparência boa, aceitável, desejável é a de branco. Tanto era assim que a propaganda antigamente só tinha menino loirinho e mulheres loirinhas. Eu acho que está melhorando. Mas não dá mais tempo. Estou sendo xingado nesse justo momento pelo que estou dizendo aqui. Tem gente que tem ódio desse tipo de coisa. Mas dividir a história ao longo de linhas raciais não só é um atraso em termos biológicos, porque a própria antropologia humana não sabe dizer o que é raça. Raça é um conceito insignificante. Nós hoje ainda nos matamos porque um é preto, outro é branco. E colocamos o problema da escravidão na raça. Os marxistas explicavam a história por meio da luta de classes, os outros explicam pela luta de raças. E dizer: os negros são irmãos. Maior burrice não pode haver. Eu tenho urticária quando ouço falar em cultura africana. Como é que um continente do tamanho da África, três vezes maior do que a América do Sul, só tem uma cultura? Todo mundo é burro? Você pegue um massai na África do Sul e dê comida de iorubá, mais ou menos ali da Nigéria ou de Angola, um vai cuspir a comida do outro. Não existe comida africana. Existe comida das nações africanas que foram trazidas para o Brasil. Ah, esse negócio de comida africana. Africana, não! Comida nagô, iorubá que você come, modificada pela influência branca. Cultura negra, não. Cultura de tal lugar. Cultura alemã, cultura francesa, pode. Agora negro é só cultura negra. Um negro congolês, por exemplo, fazia guerra contra os axantis e se achava tão diferente deles quanto um belga se considera diferente de um polonês. Agora, porque é negro é tudo igual. Francês mora juntinho da Alemanha e tem ódio do alemão. E negro tem que ser tudo igual. Eu tinha um amigo negão, um grande amigo meu, homem culto, apesar de popular. Culto, mas a cultura dele foi adquirida na vida. Ele era negro. Inequivocamente negro. E várias vezes eu dizia: "Olha aquele cara fazendo aquilo." E ele respondia: "Aquilo não vale nada. Aquilo é nego gêge." Para ele, negro mal-educado era gêge. Como quem diz assim: "Aquele desgraçado é suíço."

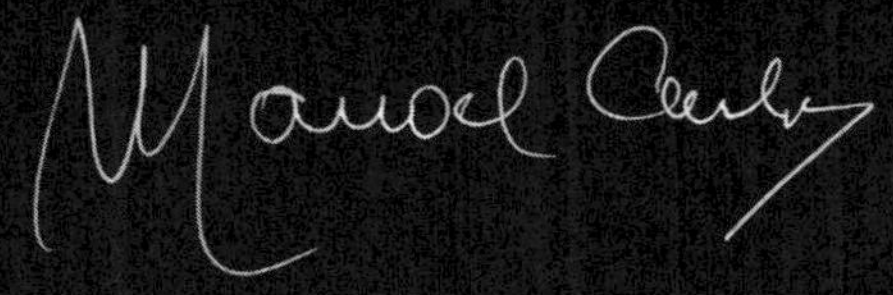

MANOEL CARLOS

Ninguém escreve sobre o Leblon e o Rio de Janeiro como ele. Ninguém transita pelo bairro nem pela cidade, com um jeito tão carioca, tão bem como ele. Mas Manoel Carlos Gonçalves de Almeida é paulista, filho de um comerciante e de uma professora. Começou na televisão como ator em 1951, aos 17 anos. Fez praticamente de tudo em televisão. Foi produtor, diretor, roteirista. Fez musicais, teleteatros, seriados, quatro minisséries e vinte novelas. E toda vez que termina de escrever uma novela ele diz que não vai escrever outra. O tempo passa e ele sempre recomeça. Só não peçam a Maneco para ser organizado. Isso não. Ele trabalha no caos, sem hora para comer ou dormir, na mais profunda desordem. Mas na maior alegria.

L.N: **As alegrias, as histórias das Helenas e essas histórias de Maneco estão numa coletânea de crônicas que ele está lançando, *A arte de reviver*, que já está nas melhores casas do ramo.**

M.C: Nas piores casas, eu tenho certeza. Nas melhores, eu não tenho ainda. São histórias da vida de modo geral. São crônicas. Coisa boa de se fazer. Tudo trivial. Do dia a dia. Somente quatro mil toques, mole de fazer. Um capítulo de novela tem 38 laudas. Crônica, somente duas. Se tiver de fazer duas por dia, faço facilmente.

E a inspiração das crônicas você pega do seu dia a dia, do seu andar, do seu caminhar.

Sempre. Às vezes de um poema. De uma coisa que um amigo conta. Algo que lembro. É frugal.

A crônica sofre certo desdém dos intelectuais, que torcem um pouco o nariz para o cronista, para a crônica. Rubem Braga dizia muito isso e era um cronista da melhor qualidade.

Ele foi um grande cronista, publicou livros de crônicas. Vinicius de Moraes, Fernando Sabino, Paulo Mendes Campos, Henrique Pongetti, todos escreveram crônicas. Para muita gente foi um ganha-pão excelente. Eu me lembro de uma época da revista *Manchete* quando havia cinco cronistas todas as semanas. Ah, era maravilhoso!

Maneco, a crônica também é uma maneira de você relaxar, não é?

É. Por isso que nunca parei de fazer, mesmo escrevendo novela. Quando comecei a escrever novela, eles pensaram, na *Veja Rio*, que eu pararia. Falei que não, porque era a minha respirada. Na quarta-feira de manhã, faço a crônica.

E você é todo assim, todo organizado?

Sou péssimo. Não tenho organização alguma. A única coisa que faço com data marcada é a crônica. O resto faço tudo numa desordem, num caos absoluto. Nunca tive hora para dormir, para comer, nada disso. Nunca usei relógio na minha vida. Trabalho em cima do caos mesmo. Minha mesa é uma confusão brutal de papel, de anotações. Anoto tudo e vivo enfiando papelzinho no bolso. Tenho um gravadorzinho também na cabeceira da cama porque, às vezes, acordo à noite e gravo um negócio. Acho que tenho prazer total nesse caos. Sou há tantos anos assim...

E ninguém pode arrumar essa desordem?

Ninguém entra no meu escritório. Não pode mexer em nada. Se fizerem isso, a coisa não sai mais, porque estava tudo ali imaginado dentro daquela desordem. É um caos total.

E quem limpa a mesa?

Eu. O dia de jogar alguma coisa fora é um grande prazer também. Chego a guardar cinco papeizinhos com a mesma informação. Às vezes, esqueço do que fiz e, quando vou comparar, a anotação é igual. Guardo muita coisa. Se recebo uma coisa numa caixinha bonitinha, guardo a caixinha. A Beth, minha mulher, é quem pega e joga fora. Fico: "Bonitinha essa caixinha, quem sabe uso para botar alguma coisa?" Você viu o disco da Marisa Monte, a caixa em que ele veio?

É linda. Guardei.

Eu guardei também. Vazia. Não tinha nada para botar dentro. Mas botei num lugarzinho ali no meu escritório. Essas coisas de ser meio maníaco não me incomodam, não. A vantagem de vir nesse programa é essa: a gente acha um monte de gente parecida. Parece que são todos normais, mas são todos anormais.

Mas dentro da anormalidade...

Quero deixar claro que não sou desorganizado. Sou de uma organização pessoal absolutamente incompreensível. Isso é outra coisa. Mas eu tenho uma organização minha. Tenho uma memória ótima para as coisas. Sei onde guardei isso, onde coloquei aquilo. Tenho noção de onde está tudo. O que não tenho é disciplina.

Mas isso não é enlouquecedor para quem precisa fazer trinta e tantas páginas diariamente?

Não, porque tenho ansiedade de cumprir uma tarefa. Que normalmente eu não cumpro.

Não entregar no prazo estressa?

Isso preocupa. Eu, por exemplo, escrevo muito lentamente. E faço revisão, corto, jogo fora. Faço outra vez. Antes de existir a internet, como é que era feito para você mandar o capítulo? Eu fazia o capítulo, imprimia, xerocava, tinha até máquina em casa, deixava em cima de um lugar e o boy vinha pegar de manhã. Quando levantava, se ele não tivesse passado, eu abria o envelope, pegava, e ele sentava lá e ficava esperando, porque eu refazia uma coisa e outra. Hoje em dia vai tudo pela internet, mando um capítulo às cinco da tarde, cinco e meia mando um adendo. "Na página tal, não é assim." Aí faço outra cena. E mando. Meia hora depois mando outra. Mandei um adendo essa semana de seis páginas. Já mandei adendo de cinquenta páginas. Isso tudo estressa muito o elenco também. O elenco fica: "Cadê o capítulo, onde está o capítulo?" É uma coisa difícil de administrar.

E não dá culpa?

Claro que me dá uma preocupação, porque o sujeito quer fazer um trabalho benfeito e, às vezes, a sua demora atrapalha. Isso me chateia. Mas em *Mulheres apaixonadas* [2003] era muito pior. Chegamos a editar o primeiro bloco, gravando uma coisa do terceiro. O meu ideal, meu sonho, que não vai ser possível de fazer nunca, era assistir ao capítulo hoje e aí escrever o de amanhã. Isso é o certo para mim. É o meu sonho, e na Globo eles sabem disso. Eles têm medo de que eu ponha em prática. Quando você vê um capítulo no ar, percebe que podia ter feito aquilo muito melhor. Que podia ter ido por outro caminho. Quanto menos tempo você tiver entre escrever e ir ao ar, melhor para eliminar essas imperfeições. Mas isso não é possível, porque os atores precisam decorar, a produção precisa providenciar cenários, figurinos, roteiros de gravação. Se não é possível fazer assim, escrevo no limite. Sei que o Aguinaldo Silva, por exemplo, tira férias durante a novela. Tem trinta capítulos à frente. O que é louvável, maravilhoso. A minha "frente", com que a Globo já se dá por satisfeita, e manda até flores pra mim, é de 12 capítulos. Às vezes, fico com só seis de frente, uma semana. O que gera uma intranquilidade. Com toda razão.

Alguém tem coragem de telefonar para você ou mandar um e-mail cobrando?

Não. Eles sabem que eu sei. Não precisam se preocupar. Já é estilo. Procuro sempre recuperar essa frente de 12 capítulos. Em *Páginas da vida* [2006-2007], por exemplo, perdi a frente por razões que não tinham a ver com a novela. Alguns candidatos ao governo do Rio acharam que eu poderia favorecer a juíza Denise Frossard. Por quê? Porque a Renata Sorrah fazia uma juíza criminal, tinha feito laboratório com a Denise Frossard, e sou eleitor confesso dela. Nunca me ocorreu que alguém pudesse pensar uma coisa dessas, até porque a personagem não tinha nada a ver com a Denise Frossard, a não ser a profissão. Parei uma semana para refazer todas as cenas e transformá-la numa procuradora federal. Isso estressa, porque, de repente, você precisa reescrever mais de vinte cenas. Tinha quase vinte preparadas anteriormente dela em ação, julgando. Isso foi jogado fora, porque uma procuradora não faz a mesma coisa que uma juíza.

Pode até ser ameaçada igual, mas não exerce a mesma função.

Isso é. Foi muito engraçado porque li uma nota sobre os procuradores, que achavam muito pertinente tudo o que coloquei na novela, menos a segurança. A personagem da Renata Sorrah tinha quatro seguranças, quando, segundo eles, são sempre dois. É que a TV Globo não põe duas pessoas como segurança, põe quatro! É como cenário pobre: não existe. Todo brasileiro sonha em morar num cenário da TV Globo. Tudo é muito bonitinho. Claro, porque é novela. As pessoas reclamam das coisas mais bobas. Em uma cena, o Diogo, Marcos Paulo, chega da África e toca a campainha da casa da Helena, Regina Duarte. Não interfonou e subiu direto. Aí vem um e reclama. Se interfonar, não tem novela. Que graça vai ter se interfonar e avisar com antecedência que está subindo?

Isso só acontece em novela porque é novela.

Já fiz algumas novelas de época, que eram muito difíceis porque não tinha telefone. O telefone quebra um galho enorme. *Maria, Maria* [1978], por exemplo, se passava em mil oitocentos e pouco, e tinha um menino de recado. Quando alguém mandava bilhete para a namorada, o moleque ia lá, voltava com a resposta. Isso é uma dificuldade para o autor. Hoje estamos na era do celular. Outro dia, alguém escreveu no jornal que os personagens usam muito o celular. Mas quem não usa? O tempo todo, todo mundo usa.

Qual é a característica principal de suas novelas?

Minha ideia é sempre fazer um painel de acontecimentos mais ou menos triviais da vida da gente. Como nascer, viver e morrer. Há o preconceituoso, o honesto, o desonesto, o que trai, o que é fiel, como na vida. Gosto de transcrever, digamos assim, conversas banais, triviais, frugais.

Talvez por isso suas novelas nem pareçam ficção. Tem gente que jura que é a vida real.

Saem muitas notícias de que as minhas novelas são passadas no Leblon. Aí o personagem diz que vai à Pizzaria Guanabara e vai mesmo. As pessoas começam a achar que é tudo de verdade. Não é. É o mais próximo possível de coisas verossímeis, razoáveis. Só isso. Tem aquela famosa frase do [escritor] Aldous Huxley: "O problema da ficção é que ela precisa fazer sentido, a realidade não." Eu me preocupo que as minhas novelas façam sentido. Quando você lê no jornal que um sujeito caiu do décimo andar, saiu andando, tomou uma cerveja na esquina e está passando muito bem, é verdade. Você não põe, porém, isso na novela, porque não é verossímil, ninguém acredita.

Você vê o capítulo toda noite, como um telespectador?

Recebo antes o capítulo editado, normalmente na véspera, à noite. Mas nunca vejo. Só vejo quando vai ao ar. E, às vezes, vejo no dia seguinte. Mas, se deixar passar dois dias, não vejo mais. Por cansaço. Com o horário político, eu me beneficio da seguinte maneira: eu não vejo o capítulo à noite. Aí, quando entra o horário político eu vejo o de ontem e emendo com o de hoje. Aí, quando falha novamente, que eu não posso ver, eu aproveito o horário político.

Sempre se soube que você cuida das músicas, das trilhas de suas novelas.

Eu cuido de tudo. Elenco, música, só falta eu escolher figurante. Claro que junto com o meu diretor. Não é um trabalho que faço isolado, sozinho, mas eu participo. Para todas as músicas que estão na novela eu dei o meu o.k. Música em novela é mais do que importante, é fundamental. Quando você vê uma cena na edição sem música, é uma coisa. Quando põe a música, ela sobe, cresce, vira outra, muito mais interessante.

Os atores gostam também de que seus personagens tenham muitos dramas?

Claro que eles se ressentem quando o papel deles não tem uma dramaticidade qualquer. Em *Mulheres apaixonadas*, o personagem vivido pela Maria Padilha não tinha drama. Ela era apaixonada pelo marido, que morria de paixão por ela, tinha uma filha que era ótima, eram bem de vida, moravam perto da praia. Tudo era bonito, bom, zen. Pensei: "Meu Deus, essa menina não tem um drama." E ninguém gosta da felicidade. Não dá Ibope. A mídia não gosta, o telespectador não gosta. Depois de um certo tempo, dizem: "Esse chato aí." Encontrei com a Maria Padilha e ela falou: "Meu texto é muito bom, mas é uma pasmaceira; está sempre tudo bem, beija na segunda, na terça, todos os dias." Achei que era hora de encontrar uma solução. Um dia, ela abriu os capítulos na sala dos atores e não resistiu: "Eu vou ter um câncer!" Disse isso felicíssima, porque, afinal, havia ganhado um drama daqueles.

O telespectador também gosta de dramas, de violência, de briga?

É claro que cenas com muito clima, de brigas, são boas. É como descobrir que andar para a frente é bom. Eu vejo isso com a minha empregada. Durante a novela, ela está saindo da sala, mas se tem uma briga ela para pra ver. Claro! Todo mundo sabe disso desde que existe televisão e cinema. Se você termina um capítulo dizendo "amanhã vou te bater", é evidente que no dia seguinte as pessoas esperam por aquilo. Casal bonzinho fica chaaaaato! Primeiro pedem pra colocar casal ajustado, aí não dá audiência. A gente põe briga e reclamam que tem muita violência. É uma loucura! Essa é a nossa visão de autor de novelas.

Você privilegia em suas novelas as campanhas sociais?

Não posso entender que uma novela seja só para divertir. Acho estranho que uma novela, com mais de duzentos capítulos, seja simplesmente para o público sentar, pegar um copo de cerveja ou de café, ficar vendo e dizendo: "Ah, que engraçado! Quem vai casar com a Antonia é o José? Ou ele vai casar com a Maria?" Uma novela tem que passar alguns dados positivos, algumas coisas que possam ajudar a sociedade, abrir determinados caminhos. Eu me lembro que em *Laços de família* [2000-2001] eram abordadas a leucemia e a doação de medula. No momento havia uma crise, pois ninguém doava medula óssea. Fizemos uma pesquisa e descobrimos que as pessoas não doavam porque não tinham informações sobre o procedimento, achavam que era uma operação. A novela mostrou que não era nada daquilo, que era algo que é tirado com uma agulha e que nasce imediatamente outra vez. As pessoas fizeram filas e filas para doar. A gente se sente extremamente gratificado quando isso acontece. *Mulheres apaixonadas* suscitou a discussão sobre o Estatuto do Idoso, sobre a violência doméstica. Abriu também um pouquinho a possibilidade para que as duas meninas que se gostavam fossem vistas com naturalidade. Acho que novela serve para isso também.

O que você acha da nudez na TV?

Eu acho que não pode haver vulgaridade. Há grande diferença entre pornográfico e erótico. Acho que a nudez, dentro de alguns determinados limites, é perfeitamente aceitável. Feita com muito critério. Justificadamente. Uma nudez frontal, agressiva, grosseira, isso não, de jeito nenhum. Mas uma seminudez, que existe em novelas e programas, não vejo nenhuma maldade nisso aí, não.

O striptease de Ana Paula Arósio foi muito criticado no primeiro capítulo de *Páginas da vida*. Isso o surpreendeu?

Foi feito com um extremo cuidado, muito bonito, na sombra e aparecia muito pouca coisa. E estava dentro de um contexto: uma mulher que aprendeu para fazer para o marido na noite de núpcias. Por isso fiquei um pouco surpreso. Mas tem uma coisa que não pode ser ignorada: quem não gosta, protesta, escreve para os jornais. Quem gosta não se manifesta. Quem gosta não liga para o dono da estação. Ele gosta simplesmente. Particularmente, recebo muitas manifestações contrárias. Evidentemente que sim. Mas recebo, também, tantas manifestações de simpatia, de carinho de pessoas que não acharam nada demais no striptease ou em qualquer outra cena da novela, que me deixam muito feliz. Acho, porém, que a tudo deve se dar atenção. Quem protesta precisa de uma resposta. O bom senso, a ética me fazem dar uma satisfação e pedir desculpa a quem se sentiu ofendido, muito antes de agradecer a quem elogiou. Eu me preocupo mais com quem se sentiu ofendido.

E quando acaba uma novela, qual o seu pensamento?

Que nunca mais vou escrever outra, mas aí o tempo passa e tudo recomeça.

MARIA ADELAIDE AMARAL

Portuguesa do Porto, é praticamente paulista, da Mooca. Já foi jornalista, é escritora e dramaturga, e reescreve, como ninguém, a história do Brasil para a TV. Começou fazendo um remake de *Anjo mau* (1997), mas é nas minisséries que ela se encontra, discute o país e rediscute a história. *Os maias* (2001), *A casa das sete mulheres* (2003), *Um só coração* (2004), *JK* (2006). Autora de várias peças de teatro, entre elas *Mademoiselle Chanel* (escrita em 1991 e encenada em 2004), *Bodas de papel* (1976) e *Querida mamãe* (1994). Publicou o primeiro livro, *Luisa, quase uma história de amor*, em 1986. Maria Adelaide Amaral gosta de escrever durante o dia, acha que a noite é feita para ver e rever amigos, e se orgulha de ter saúde. E amigos. E foi sobre eles que escreveu seu mais recente sucesso: a minissérie *Queridos amigos* (2008), a qual rasgou seu coração: "Foi um momento extremamente prazeroso, mas dilacerante."

L.N: **Você é portuguesa e veio para o Brasil bem novinha...**

M.A.A: Com 12 anos, direto para São Paulo. O primeiro sotaque que aprendi foi o italianado da Mooca. Fui corrigir esse sotaque no colégio de freira. Quando eu cheguei lá falando dessa maneira, as freiras ficaram horrorizadas. Eu falo ainda com esse sotaque com o Silvio de Abreu. O Silvio de Abreu não morava na Mooca, mas ele morava perto do Glicério, no Cambuci. Nós frequentávamos o mesmo cinema. A gente morre de rir com essa brincadeira.

Como você começou a escrever?

Comecei a escrever teatro em meados dos anos 1970. Quer dizer, já com trinta e poucos anos. Mas, na verdade, ninguém começa a escrever da noite para o dia. Desde criança eu gostava de escrever. Comecei escrevendo poema. Ruim à beça. Mas também, ninguém é perfeito. No colégio elogiavam as minhas redações, que eram lidas em voz alta. E depois tinha o jornal do colégio. Eu era muito metida, eu era redatora-chefe do jornal. Imagine! E continuei jornalista por muitos anos.

Como você chegou à televisão?

Eu sou autora de tantas peças de teatro e de tantos romances, mas na televisão houve certa casualidade. Não sei nem por que começou. Mas certamente não houve nenhum planejamento. Aconteceu. Meu primeiro trabalho solo na televisão foi *Anjo mau*, que era um remake da novela do Cassiano Gabus Mendes. E aí depois vem *A muralha*, uma adaptação da Dinah Silveira de Queiroz, depois *Os maias*, do Eça de Queiroz, *A casa das sete mulheres*, baseado numa obra da Letícia Wierzchowski, que eu não escrevi sozinha, mas com Walther Negrão, que é um homem com mais de quarenta anos de carreira na televisão. *Um só coração* e *JK* foram escritas com Alcides Nogueira. E, finalmente, *Queridos amigos*, o trabalho mais difícil porque foi uma adaptação de um livro meu. Essa é uma história escrita com sangue, literalmente. Ela começou com o suicídio de um grande amigo, uma pessoa muito importante na minha vida. Acho que o que eu sou intelectualmente devo a ele, a Décio Bar. Ele morreu em julho de 1991. Imediatamente comecei a escrever o livro *Aos meus amigos*. Parecia que era um comando. "Eu tenho que escrever esse livro. Tenho que falar sobre nós, tenho que falar sobre a nossa geração." E esse livro acabou sendo publicado no ano seguinte, em novembro de 1992. Foi até bem vendido, mas eu jamais pensei em adaptar nenhuma obra minha, nenhum livro meu, nenhuma peça minha pra televisão. Achava que ia fazer as obras dos outros ou escrever minisséries históricas, ou trabalhar ideias, não tão pessoais, digamos assim. Poderiam até ser ideias originais, mas não tão pessoais. Porque este mundo muito pessoal, muito privado, com esses amigos tão ligados, essa coisa tão visceral, é uma coisa que eu preservo muito. Ou preservava, talvez não mais.

E por que você decidiu abrir a história do seu passado na televisão?

Eu estava trabalhando há um ano em um projeto sobre Maurício de Nassau. Viajei para Holanda, para Alemanha, porque ele era alemão. Era um grande projeto, tomara que seja retomado um dia, mas ia ficar caríssimo, porque grande parte dele precisava ser gravado na Holanda. Um belo dia eu estava em casa, comunicando ao Dan Stulbach, que ia fazer o Nassau, que o projeto tinha dançado. O telefone tocou. Era a Denise Saraceni dizendo que a diretoria queria saber se eu não tinha nada meu que quisesse adaptar para uma minissérie. Falei: "Ah, não quero. Não tem nada." Estava irritada, naturalmente. Aí o Dan falou assim: "Você tem um livro que daria uma ótima minissérie: *Aos meus amigos.*" Mandei um argumento de uma página, achando que eles não iam comprar a ideia. Porque meus personagens eram realmente uma fauna que não costuma frequentar as novelas e as minisséries de televisão. E eu não estava minimamente disposta a fazer nenhum tipo de concessão, nem de linguagem, nem ao folhetim propriamente dito. Faço milhões de concessões, mas quando se trata da minha vida privada e da minha literatura, não faço mesmo. Não faço porque acho que seria uma sacanagem comigo, eu só faço aquilo em que acredito piamente. Eu pensei: "É meio difícil eles toparem isso. A quem vai interessar? Estou falando de um suicida. Por mais charmoso que ele seja, por mais encantador, estou contando uma história de morte." Mas eles toparam.

E foi bom para você transformar essa história em uma minissérie?

É um grande momento. Um momento extremamente prazeroso, mas dilacerante. Há momentos em que eu rasgo o coração mesmo. As últimas palavras do Alberto (Juca de Oliveira), por exemplo, na minissérie, foram as últimas palavras do meu pai: "Deixem-me só." *Queridos amigos* foi escrita com sangue porque fala de várias mortes, de várias paixões e de pessoas que fizeram parte da minha vida. E que continuam fazendo, muitas delas. Mas acho que é muito importante para mim e para as pessoas. Porque eu estou recebendo e-mails de gente que eu não via há muitos anos, de quem eu não tinha notícias há tempos. E estou sabendo que as pessoas estão se procurando e se reencontrando. Acho isso tão fantástico! Poder proporcionar, ou poder mobilizar esse tipo de impulso, desejo, encontro. Porque eu acho que a gente sem os amigos não é nada.

Minissérie é o seu veículo?

Digamos que é a minha praia. Mas eu não sei, acho que vou ter que fazer novela uma hora dessas. Gostaria de continuar fazendo minissérie para sempre. Eu já fiz novela, mas não tenho tanto entusiasmo por elas. O grande problema de novela é que são seis capítulos por semana, e você não tem tempo nem condições físicas para dar um acabamento ao capítulo como em uma minissérie. É outra coisa. Na minissérie você tem três, quatro dias para se dedicar inteiramente a um capítulo, para melhorar a fala do ator. Eu prefiro. Mas sou funcionária da Rede Globo de Televisão, tenho um contrato e sou uma profissional. Então, estou à disposição.

Você se apega a seus personagens?

Eu me apego à obra. Fico para morrer quando ela está para terminar. Fico com o coração partido e choro sem parar. Choro de saudades. É luto mesmo. Para a autora, o fim de um trabalho é que nem depressão pós-parto. Quem já teve, sabe. Eu tive depressão nos dois partos. É uma sensação horrível: "E agora, o que será da minha vida?"

E você tem uma rotina para escrever?

Sou extremamente disciplinada. Mas eu aprendi a ser. A partir do momento em que eu larguei a Editora Abril e fiquei em casa escrevendo, precisei ser disciplinada. Então criei uma rotina. Normalmente começo a escrever lá pelas onze horas da manhã. Antes eu dedico um pouco do tempo à minha saúde, à minha forma física, digamos assim. Trabalho em um escritório na minha casa. Fecho a porta e fecho a cara. Eu só interrompo, levanto e vou tomar um café ou atender a um telefonema quando é muito urgente. As pessoas já sabem que eu não atendo telefone na hora em que eu estou escrevendo. Impossível. Não pode quebrar um diálogo, uma cena, o clima. Não dá, não dá, não dá. O trabalho é absolutamente prioridade. Vou até às oito da noite assim.

Queria dizer que você está muito bem: mais colocada, mais elegante, mais tudo.

Para a minha idade eu estou ótima. Eu tenho saúde, o que acho um privilégio. Dou graças a Deus todos os dias por isso. E faço por onde também: caminho, faço pilates, enfim, um montão de coisas. E trabalho bastante. Mas quase toda noite eu saio, porque ninguém é de ferro. Fico muito sozinha o dia inteiro. Imagina, logo eu que sou muito gregária. Trabalhei em redação durante vinte anos. Adorava o bochicho, as conversas, o barulho das pessoas na máquina de escrever. Era uma delícia. *De braços abertos* [1984] e *A resistência* [1975] escrevi na redação. Aquela gente falando, o telefone tocando, não me incomodava nem um pouco. Sou gregária, gosto de gente. Então, para mim é importante a chamada interlocução, de preferência entre gente inteligente. Por isso, à noite, em geral, saio para jantar, para encontrar um amigo, uma amiga. Raramente eu escrevo à noite. Acho que a noite é feita para ver os amigos, para a gente se divertir.

Aliás, a amizade é um tema recorrente na sua obra.

É, porque eu não tive irmãs. Só tive irmãos e mesmo assim muito mais velhos. Então, a minha vida inteira eu fui muito dependente dos amigos. Amizade sempre foi uma coisa que valorizei muito. E foram os amigos que me abriram todas as portas. Desde o Décio, que me ensinou o caminho das pedras. Eu entrei na Abril pelas mãos da Carolina Andrade, uma amiga. Entrei na televisão por meio do Cassiano Gabus Mendes, um amigo. Eu aprendi a fazer novela direito com o Silvio de Abreu. Quando tive um problema de mama, tive um nódulo há alguns anos, foram as amigas que ficaram comigo noite e dia. Eu não tenho filhas, e meus filhos não eram nem casados ainda. As amigas se revezavam, ficavam lá ao meu lado. Eu sou muito grata. Alguns me dizem: "Você se dá muito." Mas eu recebo muito. Eu recebi ao longo da minha vida e continuo recebendo. A amizade talvez seja a parte mais privilegiada da minha vida. Tenho muitos amigos. Dizem: "Ah, você conta nos dedos!" Respondo: "Graças a Deus tenho muitos dedos."

Puxando a brasa para a nossa sardinha, o meio jornalístico facilitava as grandes amizades.

Estamos falando das redações do tempo da máquina de escrever. Quando voltei na Editora Abril, a sensação que tive foi a de que estava entrando no Banco Central. Pensei: "Cadê aquela alegria?" Todo mundo hoje parece executivo. Eu não quero mais trabalhar nessa redação, mas eu queria muito voltar a trabalhar "naquela" redação. O vento levou. O tempo levou. É outra coisa. Eu fico perplexa porque estou sendo entrevistada por esses jovens jornalistas e eles ficam atônitos. Primeiro porque acham muito estranho que em algum momento tenha havido uma redação como aquelas nas quais a gente trabalhava. E depois, eles ficam muito perplexos que nós continuemos amigos. E mais, que a gente tivesse sido realmente solidária: todo mundo sabia o salário uns dos outros. Quando a gente recebia um aumento, contava para o colega e ainda dizia: "Vai lá também pedir o seu." Era outro espírito. As pessoas eram mais solidárias. A gente estava vivendo, na verdade, os estertores do movimento hippie, que nos afetou favoravelmente. O que era chique, bom e recomendável era ser solidário.

Isso fazia a maior diferença...

Quando surgiu, nos anos 1970, uma propaganda que Gérson [jogador de futebol] fazia com o slogan "levar vantagem em tudo", nós achávamos o fim da picada. "O que é isso? Mas isso é coisa que se propague? Isso é princípio que se defenda?" O tempo foi passando, chegaram os anos 1980, eu odeio os anos 1980, odeio. Eles foram letais, porque o mundo ficou contaminado pelo individualismo e pelo salve-se quem puder. Se hoje você não está dentro do lema "levar vantagem", você é um perfeito idiota. Só que eu acho que a gente não é idiota. A longo prazo, a gente acaba sendo mais bem-sucedido. Estou falando da vida. Acho que amizade, que tudo que agrega, é positivo. Eu acredito nisso. Pode ser que eu seja uma Poliana, mas vou continuar assim.

Vamos falar um pouco de teatro. *Mademoiselle Chanel*, por exemplo, um escândalo!

A Marília Pêra estava soberba. Os franceses realmente se renderam. Fantástica. Grande atuação. Grande Chanel! O Karl Lagerfeld, na estreia em Paris, me disse: "Não conheço nenhuma atriz francesa que pudesse fazer Chanel como ela." É impressionante. Os periódicos franceses não iam fazer crítica, porque ia ficar em cartaz só por dois dias. Mas os críticos foram. E todos se sentiram obrigados a escrever a respeito. E todos, uma unanimidade, foram rendidos a ela. O público também, e não somente convidados da estreia, os pagantes franceses também adoraram. Eles não reagiam muito durante a peça, mas no final eles se levantavam e aplaudiam essa mulher. Você não sabe quantas cortinas. Eu contei uma noite: nove cortinas. Abriam e fechavam, e o povo aplaudindo.

Você escreveu a partir de tudo o que você leu?

Essa peça foi uma encomenda de um amigo meu, produtor de moda, o Tércio de Freitas. No primeiro momento, eu reagi: "Olha, eu não sei, não tenho a menor afinidade com esse universo, não conheço a senhora e tal." Ele falou: "Olha, vou deixar alguns livros com você. Dá uma olhadinha." Ele deixou, entre os livros, uma biografia do Luchino Visconti [diretor de cinema italiano]. E eu pensei: "Mas o que o Luchino Visconti tem a ver com Chanel e o que Chanel tem a ver com o Luchino?" E ele: "Dá uma olhadinha. Foram muito amigos." "Bom, se é interessante o suficiente para interessar a Luchino Visconti, é porque me interessa." Começou a trabalhar comigo uma pesquisadora especialista na história da indumentária, Vitalina Alves de Lima, que já me subsidiou com vastíssimo material. Você já sabe como eu sou, não consigo ficar quieta. Tenho verdadeira paixão, sou viciada em pesquisa. Isso foi mais ou menos em março de 1991. Em novembro eu terminei, ele me pagou como combinado. Eu fui pra Nova York. Quando eu voltei, ele tinha falecido. A peça ficou anos rodando, passou por algumas atrizes, e não rolou. Lá pelo ano dois mil e não sei quantos, cansei. Mandei rezar uma missa pra Chanel e coloquei nas mãos dela. E rolou. Marília Pêra descobriu esse texto em 2003, no escritório do Marquinhos Montenegro. Ela foi a única dessas grandes atrizes por quem o texto não havia passado. Ela não conhecia, ficou absolutamente fascinada. O Jorge Takla me ligou, perguntando se eles podiam fazer. A Maison Chanel abraçou o projeto. Vieram duas moças da Maison com todos os vestidos, com os adereços, com as camélias, com os sapatos, com tudo o que se pode imaginar. Dando a maior retaguarda. Aliás, retaguarda que eles também deram em Paris. Eles foram fantásticos, mas na verdade eles estavam absolutamente fascinados. Fascinados com o espetáculo, fascinados com essa maravilha que é a Marília Pêra. Foi muito bacana. Porque eu digo para você: quando o teatro é bom, não há nada melhor. Nós sabemos que, quando o teatro é ruim, também não tem nada pior.

Para quem não conhece Chanel, que é possível e é legítimo também, ela foi a grande criadora da moda.

Ela criou muitas coisas: a pantalona, a bolsa a tiracolo, a incorporação de alguns elementos da moda masculina, como o cardigã. Ela tirou o espartilho, libertou a mulher. Acho que a gente não exagera em dizer que a Chanel, ao fazer isso, foi uma revolucionária. Ela preparou a mulher para o mundo moderno. Chanel passou a vestir a mulher a partir da Primeira Guerra Mundial, que é quando ela entra efetivamente no mercado de trabalho. Porque até então era classe operária, quer dizer, as trabalhadoras. Mas a partir de determinado momento, elas entram mesmo, as mulheres de modo geral: as telefonistas, as professoras. Então você tem que ter mobilidade. Ela deu essa mobilidade. A roupa dela nos libertou. Na verdade, ela era uma grande transgressora. Ela tinha um compromisso muito grande com a liberdade. Ela nunca se casou; teve muitas oportunidades de ser sustentada, de ser uma *cocotte*, e ela dizia assim: "O reinado acaba nos 33 anos, com as primeiras rugas. E eu quero trabalhar." Ela, na verdade, era uma mulher extremamente moderna. E o que ela desejava para ela é o que ela desejava para todas nós, mulheres.

Você ficou realmente apaixonada pela personagem.

Ela dizia coisas maravilhosas, como: "Eu não faço moda, eu crio estilo. Porque a moda se esgota em cada estação. O estilo permanece como uma árvore que floresce em cada primavera." Além disso, contar a história de Chanel é contar a história de um século. E o público gosta disso, se sente lisonjeado, porque gosta de se sentir inteligente. Não é só público de teatro. Todos os públicos. "Ah, você vai falar sobre modernismo na televisão?" "Vou, porque dá certo." E fiz em *Um só coração*. Tudo o que a gente tem oferecido nas minisséries, de informação histórica, o público gosta, assimila, se interessa, consome. *Um só coração* nasceu de uma peça, que ficou somente três meses em cartaz e que levei sete meses pesquisando. Na peça havia só quatro personagens: Tarsila do Amaral, Anita Malfatti, Oswald de Andrade e Mário de Andrade. Quando eu vi o público reagir, rir e se emocionar, falei: "Gente, a gente pode falar sobre qualquer coisa!" É só você, primeiro, não subestimar a inteligência do público. *Um só coração* acabou com o mito de que cultura não dá Ibope. *A muralha* também ensinou coisas sobre o início da história de São Paulo, o início da história do Brasil, o início do movimento bandeirantista. É muito legal você poder fazer um trabalho desses e sentir que isso é acessível, chega a todo tipo de público imaginável. Em todas as classes sociais, em todas as faixas etárias. Às vezes eu acho que eu vim a este mundo com essa missão. E é uma missão que eu adoro.

Você já confessou: adora uma pesquisa. O que te fascina tanto?

Eu não posso esquecer de onde eu vim. Eu comecei a trabalhar na Abril Cultural como pesquisadora. Trabalhei vinte anos lá. Eu tenho todo esse vício da pesquisa, esse gosto, essa paixão pela história. É igual ser detetive, se você pensar bem. As coisas que a gente descobre. E eu gosto de descobrir os equívocos, sentir que tem um engano, sentir que tem um equívoco e realmente confirmar que eu estava certa, que não era por aí. Vide as biografias que havia até o início dos anos 1980 sobre a Chiquinha Gonzaga. Quando o Osmar Rodrigues Cruz, que dirigiu o Teatro Popular do SESI, me pediu pra fazer uma peça sobre a Chiquinha Gonzaga, ele me mandou duas biografias.

Olhei aquilo e falei assim: "Isto não é verdade. Não acredito nisto. E tem mais: se esta mulher for só isto, eu não tenho o menor interesse em escrever uma peça sobre ela. Tem alguma coisa muito interessante escondida atrás, ou seja, essa mulher foi uma grande transgressora, e isso não está explicitado." Aí eu liguei para o José Ramos Tinhorão [crítico de música]. Ele falou: "Olha, tem uma moça no Rio de Janeiro, Edinha Diniz, que conhece tudo sobre Chiquinha Gonzaga." Edinha me disse que eu tinha toda a razão, que a vida dela não era nada do que estava nessas biografias. E começou a me contar coisas: que foi ela que deixou o marido, que, afinal de contas, o menino com quem ela ficou desde o início do século XX até 1935, a data em que ela morreu, que ela apresentava como afilhado, ou como filho, na verdade era amante dela. Era um garoto que ela conheceu em Lisboa, com 16 anos de idade, e ela já tinha 61. Enfim, eu sabia que havia algo escondido e havia mesmo. Sou como um repórter investigativo quando começo a me interessar pela vida de uma pessoa. Aliás, a pesquisa é, para mim, a fase mais excitante de um trabalho. Na verdade, também é uma fase bastante solitária.

Você entrevista pessoas na fase da pesquisa?

Muitas. Para fazer *JK*, conversei com tanta gente que não posso nem citar para não fazer injustiça. Ele virou um dos meus personagens favoritos. É muito bacana a gente poder contar a história desse país. Tem muita história para contar ainda.

Uma meio portuguesa, meio paulista, que escreveu a memória dos mineiros. É o máximo!

Eu me sinto até muito mais paulista do que portuguesa. Apesar disso, no campeonato de futebol, na hora em que eu vi o time de Portugal, eu falei: "Eu sou portuguesa!" Também sei fazer uma boa comida lusitana: peixes, frutos do mar, bacalhau. Na verdade, porém, aprendi a cozinhar com as italianas da Mooca. A minha mãe costurava e bordava bem; fazia tricô e crochê com perfeição. Nunca foi, porém, de cozinhar. Quando chegamos ao Brasil, em 1954, ela jamais tinha entrado em uma cozinha. É verdade. Mesmo quando a gente estava nos momentos mais críticos da nossa vida, a minha mãe sempre teve empregadas. Às vezes esquecia de pagar. Minha mãe não gostava de cozinhar, não era do ramo mesmo. Então, lá pelas tantas, eu olhei e falei: "Gente, ou aprendo a cozinhar ou vou morrer de fome!" E com quem eu fui aprender a cozinhar? Com as italianas, que eram nossas vizinhas. Então eu faço uma boa *pasta asciutta* também. Digamos que, na cozinha, sou também meio italiana. E vou continuar contando história de brasileiros.

MARIA BETHÂNIA

Eu adoro entrevistar Bethânia. Gosto da cantora e da pessoa. Gosto do humor, do jeito, da pontualidade, da elegância e da coerência; mas, na primeira vez em que fui falar com ela pessoalmente, eu queria a perfeição. Foi no prédio da Polygram (que hoje se chama Universal), na Barra da Tijuca, no Rio. Estávamos no terraço, eu, maravilhada, quando o cinegrafista ligou a luz... só deu tempo de Bethânia dizer: "Não se ilumina uma ian..." E antes que ela terminasse a frase, explicando que não se ilumina uma iansã por trás, deu-se um apagão. Queimamos a Polygram. Os funcionários foram dispensados e tivemos que voltar no dia seguinte para gravar. De lá pra cá, se vão trinta anos. Com ela eu aprendi a falar o "com certeza", descobri Santo Amaro, sempre fui carinhosamente recebida pela família Vianna Telles Veloso e ainda conheci uma menina santo-amarense que foi batizada Leda Nagle... não é um luxo só?

L.N: **Foi com você que eu aprendi o "com certeza".**

M.B: Pois é, e ficou uma marca sua. Eu nem falo mais, eu acho. Mas ficou bonito em você.

Queria mesmo fazer uma homenagem à Bethânia. Acho que ela faz a diferença. Você queria ser cantora mesmo, desde pequenininha?

Eu queria trabalhar em palco, isso eu sabia. Um dia, o Caetano pediu para eu fazer pela primeira vez uma gravação, uma melodia sem letra, que ele fez apenas para uma trilha sonora de um filme de Alvinho Guimarães [o curta-metragem *Moleque de rua*, de 1962]. "Você é que vai cantar", ele disse. "Eu? Tá bom", respondi imediatamente. Como se fosse a coisa mais natural do mundo. E fui. Gravei na casa de Mário Cravo. Quando cantei nessa tarde, tive certeza: "É no palco e é cantando que eu quero." Uma pessoa muito querida, a Nené, me dizia: "Você é pequena, mas fita os Andes." Essa é uma expressão que se usa até hoje para dizer que uma pessoa é pretensiosa. Porque eu dizia para ela coisas loucas. "Você ainda vai me ver descer do avião maravilhosa, mil fotógrafos, aplausos, flores, reverência." Ela quase morria de rir. "Os batedores, eu quero batedores. Cem batedores, você vai ver quando eu chegar." Aí, já mulher, cantora, eu fui à Venezuela. E convidei a Nené para me acompanhar na turnê. Fiz de propósito, pelo menos uma parte, porque sabia que de lá eu podia ver e mostrar a ela de perto os Andes. Mas aconteceu algo que não esperava mesmo: quando eu desembarquei, acho que foi a única vez também na minha vida, tinha um trilhão de fotógrafos, cem batedores e a gente num carro daqueles com a sirene ligada. E ela me dizia assim: "O que é isso? É tudo você?" E eu respondi: "É, tudo eu." Aí chegamos ao hotel, eu cheguei perto da janela e pedi que ela viesse ver uma coisa. Ela ficou nervosa, toda atrapalhada. Aí eu abri a janela e disse: "Você falava que eu era pequena e fitava os Andes? Fita você agora." Nené quase morreu, ficou numa emoção, foi muito bonito isso. Porque foi uma brincadeira, um jeito infantil, sei lá, de exercer o meu desejo. E ela pôde compartilhar e ver este desejo realizado.

Quando você começou a trabalhar com Gil e Gal?

Já tínhamos feito, amadoramente, três shows na Bahia, em 1964: *Nós, por exemplo*, *Nova bossa velha, velha bossa nova* e *Mora na filosofia*. Que nomes!

Além dos dois, tinha Caetano, Tom Zé, Pitti, Alcivando Luz, Perna Fróes, Djalma Correa e eu. E Roberto Santana fazia a iluminação. Nós fizemos os três espetáculos no Teatro Vila Velha. Era a época em que João Gilberto estava chegando por lá com a novidade do violão, da batida, da emissão. Então, eram shows de bossa nova. Foi quando Nara [Leão] me ouviu cantar no *Mora na filosofia*. Ela me ensinou lá mesmo "Acender as velas" e "Opinião" [ambas do Zé Kéti], que coloquei no show.

Sua carreira começou efetivamente com você cantando "Carcará", em 13 de fevereiro de 1965?

Isso. Substituindo Nara Leão, que havia indicado o meu nome para o pessoal do Grupo Opinião. Vianinha falou com a Nilda Spencer, uma atriz extraordinária, querida amiga, baiana, que era diretora da Escola de Teatro. E ela me conhecia. E tudo foi se encaixando.

Você chegou a fazer escola de teatro?

Não, eu não fiz escola de nada. Pouco aprendi a ler e escrever. Eu não fui uma aluna bacana. O que eu fazia era filar as aulas de teatro. A Escola de Teatro da Bahia era num casarão lindo, com um jardim extraordinário. E muitas aulas eram feitas ali. E eu ficava na grade assistindo: aula de interpretação, esgrima, concentração. Foi assim que eu fui chegando, pegando umas coisas, aprendendo, quer dizer, me alimentando. Mas eu não estudei nada, não.

E você ficou nervosa quando chegou ao Rio?

Na hora em que eu cheguei, quase morri. Porque deu uma tempestade; três horas da tarde, ficou tudo preto. Raios cortando os céus. Eu me virei e disse: "Caetano, vamos voltar." Ele ficou me acalmando, dizendo que aqueles temporais aconteciam. Mas também estava nervoso. O temporal passou, mas cheguei atrasada no primeiro ensaio. Foi aí que eu conheci Teresa Aragão. Linda. Quando ela abriu a porta do táxi, me deu a mão e disse: "Você está um pouquinho atrasada para o primeiro ensaio. Mas venha." E ela me levou, assim, altaneira. Como se eu já fosse tudo. Entrei, falei com todo mundo. Eles fizeram uma festa tão bonita, convidaram todos os grandes intelectuais, e a primeira pessoa a quem fui apresentada foi Vinicius de Moraes. Todo mundo que eu via, sonhava, delirava na Bahia, estava ali, falando comigo. Não tive medo algum a partir daí. A professora Geni Marcondes me levou para a casa dela e me ensinou canção por canção, nota por nota, com todo carinho e amor. E me hospedou. Eu fiquei morando num quarto lindo, de onde eu via o Cristo. E ela botava uva sempre de noite. Eu achava aquilo lindo, na minha cabeceira tinha uva. E uva na Bahia era raríssimo. Estreei, e então fui entender que não era somente para Nara ficar boa da voz. Eu teria que fazer dali em diante o *Opinião*. Nara não voltaria. E a autorização que eu tinha de meus pais era para ficar uma semana, que eu estava presa em segunda época em matemática. Voltei para a Bahia e disse aos meus pais que queria muito fazer o show. Meu pai foi extraordinário como sempre e disse uma das coisas mais bonitas da minha vida. "Se você for feliz, você é responsável. Se você for infeliz, eu sou o culpado." Lindo. Ele sempre confiou muito na educação que deu para mim e para os meus irmãos. Eu aprendi a respeitar o outro, sabia conduzir direito a minha vida e não ia fazer nenhum estrago comigo nem com os outros.

Quer dizer que você sabia se comportar?

Não sei nem se era me comportar, mas eu não ia me arrebentar, cair em nenhuma loucura. Apesar de não ter medo de nada. E alguém tem medo aos 17 anos?

Até o seu figurino era impressionante no *Opinião*.

No *Opinião*, eu usava uma calça cáqui e uma camisa vermelha com gola de padre. Kalma Murtinho fez a minha roupa. E o cabelo preso em um coque. Depois de velha, meu cabelo ficou assim mais liso, mais bonitinho, mas quando eu cheguei da Bahia o meu cabelo era impossível. Nené dizia que parecia cabelo de santo, uma peruca errada assim. Não ficava bom de jeito algum. E quando eu cheguei o pessoal do *Opinião* me olhou e falou: "Ah, meu Deus. Manda essa menina pro cabeleireiro." Eu fui e alisaram, fiquei igual a essas meninas que fazem chapinha hoje. "Não sou eu, não quero, quero ele crespo." Foi horrível, eu chorava muito. Chamei Teresa Aragão e, na hora de começar o show, disse que não entrava com aquele cabelo. Aí tive a sorte de um grande cenógrafo, Joel Carvalho, se aproximar e me pedir para eu não ficar nervosa, pegou meu cabelo, prendeu, fez o coque, soltou uns fiozinhos, e falou: "Entra." Eu olhei: "Oba. É agora. Acho que dá."

E até hoje, de vez em quando, você faz isso no seu cabelo.

Eu vivo de cabelo preso, porque a juba é grande e faz calor. É bom na Europa, quando está frio eu solto e fico protegidinha. Mas eu ando de cabelo preso. Sou como minha mãe.

Foi difícil tirar o estigma do "Carcará", da cantora de protesto?

Não foi muito complicado, não. Quando começou a me chatear, eu falei "até logo". Fui pra Bahia, fiquei com meus amigos artistas plásticos, vendo exposições, ouvindo recitais, saraus, fazendo essas coisas boas que ajudam a gente a evoluir, a não estagnar, falando outra coisa, outro assunto. Não é que eu não gostasse do "Carcará", mas é que eu não era só aquilo. Nunca quis escapar do "Carcará". Mas eu queria também poder fazer outra coisa. Era só isso.

Logo depois do *Opinião*, no ano de 1966, você trabalhou muito mesmo: *Arena canta Bahia*, dirigida pelo Boal, em São Paulo; *Pois é*, de novo no Teatro Opinião, desta vez ao lado de Vinicius e Gil e, finalmente, uma longa temporada de dois anos na Boate Cangaceiro.

Era o reduto da Elizeth Cardoso. Foi lá que pude me desvencilhar um pouco do peso do "Carcará". Quer dizer, da figura, da força da interpretação, da cantiga que ficou muito marcada em mim. E para fazer boate, eu fiz um repertório completamente livre, que virou o meu estilo, que é uma falta de estilo. Eu canto tudo misturado. E foi exatamente na Boate Cangaceiro que isso começou. Lá tive a possibilidade de cantar canções de amor, cantar Noel [Rosa], cantar [Dorival] Caymmi, cantar composições novas dos meninos da Bahia. Os meninos da época hoje são velhinhos, como eu, Gil, Caetano. Depois fiz um show na Boate Barroco e lancei lá uma música do Gil: "Marginália". Foi um acontecimento, porque era diferente de tudo o que as pessoas esperavam.

Em 1970, você fez *Brasileiro, profissão esperança*, dirigida por Bibi Ferreira, ao lado de Ítalo Rossi.

Eu ouvi falar de *Brasileiro, profissão esperança* e, quando li, fiquei louca: Antônio Maria, Dolores Duran. Imagina a minha satisfação de poder fazer este espetáculo com Ítalo Rossi, um dos atores mais maravilhosos do mundo, e dirigida pela Bibi Ferreira. Eu me lembro do primeiro dia que eu cheguei no ensaio, ela estava sentada no palco do Teatro Casa Grande. Bibi gosta de dirigir sentadinha ou então sumida, longe, você não sabe nem se ela está no ambiente. Para pegar a gente, entendeu? No desvio. Bem, mas eu cheguei e ela estava falando com a banda. Entrei timidíssima, com um buquê de rosas para ela. Respirei e falei: "Bibi, pra você." Entreguei e fui-me embora. Ela me olhou e disse que eu parecia uma menina de colégio falando com a professora. Ela tinha toda razão. Foi bom que desinibiu. Bibi orienta com prazer, com conhecimento, chama o palco de arena, o que já é o máximo. Ela não tem aquela coisa careta: "Agora, neste momento, você levanta a mão." Ela orienta, conversa, estimula, compartilha. Devo muito a Bibi o meu comportamento em cena. Aliás, já que falamos de coque, camisa e calça, eu apareci completamente diferente neste show. Bibi logo me avisou que eu ia usar várias pantalonas em cena. Era um macacão com decote em V e umas calças larguíssimas de várias cores: um vermelho, um azulão, um amarelo e um preto. Eu ainda usava preto nesta época. Deixa eu explicar: eu acho lindo preto, mas não posso usar porque fui proibida por Mãe Menininha do Gantois. Na época eu só me vestia de preto e continuo achando a coisa mais elegante uma pessoa de preto. Hoje não uso, porque Mãe Menininha me pediu e cumpro isso com uma felicidade sem fim. Qualquer coisa que aquela senhora me pedisse, eu faria. E faço. Mas as pessoas podem me abraçar quando estão de preto, podem abraçar apertadinho, que não faz mal. Mas, voltando ao *Brasileiro, profissão esperança*. Eu usava uns apliques, três cabeleiras enormes, o Oldy (que saudade!) me penteava. Era um espetáculo.

***Rosa dos ventos*, de 1971, o show que lotou durante meses o Teatro da Praia, foi um marco na sua carreira e está na memória de várias gerações.**

Fauzi Arap não só dirigiu, como escreveu *Rosa dos ventos* junto com Flávio Império. Eu já tinha feito com Fauzi o *Comigo me desavim*, em 1967. E que foi maravilhoso. Foi a primeira vez que li Clarice Lispector, Sá de Miranda e Ferreira Gullar, que Caetano musicou para eu cantar. Na verdade, eu me apaixonei pelo Fauzi, quando ele fazia, como ator, *Dois perdidos em uma noite suja*. "Não existe no mundo nada melhor do que esse homem", pensei quando a peça acabou. Eu ia todas as noites assistir. E ele começou a me ver, ficamos amigos, nos apaixonamos, saíamos todos os dias, todas as noites. Eu morava na casa da minha querida Isabel Câmara, editora do *Sol*, uma casa linda na rua Gorceix [Ipanema]. Lá tinha muito livro. O Fauzi um dia me viu lendo [Bertolt] Brecht e eu contei para ele que tinha muita vontade de dizer aquele texto no palco, mas não era atriz. "Como eu faço para poder dizer?" A partir daí ele começou a me dirigir, e surgiu *Comigo me desavim*. Em 1971, ele me procurou, junto com o Flávio, e disse que tinham um show para eu fazer sobre os quatro elementos: "lume, terra, água e ar". E foi maravilhoso. Conheci Clarice Lispector nessa época. Ela ia aos ensaios do *Rosa dos ventos*, ela era amiga do Fauzi. Fizemos o show, que foi um encantamento, com Terra Trio, que construiu uma coisa musical diferente, cada soar tinha um sentido que correspondia a uma palavra que eu ia dizer ou que já havia dito. Foi um trabalho filigranado. Com o Terra Trio fiz outros trabalhos maravilhosos.

Esses shows no Teatro da Praia eram uma loucura. Gente dormindo na fila, a saída demorava horas, a gente passava por um verdadeiro corredor polonês de fãs.

Para mim, era um verdadeiro paraíso. Consigo ainda fazer coisas parecidas em locais diferentes, como o Canecão. Uma das maiores alegrias da minha vida é quando chego no Canecão, no dia em que eles liberam ingressos populares. Chego três horas antes, porque gosto de chegar cedo, e aquela fila já está ali, felicíssima. Toma cerveja, toma um café, já está animada. Daí a três horas começa o show. Eles entram e levam essa alegria toda junto com eles. É lindo! E quando eu saio, tem uma brincadeira. Os tempos dos espetáculos em teatros de 450 lugares voltam, permanecem vivos. Espero que, enquanto Deus quiser que eu cante, seja assim.

E vieram muitos outros shows, também marcantes: *Drama, Cena muda, Pássaro da manhã*, todos nos anos 1970. Foi por aí que você começou a vender um milhão de cópias?

Com *Álibi*, em 1978. Foi a primeira vez que uma cantora brasileira vendeu um milhão de cópias. Homem vendia, mas mulher não. E é o país das cantoras. Contradição, não é mesmo? Digamos que foi uma loucura, porque eu tocava em rádios mais sofisticadas. Depois de *Álibi*, invadi as rádios AM do Brasil inteiro. No meu show de 1980, *Mel*, havia um texto do meu querido Waly Salomão, que dizia assim: "Com a música de Chico Buarque de Hollanda, quebrei a barreira do som e passei a cantar na AM."

Todo show seu tem uma espinha dorsal, não é uma colcha de retalhos, tudo tem uma razão de ser.

Tenho necessidade de alguma dramaturgia, alguma guia, algum subtexto.

Isso é de Maria Bethânia Vianna Telles Veloso ou é do Fauzi, da Bibi, enfim, de todos...

Acho que todos os meus professores me ensinaram assim. Meus mestres Fauzi Arap, Bibi Ferreira, Augusto Boal, José Possi Neto. Todos, todos mesmo, que me dirigiram e me dirigem, me ensinam algo. Quando descobri, naquele dia na Bahia, que cantar no palco era mais do que simplesmente cantar, deu uma misturada com a atriz que não sou. Estou, digamos, naquele limite entre intérprete e atriz. Se não tiver uma guia, não acerto nem lembrar a música seguinte. Quanto mais interpretar, fazer o que tenho que fazer. Cumprir o meu ofício. Preciso de um fio condutor sempre.

E de disciplina.

Sem disciplina ninguém chega a lugar nenhum. Aprendi disciplina por causa de cantar. Preciso ter disciplina para ficar feliz, para realizar o meu trabalho.

Você tem um imenso amor pela palavra?

Adoro. Tenho o maior prazer de falar um poeta da nossa língua portuguesa, e isso poderia estar em lugares que ninguém pudesse imaginar. Imagina, poesia ali, ninguém vai prestar atenção. Parem com essa mania de dizer que brasileiro só gosta disso ou daquilo. É mentira. Temos muita imaginação. A gente gosta de tudo muito variado. E as coisas bonitas as pessoas brasileiras sabem, sentem, absorvem, se interessam. Às vezes um verso muda a vida das pessoas. Apura o gosto, apura o paladar, apura tudo. Leu, melhora. Ouviu direitinho, melhora mais ainda. E fica repetindo. E fica refletindo, vai querer ouvir mais, vai começar a escrever cada vez melhor. Meu amor pela palavra vem de longe. Eu sou de uma família pobre, e tanto eu como meus irmãos estudamos em escola pública. E era uma escola maravilhosa. Minha professora de português, Dona Candolina, não tinha muita conversa, não. "Escreve, meu amorzinho. Em vez de falar comigo, escreve." Porque é escrevendo que se encontra o idioma real. Uma das maiores tristezas que tenho é ver como o ensino hoje no Brasil está largado. Acho que todos os dias nas escolas deveria ser ensinado algo sobre os compositores populares, os poetas, os repentistas. Isso é importante para todos nós, para a nossa história.

Como você escolhe os poetas que habitam os seus shows, as músicas dos seus CDs?

É uma coisa muito esquisita. Passo em uma loja de discos, gosto de uma capa, posso nem conhecer o artista, mas quero aquilo porque acredito que alguma coisa ali vai me dar algum sinal. Chego em casa e decido pegar um livro. Pode ter certeza que nele tem alguma coisa na qual vou me jogar. Abro um jornal, vejo uma foto, uma notícia, uma história. Não sei. As coisas vão me levando. Depois o que está dentro de mim, a minha memória, começa a se misturar. Eu vou pensando: "Essa música fica bonita com essa palavra." E tudo vai se ajeitando. Um texto do João Cabral, por exemplo, eu acho lindo porque lembra Santo Amaro. "Sempre pensar em ir/ caminho do mar/ Para os bichos e rios/ nascer já é caminhar./ Eu não sei o que os rios/ têm de homem do mar;/ sei que se sente o mesmo/ e exigente chamar" [poema "O rio"]. É um pouco a minha história. A história do artista de um modo geral.

Você falou assim há pouco: "O meu estilo, que é uma falta de estilo..."

É porque eu canto de tudo, canto tudo misturado. Não sou uma cantora que protesta, não sou uma cantora romântica, não sou uma cantora pop ou de rock. Misturo tudo, canto de tudo. Meu estilo é não ter estilo. Assim, muito definido. Meu estilo é a liberdade. Não gosto de nada que me prenda.

Você faz sucesso além das fronteiras brasileiras.

Sempre sou convidada, mas para viajar sou interiorana. Não gosto de sair de casa, não. Detesto avião. Uma vez, eu e Nana [Caymmi] pegamos a ponte aérea São Paulo–Rio, emendadas depois do show. Quando o avião acabou de levantar, o cara falou assim: "Temos problemas. Vamos tentar pousar." Eu olhei e a hélice estava rodando bem devagar, era aquele Electra. "Nana, olha a sua janela", dei uma ordem assim. Ela olhou e desmaiou. Eu não tive tempo de desmaiar, porque tive que segurar a Nana. Resultado: passei um sufoco, ela saiu carregada, desmaiada. Quando ela acordou, deram um uísque pra ela e colocaram-na num outro voo, maravilhosa. Era eu que ia desmaiar. Era eu, estava na minha hora.

Mas você é chegada a desmaio? Acho que não.

Não, quando eu era criança delirava para ter vertigem. Não chamava desmaio, chamava vertigem. Em Santo Amaro, a missa era às dez da manhã, todo mundo ia comungar. Em jejum, com um calor de quarenta graus. Nosso uniforme era de lã, saia marinho, blusa de gola alta e manga comprida, meia três-quartos, luvas e o sapato de oleado, verniz. Havia uma colega nossa muito bonita, uma das paixões de Caetano; sempre que tinha missa de festa, cinco minutos depois que a gente entrava na igreja, ela desmaiava. "Oh, Hercília desmaiou." Eram tantos perfuminhos, e ela lívida. Todos ali em cima dela. E davam muitas cavacas, aquelas coisinhas boas pra comer, para ela reanimar. E eu tinha o sonho de ser aquele personagem. Aí não comia nada, ia em jejum, não bebia nem um gole de água. "Hoje sou eu que vou desmaiar." Nunca consegui dar uma vertigem. O meu momento Hercília não chegou.

Além de grande intérprete que você sempre foi, e ninguém jamais discordou disso, a cada ano você se torna uma cantora melhor.

Tanto trabalho! Eu melhorei, me dediquei. Aliás, venho me dedicando desde os 17 anos. Mas devo dizer que sou insuportável e meu maestro querido Jaime Alem pode confirmar. Ouço tudo, reclamo que está faltando acorde.

Ou então que está sobrando acorde. "Como vai ficar o canto? Está muito cheio, não tem onde botar." Tem que ter lugar para a voz. Eu ensaio todos os dias, posso ensaiar 40 ou simplesmente 15 minutos. Mas têm coisas que acontecem espontaneamente, como o braço levantado a cada vez que saio do palco. Não sei de onde vem, é que nem cantar descalça.

Você sempre cantou descalça?

Essa história de cantar descalça é louca. Foi na minha estreia lá com os baianos todos, meus companheiros. Gil, Caetano, todos os homens cantaram. Aí depois vinham entrando as mulheres, Gal de um lado, eu do outro. Gal toda de preto, eu toda de branco. Vestidos iguais, eu fiz um broche de cobre, que era um girassol, para eu usar e ela usar. Exatamente igual. Sapatinho igual, saltinho, bonitinho. Agora, paradinhas. "Entra." Tirei o sapato e entrei. Não sei lhe explicar por quê. Entrei e vi que Gal me olhava. Pois é, entrei sem sapato. Por que será? No Opinião, cheguei a fazer alguns espetáculos com uma sandália meio chiquérrima, imitando aquelas nordestinas, mas logo tirei. Cantar descalça tem seus problemas. Em um show em Cuba, dei um pulo que quase caí no mar. Antes de mim cantaram dez mulheres negras maravilhosas à capela. Nunca tinha visto aquilo. Lindo, lindo. E eu tonta atrás, assistindo. No último número, elas dançavam com um copo de água na cabeça e jogavam a água. E ninguém enxugou. Entrei descalça. Dei um pulo. Gil viu logo que eu havia levado um choque. Já o Chico achou que era a minha entrada mesmo no palco. Mas Gil insistiu: "Só pode ser choque brabo. Tá exagerado." Omara Portuondo, a cantora cubana com quem gravei um disco, estava nesse show. E achou a minha entrada maravilhosa, impressionante. Muitos anos depois, quando estávamos gravando o disco, contei que havia sido um choque que me impulsionara para o palco. Ela adora quando eu conto esse meu "mico". Mas, quem sabe, foi ele que nos fez gravar juntas.

E o cordão que você usa sempre?

Foi um presente de Mãe Menininha. Ela me deu para eu cantar. Enquanto eu viver e cantar, vou usar. Se Deus quiser.

Em 2002, você inovou mais uma vez. Deixou uma gravadora multinacional para apostar no conteúdo, na qualidade da música brasileira.

Quando terminou o meu último contrato com uma multinacional, eles disseram para mim que não me queriam mais. Falei: "Tá bom." E fiquei na minha, porque, como nunca acreditei demais nesse tipo de coisa, não fez um grande estrago. Era assim, não é assim, vai ficar diferente. Não sei o que é, mas virá. Em seguida, a Kati de Almeida Braga me chamou para conversar, queria que eu fizesse projetos especiais. Não era nem pra eu ser contratada da Biscoito Fino. Eu tinha feito, junto com o Jaime Alem, o *Orações, preces, súplicas à Senhora dos Jardins do Céu* [2003], e ela tinha gostado. Então, ela se interessou por esse tipo de coisa fora de mercado. E foi conversar comigo sobre isso. Na primeira conversa, ela marcou uma segunda com a Olivia Hime, que é sócia da Biscoito. E nessa segunda conversa já era assim: "Bethânia, a gente quer você na Biscoito Fino como artista, como cantora." Eu respondi: "Tá bom, mas sou esquisita, estranha." Fui dando minhas posições e elas quiseram. Em seguida, nós inventamos o selo Quitanda porque o que eu queria, na verdade, era esse não ter nada que me foi dado pela última multinacional. E a Quitanda é isso, não ser nada e eu poder fazer tudo. A Quitanda é um selo que eu e Kati fizemos porque, se a Biscoito Fino já é muito MPB e muito liberal e muito tudo pode, eu queria mais. E quero um bem doido, que eu possa chegar e fazer só maluquice. Aí criamos o Quitanda. Que ia se chamar Tupi, era a nossa ideia. Mas esse nome pertence a um grupo e não pôde. Porque acho bonita essa coisa de Tupi, da nossa primeira fala. E aí me lembrei de dona Lina Bo Bardi, que dizia uma coisa linda. "Todos conhecem a profissão cantora. É a sua. Eu sou engenheiro, você é arquiteto, professor, atriz. Tudo bem, mas todo mundo deve ter a sua quitanda." E a quitanda, para ela, era onde você fizesse coisas fora do seu ofício, onde você pudesse estar livre completamente. Lugar da criança brincar. Quitanda — pronto. Kati gostou e ficou este nome. E quitanda é um lugar onde tem absolutamente tudo. Pode-se comprar do vestido de noiva a uma rapadurazinha. Era assim na Mesblinha de Santo Amaro.

Voltando à sua quitanda, além do selo, onde é que você brinca?

Eu tenho muitos cadernos. Escrevo o tempo inteiro. Muita gente vive querendo pegar os meus cadernos, mas eu não mostro, não. Tenho que me sentar em cima deles, para ninguém pegar. Eu escrevo muito, vou anotando trabalho, desenho. Já fiz alguns trabalhos em prata. Dei até de presente para Bibi. Olha só que ousada. Fiz duas peças de prata, dois objetos que não eram nada e pensei: é o presente da Bibi. Fui lá na sua festa de aniversário e dei para ela. Bibi me olhou com a mesma cara de quando dei o buquê. Aliás, eu estava impossível nesse aniversário. Infantil mesmo. Teve o bolo, cantaram o parabéns, e quando acabou, ficou aquela coisa assim parada, enquanto estouravam o champanhe. Aquele silêncio normal depois do parabéns. Dá aquele buraco, aquele vão. Aí, quando vi o espaço, abri a boca: "Viver e não ter a vergonha de ser feliz." Foi um nervoso. Mas todo mundo emendou: "Cantar, e cantar e cantar..."

E bordar?

Bordar não tanto. Trabalho com linhas, mas fazendo outras coisas. Bordar, eu esqueci.

E a cozinheira da cantora continua existindo?

Existe. Mas tenho uma boa ajuda agora. A cantora anda ocupada. Eu como muito. Eu gosto de comida grande. Arroz, feijão...

Qual é a cor da voz da Bethânia?

Ih, minha voz tem tantos tons, eu acho. Passa pelos tons pesados, assim os vinhos, os ocres e também tem muito de pérola. Não sei se é exatamente assim. Mas é assim que ouço um pouco a minha voz.

Eu não queria terminar sem falar mais um pouco de Santo Amaro, onde tudo começou, inclusive esta entrevista.

Santo Amaro é tudo. Santo Amaro é berço, minha história, da minha família. Toda beleza, toda religiosidade, toda a compreensão da religiosidade. É isso que faz a diferença. Foi onde eu aprendi a ler, a escrever, a escolher, aprendi a cantar com Caetano, a andar com Caetano, a tocar com Caetano. Meus outros seis irmãos já eram maiores. Mas Santo Amaro é o melhor lugar. É a melhor hora. Essa hora do colo quente da sinhá Zefa [da música do Caymmi "História pro sinhozinho"] é Santo Amaro. Que sabe contar histórias, cochilar um pouco. Eu adoro aquela cidade. Está dizimada como quase todo o nosso país, mas ela tem uma luz, tem uma água especial. Não tem champanhe melhor que a água de Santo Amaro.

MARTHA MEDEIROS

Eu gosto muito das mulheres gaúchas. Fortes, decididas, donas de seu destino. Lya Luft, Letícia Wierzchowski, Adriana Calcanhotto, Cíntia Moscovich, Martha Medeiros. Elas têm um jeito especial de mostrar suas emoções, de expor sentimentos, colocar questões, remexer em vespeiros com classe e elegância. Eu já era leitora de Lya Luft quando o livro *Divã* veio parar em minhas mãos. Não conhecia Martha. Fiquei encantada. "Como assim? Quem era essa mulher que eu não conhecia e que parecia me conhecer tamanha a clareza com que tocava em 'minhas' questões femininas?" Felizmente o livro foi um sucesso e Martha veio ao Rio. Descobri então que a pessoa Martha era tão bacana quanto a escritora, me encantei com outros livros e, numa outra entrevista, brinquei com Lília Cabral perguntando se ela havia lido *Divã*. Ela riu e me confidenciou que estava quase comprando os direitos autorais para o teatro. Dos palcos para a telona e a gente segue lendo Martha, como se tivesse vivido ontem a experiência que ela está contando hoje no jornal, na crônica e, quem sabe, na próxima peça.

L.N: Em algumas de suas crônicas você chama a atenção para um outro Brasil além do que nos acostumamos a ver, digamos, na novela das oito. Por quê?

M.M: A gente se acostumou muito com esse Brasil da televisão, Brasil Zona Sul do Rio, que não é o Brasil. O Brasil é muito mais que isso. Numa crônica publicada no *Globo,* falo sobre um casamento de uma garota supersimples ao qual eu fui, e de como ainda se valoriza esses atos, enfim, valores como a fidelidade, o amor eterno. Coisas que hoje a gente vê numa novela e são superdesprezadas. É um oba-oba total. E a gente fica pensando que tem o domínio sobre esse pensamento superliberal, quando, na verdade, o Brasil não é isso. O Brasil é careta. É conservador.

Você ainda sente aquele friozinho na barriga diante de um trabalho novo?

Sinto. Gosto de saber se estou indo bem ou mal. Essa exigência faz com que o trabalho só evolua. Eu era publicitária e comecei a escrever crônicas muito circunstancialmente. Um dia me chamaram para escrever um texto. Filho único, como eu digo. Depois me disseram: "Quem sabe mais um, quem sabe mais outro texto." De repente, ganhei uma coluna no jornal *Zero Hora,* de Porto Alegre, depois eram duas, e daí começaram a surgir livros. Meus livros começaram a ser adaptados para o teatro. Veio o jornal *O Globo*. Comecei assim: "se der certo, deu; se não der, pego meu chapéu e vou embora". Mas estou superfeliz de a coisa estar crescendo. Orgulhosa por estar dando certo. Ao mesmo tempo é um susto, porque não foi um projeto pelo qual estava batalhando muito.

A primeira vez que veio ao *Sem Censura* você tinha acabado de lançar o livro *Divã*. Como rendeu esse *Divã*, não? Tradução para línguas estrangeiras, peça, filme.

Impressionante! Um livro que nasceu despretensioso. Foi meu primeiro livro de ficção, porque até então eu lidava com crônica e poesia. Ele me deu uma visibilidade maior no Sudeste. Comecei a escrever para *O Globo*. O livro foi lançado no final de 2002. Depois a peça que, contando tudo, com viagens, ficou uns dois anos em cartaz. Rio, São Paulo e o Brasil quase todo, porque a Lília Cabral viajou muito, e agora o filme. Daqui a pouco vai virar história em quadrinhos!

Divã diz tudo a nós mulheres. É um livro de mulher pra mulher, não?

Vou usar uma palavra meio pretensiosa: é quase um clássico. Foi um livro que me deu muitas alegrias.

No Sul você já estava supercolocada, né?

Minha carreira literária começou em 1985. Nem devia contar isso em público! Já tenho uma estrada.

E o espetáculo _De mim que tanto falam_ [2008]? Também foi baseado em outro livro seu?

Esse espetáculo é muito interessante porque começou como um projeto pequeno, um pocket, apresentado dentro de livrarias do Leblon, no Rio, idealizado pela Cristina Mayrink, que é atriz. Fui assistir a esse espetáculo que é baseado também em alguns poemas. As pessoas têm preconceito... "Poesia, coisa chata!" Mas não. Meus poemas também são muito cotidianos. A mesma temática das crônicas, só que é um outro tipo de estrutura de texto. Mas funciona barbaramente para ser falado. Estou na maior torcida. E vai ser bacana, pois vou ver com outros olhos, porque, na verdade, só tinha assistido ao embrião desse espetáculo. Quem sabe não surja aí um segundo *Divã*?

O que rola na sua cabeça quando você vai assistir pela primeira vez à encenação dos seus textos transpostos para o palco? Como a dona daquelas palavras se sente?

Agora já estou mais acostumada. Antes do *Divã* eu já tinha experiência com teatro no Sul, porque *Trem-bala* e *Almas gêmeas* também viraram peças. Claro que sinto estranhamento, porque a gente é proprietária exclusiva do texto. Aquilo ali é seu. É um filho. E, de repente, quando você autoriza uma equipe a produzir esse espetáculo, entram milhares de pais e mães: é a visão do diretor, dos atores envolvidos e tal. Isso passa a ser um projeto de equipe. Você não é mais proprietária de nada. Então, tem esse ciuminho na hora que a gente enxerga. Não é mais exatamente como você fez. É uma outra linguagem, um outro veículo. Mas, ao mesmo tempo, é um barato, principalmente porque a gente tem a oportunidade de ver a reação da plateia, que é uma coisa que o escritor não tem. O escritor publica um livro, ele vai ser lido isoladamente por cada leitor num determinado momento da vida dele, e a gente não sabe se esse leitor está gostando, sorrindo, chorando ou se jogou o livro fora. E no teatro a gente tem a oportunidade que o músico tem, que o bailarino tem, que os atores têm, que é de ver aquela reação coletiva. É muito emocionante ver uma coisa que a gente escreveu, de repente, despertando uma gargalhada ou uma comoção. Isso aí é o grande barato do teatro.

Você já pensou em escrever uma peça mesmo?

Pensei. Até tenho um livro, o *Selma e Sinatra* [2005], que escrevi pensando em teatro. Nunca tinha escrito diálogos. Usei muito nesse texto. Mas, quando acabei, disse: "Taí, e agora, o que faço? Bater na porta das pessoas e dizer: 'Olha, tenho uma peça. Vou publicar em livro, e se depois alguém se interessar...'" Eu adoraria escrever para teatro. Mas não posso fazer tudo, acho que não tenho esse domínio. Não é a mesma coisa que escrever uma crônica ou um poema. Acho que ainda não domino a técnica de escrever para teatro.

E quem adaptou Divã para o teatro?

Foi a própria Lília [Cabral] com o Marcelo Saback, e a Martha Góes participou também. Ela deu o primeiro tratamento. Não participei. Eu entrego, até porque não tenho esse conhecimento e acho que o autor pode atrapalhar, se começar a dar muito palpite numa área que não domina. O mesmo aconteceu com o cinema. Nem vi o roteiro do filme. Obviamente que vai para uma equipe na qual confio, pessoas talentosas. Se eu não tiver confiança, não autorizo. Tendo confiança, deixo o pessoal trabalhar com liberdade. Tem uma frase célebre que diz: "O melhor autor é o autor morto." Não quero que digam isso um dia de mim. Então, me faço de morta para que eles possam trabalhar. Acho que aqueles caras mais cri-cris que ficam comentando daqui e dali, acabam emperrando o trabalho.

A sua rotina hoje, como ela é organizada? Tem a hora da cronista de jornal, da poetisa, da escritora?

É a mesma Martha que vai ao supermercado, que leva as filhas ao colégio. Trabalho em casa, o que é um luxo.

Mas você só fecha a porta ou tem um escritório que ninguém entra?

Tenho um canto da minha sala que é grande. Um canto meio reservado, mas ele é aberto. Entra a moça que trabalha lá em casa: "Olha, o que a senhora vai querer para o almoço?" Estou no meio de uma frase e fico: "Meu Deus, o que era mesmo que eu ia escrever?" Enfim, dentro desse caos funciona tudo aparentemente muito bem, porque sou organizada, disciplinada. Entrego tudo no prazo certo. Mas não tenho uma rotina fechada. Fico a tarde inteira escrevendo e, às vezes, entro um pouquinho à noite também. Tenho uma vida como qualquer outra mulher.

E quando se trabalha em casa, se é o homem diz: "Papai está trabalhando." Já a mulher é interrompida toda hora, não é mesmo?

Quem parece que trabalha lá em casa é só o meu marido, que sai de manhã e volta à noite. É como se eu estivesse jogando paciência no computador. Tem mulheres que criam seu ritual. Mas para mim tudo bem. Até gosto de dar uma parada. Saio, vou fazer alguma coisa, ponho uma música. Sou "ligadésima" em tudo. Tenho várias antenas que funcionam para tudo ao mesmo tempo. E tudo funciona: a Martha que vai ao supermercado comprar banana, que às seis horas tem que buscar as crianças no colégio e retorna ao computador para terminar a crônica. A coisa anda e dá certo. Isso é o que importa.

É mais fácil escrever com ou sem prazo?

Gosto do prazo, ele me organiza. É uma espada sobre a cabeça que funciona. Se me deixarem muito solta, vou entregar de um dia para o outro. Não tenho nenhum problema com o prazo.

Lançamento de livro te cansa?

A coisa que mais odeio na vida é fila. Então, quando vejo aquele bando de amigos, tudo parado com livrinho na mão, me dá a maior dor. É um supercarinho deles com a gente. Meus editores ficam possessos comigo porque autografo muito rápido. Fico numa aflição para tirar aquele pessoal dali, para acabar com a fila.

Qual é a solução: carimbar a dedicatória ou dar uma festa, e, quem quiser muito o autógrafo, que te peça aleatoriamente?

Eu sei de gente que já fez um carimbo. Nunca fiz. Acho uma deselegância. Mas já vi. Já fui a uma noite de autógrafos que o autor, pá, carimbava a dedicatória. Há muito tempo. Claro que é um prazer enorme ver um monte de gente que você gosta, gente conhecida lhe prestigiando. Mas, ao mesmo tempo, sofro um pouco em pensar numa maneira de facilitar a vida de todo mundo. Quero que as pessoas se divirtam e não que fiquem reféns ali.

E se fosse num ambiente fora do clima da livraria?

É, porque a gente acaba ficando atrás daquela mesa e, inevitavelmente, uma fila vai se formar. O pior é quando chega alguém e diz: "Pra mim você escreve uma coisa bem original." Aí é que dá um branco total. Tenho uma amiga que diz: "Meu original é um beijo pra mulher e um abraço pra homem." Sem contar as pessoas que você não reconhece. Eu já estou completamente gagá. Sou boa fisionomista, mas esqueço o nome de todo mundo. E agora já estou começando a esquecer a fisionomia. É aquela prima que você não via desde os 10 anos que chega e diz: "Te lembras de mim?" O que também é mortal. Dá uma tensão, mas, ao mesmo tempo, é uma alegria.

Esse livro *Tudo que eu queria te dizer* [2007] são cartas que você escreveu para diversas pessoas?

Tenho dificuldade em escrever na terceira pessoa. Sempre tive mais facilidade na primeira pessoa, tanto que o *Divã* é o monólogo de uma mulher com um analista, ela contando a vida dela. Acho que não adianta querer fazer uma coisa que não sei. Disse: vou continuar na primeira pessoa, mas queria criar personagens, histórias. Resolvi escrever contos em forma de cartas. São 35 cartas. Um exercício de criação delicioso. Escrevi como homem, como uma senhora idosa, como se fosse uma drogada. Então, cada um tem um drama particular, fazendo um desabafo. Cada um está numa situação-limite. Tem algumas que são mais cômicas, mas, no geral são mais fortes, mais emocionais. Gostei muito de escrever. Moacyr Scliar costuma dizer que quem tem prazer em escrever consegue passar esse prazer para o leitor. Tive muito prazer e espero que o leitor também tenha.

Você tem um texto muito fácil, muito objetivo, claro, que não deixa dúvida. É bom de ler.

O bacana aqui é que eu tive de criar uma voz para cada carta. Não é a Martha escrevendo. É uma senhora idosa, por exemplo, que não vai falar: "Ah, vazou!" Tem que ter uma linguagem, um vocabulário adequado. Se é uma pessoa que mal estudou, ela não vai saber escrever muito bem. Tem um adolescente que escreve diferente de um homem que acabou de perder um filho, por exemplo. Pude criar, colocar uma voz nova, que não era a voz da Martha.

Vocês têm um mercado editorial forte no Sul, não?

Temos. Antes de você me perguntar o que tem de melhor no meu estado, digo: uma literatura muito forte, apesar de ter muitas outras coisas boas. É um mercado que se autossustenta porque em outros estados, muitas vezes, os escritores têm que sair para publicar no Rio ou em São Paulo. Claro que eu também publico no Rio, mas tenho uma editora também no Sul. E se eu quisesse ficar só no Rio Grande do Sul, daria para viver. Isso é muito bom. Os leitores compram livros de gaúchos. É uma terra de autores maravilhosos: Erico Verissimo, Lya Luft, Mario Quintana, Luis Fernando Verissimo, Moacyr Scliar, Fabrício Capinejar, que é poeta. As pessoas leem mesmo, se interessam, as escolas fazem feiras internas. Tem muito incentivo para as crianças. É um barato.

Acho que tem também um compromisso das mulheres gaúchas com a literatura.

Tem muita gente boa. Mas eu nem gosto de segmentar por gênero. É todo mundo. Nem vou continuar citando, porque vou deixar alguns amigos de fora que vão ficar bravos. Muita gente bacana escrevendo bem, não é escrevendo qualquer coisa. É literatura de consistência e variada, desde romance histórico, comédia. Fico muito orgulhosa. Não fico pensando: "Ah, sou uma mulher gaúcha, tenho de falar da mulher gaúcha." Não. Falo da mulher universal. Sou uma mulher e ponto. Nesse aspecto não me regionalizo. A Mercedes do *Divã* é uma mulher que vive dilemas, angústias comuns a todas as mulheres. E digo mais: comum a todos os homens também. *Divã* não é um livro só para mulheres. Muitos homens me disseram: "Mercedes sou eu." Todo mundo casa e se separa, tem angústia de envelhecer. Enfim, são dramas que todo mundo vive, homens e mulheres.

E qual é seu grande objetivo no momento?

Criar um romance. Como leitora, o que mais gosto de ler são romances. *Divã* é um romance, mas ainda tem muito da crônica. E tem até alguma coisa da poesia também. Tenho vontade de me afastar um pouco de mim, de ser menos autoral e escrever uma história mesmo, de criar personagens, um enredo, e o *Divã* ainda está muito vinculado a mim, à minha pessoa.

O que você quis destacar no livro *Selma e Sinatra*?

Questionar o que é relevante de verdade. Estamos vivendo uma época em que parece que o bacana é só quando sua vida tem grandes acontecimentos. Parece que a vida trivial não tem importância nenhuma.

Que só tem importância quando se dá grandes vexames, faz grandes falcatruas. Pagam-se alguns micos, não é isso?

Pois é. Será que é relevante numa vida apenas quem vai para a capa da *Caras*? Quem tem uma vida puramente afetiva, entre seus amigos, isso não merece ser contado? Não estou desmerecendo a revista. Mas ficamos naquela ilusão de que quem está ali tem um vidão e de que a nossa vida é medíocre. É ótimo ser famoso e tal. Mas está virando uma neura, porque você pergunta a uma criança de 7 anos o que ela quer ser quando crescer, e ela te responde: "famoso". Parece que a única vida que merece ser vida é a vida vista pela mídia.

Você sente que as pessoas estão loucas para contar a vida delas?

Sim. Acham que uma vida legitimada é a vida exposta. Se você é mais na sua, mais introspectivo, parece que está exilado.

E *Coisas da vida – crônicas* [2005]? As coisas do dia a dia acabam retratando o país. Você é meio repórter do seu tempo, do comportamento, do cotidiano mesmo e acaba retratando o país, falando das coisas do dia a dia. A crônica é sempre factual?

Gosto de escrever sobre tudo, não só as coisas do país. Gosto de falar dessa solidão mal disfarçada que a gente vive hoje. Está todo mundo junto, conectado ao Orkut, mas ao mesmo tempo todo mundo vivendo numa supersolidão, tentando resgatar alguns sentimentos que andam meio perdidos. Eu gosto muito de analisar também o lado B de todos nós. Não só a versão oficial que a gente tem, que transmite para os outros. Mas aquele nosso eu que fica meio camuflado. E sempre há pessoas interessadas, porque isso trata de todos nós. Gosto mais da reflexão. Não gosto que a crônica fique localizada, por exemplo, no último capítulo da novela. Acho que muitas delas podem ter uma vida útil mais extensa. Até hoje leio crônicas que a Clarice Lispector publicava no *Jornal do Brasil*. Aquilo era um sonho.

MIGUEL FALABELLA

Entrevistar Miguel Falabella é muito bom e muito divertido. Sempre. Mas dá a sensação de que ele não para nunca, não sabe viver sem trabalhar e não dorme. Porque, invariavelmente, ele está fazendo mais de cinco coisas ao mesmo tempo. E feliz da vida. Miguel Falabella de Souza Aguiar nasceu em São Cristóvão e viveu grande parte da vida na Ilha do Governador, filho de pai arquiteto e mãe professora universitária de francês e de literatura francesa. A primeira vez que pisou num palco foi dirigido por Maria Clara Machado, em 1975. A estreia como profissional foi quatro anos depois, com a peça *O despertar da primavera*. Mas foi em 1982 que começou a fazer tudo ao mesmo tempo. Ator, escritor, diretor, tradutor, cronista, dramaturgo e cineasta, Miguel segue vivendo intensamente a vida que escolheu. Uma escolha que quase provocou uma tragédia na família: "Os meus pais, que eram intelectuais, pensavam: 'Coitado desse menino, não deu pra nada.'" E segue fazendo tudo o que gosta, ao mesmo tempo. Escrevendo novela, atuando no teatro e na TV, pensando no próximo texto, traduzindo outro, dirigindo mais um e pensando no seguinte.

L.N: **Você adora a mistura Brasil/Portugal. Em *Negócios da China* [2008] você pôde mostrar essa grande amizade que você tem pela comunidade de língua portuguesa. Esta ideia surgiu de uma de suas muitas idas a Portugal?**

M.F: Foi, sim. Estava em Lisboa, num bar do Bairro Alto, comendo um quiche de banana com frango, maravilhoso, com amigos atores, porque trabalhei muito lá. Já era tarde da noite e aí passou um grupo de angolanos, depois de moçambicanos e me pediram um autógrafo, me chamando de Caco Antibes. Depois veio um chinês. Falei: "A comunidade lusófona é fascinante." Queria escrever alguma coisa sobre essa comunidade. Ficamos brincando. Quando fui para o hotel, pensei nessa história de um chinês de Macau que dá um golpe na máfia do jogo de lá, que é poderosíssima, é uma Las Vegas do Oriente. Ele rouba um bilhão de euros e foge para Lisboa. E, percebendo que foi seguido, joga o *pen drive* com todas as informações da conta para onde foi o dinheiro na bolsa de uma senhora portuguesa que estava vindo visitar os primos no Brasil. E tem uma história paralela. Mas eu queria falar dessa coisa da globalização, porque o mundo, na verdade, está a um toque do computador hoje em dia e com personagens que eu gosto. Com esse olhar amoroso que tenho para as coisas risíveis do ser humano.

Nos seus trabalhos, a comédia, o lado engraçado da vida, sobressai. Você também é assim pessoalmente?

Digo que sou Poliana. Eu rio de mim mesmo o tempo inteiro. No auge do meu desespero, quando digo que não vai dar, penso: "Vou sentar aqui e rir." Quando roubaram meu carro, me perguntaram: "Você não está sentindo nada?" E eu: "Sentir o quê? Roubaram o meu carro, vou fazer o quê? Pegar um táxi. E pedir a alguém para descer e pagar. Vou chorar?" Me perguntam por que eu faço comédia. Porque acho que comédia deveria ser o natural do homem. Drama deveria ser uma anomalia. A gente não devia ser triste. Deveria ser alegre. Sempre.

Você é um debochado do bem, né?

Se a gente não sabe cair do salto, a gente não sabe viver. Se a gente acredita, aí, meu amor, já foi. Hoje em dia, cada vez mais, a gente não pode acreditar porque o circo de mídia vai nos roubando a alma. Outro dia, estávamos falando de uma atriz, e eu dizia assim: "Essa menina era boa atriz, hoje em dia está estranha. Já perdeu a alma. Já não é mais atriz. É capa *(faz caras e bocas)* de revistas." Você gasta tanto tempo se promovendo e dizendo "olha a pessoa que eu sou" que seu trabalho vai ficando em segundo plano. Admiro cada vez mais aquelas pessoas que vão ao trabalho, que vão buscar, fazer, recebem um não, e não desistem.

Você recebe não até hoje? Ou seu nome é sinônimo de porta aberta?

Até hoje! No Brasil está tudo muito difícil. Sou daquela época em que, quando falei que queria ser ator, provoquei uma tragédia na minha casa. Ser ator era uma coisa desgraçada para os meus pais, que eram intelectuais e pensavam: "Coitado desse menino, não deu pra nada."

E como você convenceu seus pais? Sua mãe era professora...

De literatura francesa da UFRJ. Uma professora muito respeitada. Meu pai, arquiteto. Ambos muito intelectuais. Cresci no meio de livros e de pessoas que tinham conversas muito interessantes. Acho que meu lado autor vem daí, dessa observação. E, claro, de uma leitura extensiva. A gente não ganhava brinquedos, e sim livros. Até hoje sou um leitor compulsivo. Não sei ficar sem ler alguma coisa. Se não tenho um livro comigo, estou capenga. Só sei dormir lendo alguma coisa. Obviamente essa exposição à leitura desde muito cedo ajudou a me formar. Já me perdi completamente. Eu não posso ver um atalho que eu pego, vou embora. Viajo.

A gente estava falando da profissão de seus pais e que eles esperavam que você seguisse o mesmo caminho profissional deles.

Que eu fosse um engenheiro, arquiteto, enfim, uma profissão acadêmica. Fiz letras na UFRJ, fui monitor de literatura inglesa da professora Ila Gomes. O que me dava muito prazer. Literatura sempre me deu muito prazer. Enfim, a palavra. Sou um apaixonado pela palavra.

Quando está escrevendo novela, você se sente fazendo o papel?

O tempo inteiro. Todos os papéis. É uma esquizofrenia total. Represento. Choro, inclusive, quando escrevo determinadas cenas.

Você tem alguma hora em que gosta mais de escrever?

De manhãzinha. Sou muito produtivo no nascer do dia. Até as onze horas.

Esse nascer do dia significa que no dia anterior você foi dormir às nove da noite, ou não dormiu ainda?

Não. Eu posso ter dormido pouco. Ultimamente tenho dormido à meia-noite e acordo às seis. Para mim esse tempo de sono é o suficiente. E acordo com aquela inspiração. Quando dá 11:30h, meio-dia, eu começo a parar. Mas já produzi muito nessa manhã. Quase já escrevi um capítulo inteiro, porque vem que vem. O resto do dia escrevo uma coisinha ou outra.

Você disse que lê sempre antes de dormir. Nessas leituras, você imagina um personagem totalmente montado, com luz, figurino, etc.? Ou se abstém disso e se prende apenas à história?

Não, eu viajo. Sou coautor sempre. Acho que um bom leitor é um coautor. Os autores que me emocionam, que me aquecem a alma são aqueles que o livro me tomou pela mão, dizendo: agora vai. É horrível, a gente vai ficando velho, vai esquecendo tudo, até o que está dizendo. A Rosa Montero, uma escritora espanhola que amo, diz uma coisa linda: o bom escritor é aquele que está num carro e, de repente, vê alguma coisa que lhe chama a atenção e lhe serve de estímulo. Cita como exemplo um dia em que estava indo almoçar com amigas e viu uma bandeira tremulando, era um órgão oficial de saúde, e uma mulher entrando ali. Conta que imediatamente uma Rosa sai do carro e segue essa mulher. Outra Rosa continua para ir encontrar as amigas. E a Rosa que sai atrás dessa mulher começa a contar a história dessa mulher. Obviamente ela me leva a conhecer essa mulher. Gosto daqueles autores que te propõem e brincam com as palavras. O Truman Capote dizia uma coisa fascinante: "Desde muito jovem eu tinha muito pouca coisa na vida, mas tinha um talento para brincar com as palavras. Sabia que se as jogasse para o alto, elas cairiam no lugar certo como se eu fosse um Paganini semântico." E ele realmente jogava as palavras para o alto e elas caíam no lugar certo.

Você tem essa preocupação?

Tenho. Como escrevo teatro, de modo geral escrevo literatura dramática, tenho essa preocupação de falar, falar até que aquilo fique cômodo para o ator. Porque, às vezes, um adjetivo, que é uma coisa que temos demais, precisa ser trocado. E brasileiro gosta de adjetivos.

Tem muita coisa que muda também bastante o texto, não?

Isso é uma prática horrorosa da televisão, e que precisa acabar. Na televisão, as pessoas acham que podem dizer qualquer coisa. Pegam o texto e mudam. Inclusive, às vezes, mudam mal, falam errado. O que tem de "seje" por aí! É uma brutalidade! Digo: "Meu filho, não fale 'seje' numa novela minha, porque vão achar que eu escrevi isso." "Menas" também tem demais! "Fulana tá meia triste" também é dito aos lotes. Uma coisa triste!

O fato de brincar com as palavras, viver os personagens que escreve e se sentir coautor dos livros que lê contribui para que o seu texto fique mais saboroso, muito melhor para o ator que vai representar, não?

Com certeza, porque aí existe uma relação do autor com o ator que interpreta a personagem, que é fundamental. Se o ator não entende de que maneira aquele personagem fala, de que maneira você está escrevendo para aquele personagem, vira um casamento infeliz.

E já aconteceu alguma vez? Chamou o ator para uma conversa? Qual é a solução?

Já. Que conversa! Mata, deixa o personagem paraplégico, leva um tiro a criatura. Manda numa viagem sem volta. Explode.

Já matou algum personagem assim? Que viajava sem retorno?

Não, não. Teria muito ator morto por trocar o texto, por ter errado muito!

Tem autor de novela que chega na reunião de elenco e diz: "Não tolero nenhum caco, mudança de frase." Isso valendo para todos, independentemente da fama da atriz ou ator.

Há atores que têm esse discernimento. Que têm até esse direito adquirido. A grande maioria dos bordões, na verdade, nasce dos atores. No *Sai de baixo*, tudo fui eu que inventei. Eu não era o autor do programa. Todas as bobagens do Caco Antibes, as coisas que caíram na boca do povo, desde o "cala a boca, Magda!", a coisa de pobre, cajuzinho, eram todas invenções minhas, ali na hora. Mas porque ali era um programa que permitia isso. Na novela, não. É uma obra mais fechada nesse sentido. Por mais que o ator mude o texto, não tem como mudar visceralmente a estrutura da cena ou para onde a história está indo. Isso também depende muito da direção. Há gente que faz televisão de maneira séria e há gente que não faz. Conheço colegas que acham que vão ali, rapidinho, olhando para o relógio: "Vambora, vambora." Tem gente que faz direito. Eu gosto de escrever direito.

Do Caco Antibes, do *Sai de baixo*, ninguém esquece, né?

Me diverti muito fazendo esse personagem. Era a cara do Brasil. Fascista, louco, completamente falido, vivendo uma realidade que não era a dele.

Hoje o que te satisfaz mais: atuar ou escrever?

Não tenho muita paciência para trabalhar como ator mais, não. Gosto assim, de fazer um musical como *Os produtores* [2007], amo fazer o *Toma lá dá cá*. Enfim, as comédias, as coisas que eu escrevo. De costumes, com esse olhar para a classe média, que eu adoro, que é de onde vim. Aí, sim. Mas eu não gosto de fazer tudo, não. Como ator, acho que não quero mais trabalhar.

No *Toma lá dá cá*, você é ator e autor?

Faço a redação final. Tenho um grupo de redatores, de autores, de colaboradores, escritores. De modo geral, nós nos encontramos e traçamos argumentos. Escolhemos os temas para determinados programas e eles desenvolvem, e eu dou uma arrematada, uma embocadura, porque eu também estou ali. Sei qual é a embocadura da Adriana Esteves, da Marisa Orth, do Diogo Vilela, do Ítalo Rossi, enfim, de todo mundo. Quando eu pego o texto, dou uma finalizada na coisa.

Escrever a quatro mãos é bom? Com a Maria Carmem Barbosa você escreveu duas novelas — *Salsa e merengue* e *A lua me disse*.

Ela é uma paixão, uma grande amiga. A gente briga feito cão e gato. Insultos horrorosos. Acabamos às gargalhadas, é claro. Tenho uma grande admiração por ela, que é um grande talento. Quando a gente está muito estressado, briga mais. "A cena está uma droga!" "A sua também está uma droga!" "Então reescreve a minha que eu reescrevo a sua." No final não reescrevemos nada. Enfim, nós dois temos uma preocupação comum que eu acho muito interessante, que é com o diálogo. Nos anos de ator de telenovela, eu senti muita falta disso. Obviamente, isso não é nenhuma regra; eu já trabalhei com textos maravilhosos na televisão, grandes autores. Mas eu falava: "Carminha, é tão bom para o ator ter um diálogo para dizer. É tão bom para o público escutar um diálogo." É tão bom você estar sentado na sua casa, você ouvir alguma coisa realmente interessante. Eu tenho uma visão de mundo japonesa. Acho que tem que trabalhar muito e trabalhar bem. Sou rigoroso com os outros e comigo também.

Falou-se muito que em *Negócios da China* você não queria a Grazi de jeito nenhum. É verdade?

Nunca disse isso. Ela não foi minha primeira opção. Mas acho que esse tipo de preconceito não cabe em televisão. Tudo bem, ela não é atriz, foi do BBB. Mas nenhum de nós era ator, até ser ou começar a ser. E te dou vários exemplos de pessoas que vieram não necessariamente de uma escola de teatro ou daqui ou dali. As pessoas tiveram várias origens. E a televisão fica pop, tem esse ar pop. Então, esse tipo de purismo na televisão não existe. Ela fez um teste muito bonito, porque se tivesse feito um mau teste eu não ia querer. Eu não vou querer uma protagonista que não sabe contar a minha história da maneira como quero que ela seja contada. Tenho anos de carreira e sei ver se a pessoa tem alguma coisa pra me dar ou não. Ela me convenceu que podia fazer.

Como foi deixar de fora do elenco grandes amigas, como a Arlete Salles?

A Arlete está no *Toma lá dá cá*. Não posso tirar a Copélia do programa. A Copélia é uma paixão nacional. Se tirar ela de lá, o Brasil morre. Engraçado que quando a Arlete falou que queria muito fazer o *Toma lá dá cá* e eu disse que iria colocá-la no programa fazendo uma sogra, ela ficou meio balançada. "Uma sogra? Mas a Aracy Balabanian já fez a Cassandra." Disse que seria uma sogra diferente, porque hoje em dia as vovós viraram umas cachorras doidas. A gente achava que as pessoas iam ter alguma rejeição à personagem. Que nada! O público ama a Copélia porque ela não tem hipocrisia. Ela é basicamente um ser sexual. É uma persona sexual. Ponto. Ela não tem culpa. E tudo que a gente gostaria de não ter na vida é culpa.

Você gosta de gravar com plateia?

Adoro. Eu sou de teatro. Comecei no Tablado. Aprendi a puxar cortina com Maria Clara Machado, no Tablado. Ela nos ensinava um amor irrestrito pelo palco e por tudo aquilo que envolvia o trabalho, todo o entorno do palco. No Tablado não se aprendia a ser vedete. Aprendia-se a trabalhar em teatro. Amar desde a bilheteria até abrir a cortina. Até hoje sou assim. Vou na bilheteria. Chego no teatro e quero saber de tudo.

Você é conhecido por fazer muitas coisas ao mesmo tempo, e a gente conversando com você vê que gosta realmente de ter várias frentes de trabalho...

É. Toda a minha vida é assim. Faço muita coisa ao mesmo tempo, mas também descanso fazendo outra coisa. Estou de saco cheio da novela, dou um tempo, e aí tem outra coisa ali para fazer. Como é o caso do roteiro do musical *Império*, que estou fazendo para o cinema. Vou e me debruço sobre isso. Cheguei a um momento de maturidade, estou naquela hora em que a gente está nas varandas, olhando pra dentro, fazendo um saldo. É uma hora maravilhosa porque a gente olha para o labirinto e aqui tem tudo. Toda a minha vida, a minha vivência está aqui. As coisas não se perderam. Então, é recuperar coisas. Escrever novela é bom, porque são muitos personagens.

Como foi que surgiu a ideia de trazer *Os produtores* para o Brasil?

Vi a peça em Nova York, logo no início da temporada; até comprei no cambista, porque o sucesso era grande. E foi curioso porque eu vi pouco antes do ataque às Torres Gêmeas, no verão de 2001. Depois, nunca mais voltei a Nova York. Fiquei com medo um grande período. Não vou, não. Sei lá, se os homens resolvem atacar num dia em que estou lá. Melhor ficar longe. Eu me lembro exatamente da sensação que tive quando saí do teatro. Era uma noite bonita, de verão, e fui com amigos. E nós saímos cantando do teatro. Descendo ali na 43, e meu amigo dizendo: "Os americanos dizem que quando você consegue assoviar uma canção é porque esse musical vai ser sucesso." Eu saí cantando: "We can do it, we can do it." Mal sabia eu que estaria cantando essa música sete anos depois. Não fiquei sonhando em fazer a peça, mas a adorava. Um dia, o Sandro Chaim falou pra mim: "Vamos trabalhar juntos." Respondi na hora: "Então compra *Os produtores* que eu quero fazer." Mas achei que era muita areia para o caminhão dele. Falei meio que para dar uma esquivada. Dali a um tempo, ele me telefonou e disse: "Miguel, é o Sandro. Comprei." Aí começamos a escolher quem faria. E chegamos a um consenso sobre o nome do [Vladimir] Brichta.

Por quê?

Eu achava que tinha de ser um ator muito bom de comédia, e que jogasse bem comigo. É uma peça sobre uma dupla. Então, tem que ter dois jogadores muito afiados nesse meio de campo. A bem da verdade, nossos personagens talvez nem sejam os mais engraçados, os mais coloridos, porque a peça é uma maluquice. É como diz o Mel Brooks: "Não foi viado por uma cerveja." Porque é uma viadagem, cheia de bichas maravilhosas.

E você traduziu as letras?

Foi um trabalho enorme respeitar a métrica, o sabor das letras do Mel Brooks, o seu humor. Para mim, era claro que não se tem que traduzir literalmente, mas pegar a ideia do autor. Em uma das músicas, a palavra forte era testosterona. Como eu iria manter testosterona, que é uma palavra grande, mantendo uma métrica musical? Em inglês é mais fácil, por causa da pronúncia. Eu parti dessa palavra para construir a letra com a ideia do Mel Brooks. No final, essa estrofe ficou assim: "Urgências fisiológicas extremas nos fazem tropeçar, beijar a lona/ E temos que ter sempre bons esquemas, quando surgir a tal testosterona." O trabalho de tradução é interessante. Falei que queria fazer porque também trabalho com comédia, sou comediógrafo e acho que as músicas ficaram bem legais. Fáceis de ouvir e fáceis de cantar.

Para fazer seu personagem em *Os produtores*, você se baseou em algum comediante brasileiro?

Na composição do meu personagem, um judeu nova-iorquino, eu decidi homenagear o Zé Trindade. O meu Max Bialystock foi todo calcado no Zé Trindade. Eu amava e amo Zé Trindade para o resto da vida. Sou um pouco ator por causa das chanchadas do Zé Trindade. Quando a Juliana Paes entrava com um bundão lindo, eu dizia, como o Zé Trindade diria: "Está contratada!" E deu certo, porque fiz com o coração.

E contracenar com a Juliana?

Juliana é uma querida. Tem uma história maravilhosa: no segundo dia de ensaio, decidi que ia me isentar da escolha porque tinha muitas amigas na disputa e ficaria chato. Depois iam dizer que o Falabella preferiu fulana. Deixei para o americano escolher. O americano vai dizer quem e eu vou ter que dirigir. Quem chegar, chegou, e vai ser bem chegada. E escolheram a Juliana. No segundo dia de ensaio, vi que ela estava um pouco tensa e, na hora do lanche, ela estava comendo uma empada, com uma vontade, eu olhei e falei: "Ô Juliana, você é de onde?" Ela: "Sou de São Gonçalo." Eu: "Estou vendo pela vontade que você está comendo essa empada que tem um São Gonçalo de frente aí." E aí descobrimos que a gente fala um carioquês, porque a Ilha do Governador, onde nasci, está mais perto de São Gonçalo do que de Ipanema.

Para a montagem da peça veio um ensaiador americano?

A gente é um narciso às avessas, passamos a vida cuspindo na própria imagem, e achamos que somos muito bosta e que não vão mandar ninguém importante para a gente. Aí, conheci o diretor americano, muito legal, muito querido. De noite, falei: "Devem ter mandado um Zé Mané qualquer." Dei uma "googlada" no homem. Até Tony já tinha ganhado. No dia seguinte, fui para o ensaio me tremendo todo. Ele tem uma coisa positiva maravilhosa, é da cultura deles. É o *we can do it*, o "nós podemos". O tempo inteiro quando eu dizia: "Será que consigo atingir essa nota?" Ele me garantia que sim. Não adianta sofrer. Você vai chegar lá, em especial porque não preciso vender CD, sou um ator cantando no palco, que é outra conversa.

E os novos projetos?

Quero ter um grande teatro para montar musicais brasileiros. Acho que a minha onda é essa mesmo, é disso que eu gosto. Ficar comprando coisas?

Não. Vou botar meu dinheiro naquilo que eu gosto mesmo. É isso que eu amo na vida. Estou procurando um espaço. Tinha muita vontade de comprar o Cinema Íris e transformar aquilo, ali na rua da Carioca, para reviver seu esplendor do início do século. Ter, talvez, uma companhia de comédia musical. Mas o rancor impede muitas coisas nesse país. É difícil, né? É muito complicado fazer no Brasil.

E por que você insiste, mesmo diante dessa dificuldade que aponta?

A gente faz, porque é brigão. Faz, mas tem muita gente pra puxar pra trás. Mas eu consigo. Eu aceito bem as cacetadas da vida. Eu sei que elas virão. Mas sei que isso também passará. Sei que vou morrer, sempre soube. Então, acho que a gente tem que priorizar, e quanto mais você vai avançando na vida, mais prioridade você tem que ter. Quando você faz 50 tem que dizer: "Quero a cereja do bolo." Então, quero muito ter um espaço, porque conheço muita gente talentosa. E, a bem da verdade, o que move hoje em dia é poder proporcionar trabalho aos outros. Conheço muita gente talentosa nesse país que não tem oportunidade de trabalhar porque as coisas não são feitas. Escrevi e quero continuar escrevendo musicais, porque tem muita gente — cantores excepcionais e atores maravilhosos — preparada para esse gênero de teatro e que precisa ter mercado de trabalho.

Para 2009/2010 você já decidiu o que fazer além do roteiro do *Império*?

Vou fazer *Hairspray*, traduzi e estou dirigindo. Acho que o óbvio seria fazer a mãe, e este papel é geralmente feito por um ator. O John Travolta fez no cinema, mas preferi ficar nos bastidores e convidei o Edson Celulari para fazer e ele vai surpreender. Gosto muito das canções, acho que é uma viagem bem simpática aos anos 1960. No segundo semestre vou fazer *A gaiola das loucas*, o musical, a versão da Broadway, porque acho que está mais do que na hora de ter esse encontro no palco com Diogo Vilela. Tenho alguns projetos para a televisão, mas só daqui a dois anos. Quero sumir um pouco, porque é sempre bom deixar saudades...

Todo mundo sabe que você é muito generoso com os colegas.

Não entendo como não ajudar as pessoas. A grande besteira é achar que artista tem que ser pobre, desgraçado, com um pires na mão pedindo uns centavos. Se você sabe olhar o sucesso com generosidade é muito legal. Não acho a menor graça ouvir alguém dizer: "Mas a peça de fulano, hein! Não vai ninguém." Acho triste. Não acho uma coisa boa isso. Não consigo sentir meu coração dessa maneira. Acho bárbaro ver um colega fazendo sucesso. Quando estou com um grande sucesso no palco e as pessoas vão, assistem e adoram, na semana seguinte elas querem ir ao teatro para ver uma outra coisa. O verão do Rio tem muitas peças em cartaz e o bicho pega, porque um vai numa peça e fala, o outro vai na outra e fala também. Toda temporada teatral fica aquecida. Então, a gente trabalha para todo mundo. Que graça tem eu dizer: "Ah, eu sou maravilhoso!" Nenhuma. Quero mais é ver todo mundo feliz, todo mundo bem.

Você é movido a quê? Só a entusiasmo? Competência? Você dorme?

Eu durmo, sim. Dentro das minhas crenças, acho que alguma coisa empurra a gente. Quando você faz um trabalho você gera emprego, alegria, felicidade. Essas coisas te ajudam. Elas te levam de alguma forma.

É dessa sua crença que vem a sua generosidade? É lá de cima que vem o impulso para você ser assim?

A vida já me ensinou isso. Eu recebi muito toque lá de cima. Eles me dão toques diariamente. Aliás, eles dão pra todo mundo, mas muita gente não sabe ver. Às vezes, eles dizem assim: "Vai por ali, não faz isso, não, não é assim que a banda toca." A gente é que não escuta, que não quer ver. Tudo o que eu quis fazer só para mim nunca deu certo. "Preciso ganhar uma grana agora, vou fazer isso." Nunca ganhei. Perdia sempre. Não dava certo. E as coisas em que eu pensava também nos outros davam certíssimo. Enfim, chique é ser generoso.

Você gosta disso: da produção, de achar pessoas?

Gosto de tudo. É um amor de vida mesmo. Tive essa grande sorte na vida. Acho que, aos 5 anos, eu já sabia que era do palco. Que era macaca de gaiola. Sempre. A vida inteira. Desde criança. As empregadas me davam um cruzeiro para eu chorar, para eu rir, quando eu era criança. Quer dizer, era macaca de gaiola desde cedo. Depois, minha avó vinha, porque me via chorando. Ela me perguntava: "Tá chorando por quê?" E eu: "Tô chorando, porque eu não sei, eu tô chorando." Só que eu já estava com um cruzeiro no bolso.

Gosta de escrever, de assistir, de interpretar. Mas não tem uma coisa que você deteste? Sei lá, futebol, por exemplo.

Futebol eu gosto de assistir. Sou péssimo pra jogar. Sou um perna de pau desgraçado. Sou vascaíno e amo esse clube.

De política?

Gosto. Acho lamentável a situação. Mas não gostar de política no Brasil é um crime. Se a gente deixa correr solto, cada vez mais essa farra do boi continua. Esse descalabro. Temos que cobrar, sim, dos políticos, ter consciência. Não trocar o voto por uma camiseta ou por um quilo de sei lá o quê. Se todo mundo falar isso, as pessoas vão entender que a vida delas é ruim porque elas são mal dirigidas, mal comandadas. Vai demorar? Mas tem que começar. Nosso problema é histórico. O Brasil não foi feito para ser uma nação, e sim para ser saqueado e roubado pela coroa. Era uma colônia. Ninguém queria morar aqui. Passar lá, pegar o que pudesse e ir embora. Demora muito tempo a mudar, mas muda. A única constância do Universo é a mudança. As coisas mudam. Demoram, mas mudam.

Você acha que deu certo como carnavalesco?

Eu não pude dar certo, na verdade. Embora eu tivesse uma comunidade, que é o Morro da Formiga, que eu tenho um grande amor no meu coração, porque eles são muito queridos e me receberam com carinho imenso sempre, trabalhei sem nenhuma condição. Acho que fui o único carnavalesco da história do carnaval carioca que gastou fortunas. Nos quatro anos em que fiquei lá, gastei um apartamento, com certeza. De vez em quando, eu pensava: Por que é que eu não estou no Plaza, em Paris, tomando champanhe? Estou aqui, imundo, suado, dentro do barracão, gastando o meu dinheiro. Mas eu gostava. E principalmente da comunidade. Para eles, todo o meu amor, sempre. Torço por eles. O Império da Tijuca vai estar sempre no meu coração. Cheguei, a escola estava lá embaixo. Consegui botá-la no Grupo Especial e, enfim, fechei esse ciclo. Com o maior carinho do mundo.

MILTON NASCIMENTO

A primeira vez que encontrei Milton Nascimento foi em Juiz de Fora, no final dos anos 1960, num festival de música organizado por Julio Hungria. Foi no restaurante Faisão Dourado, que ficava atrás do Cinema Central. Milton estava de smoking, ia cantar no festival. Naquela época, eu estudava jornalismo e ele era tão tímido que nem me lembro se ouvi dele mais de uma ou duas palavras. Anos mais tarde, já na TV Globo, fui entrevistá-lo num apartamento na Barra da Tijuca. Foi uma das primeiras entrevistas que fiz para TV. Eu nem aparecia ainda como repórter (só perguntas em *off*) e ficamos muito tempo na janela, olhando o mar do lado direito e as montanhas do lado esquerdo. A casa fervia de gente, crianças correndo, uma barulhada que só parou para a gente gravar. De lá pra cá, foram muitas e diferentes entrevistas. Hoje, ele gosta de falar, de conversar, de contar histórias. São muitos e diferentes Miltons. E eu gosto muito de todos.

L.N: **Vamos começar da origem, da história, da infância, porque é uma história de perda, mas ao mesmo tempo de muito afeto.**

M.N: É uma história de amor. Eu morava aqui no Rio com a minha mãe, que morreu. Aí me mandaram para Juiz de Fora, para a casa da minha avó. E deu aquele banzo, igual àquele que dava nos escravos que ficavam com saudade da África. Eu morria de saudade do Rio, da minha madrinha que morava aqui na Tijuca. Todos os dias, então, eu ia para a beirada da calçada e ficava olhando os carros para ver em qual a minha madrinha ia chegar. Ela e Lília, sua filha, que mais tarde viria a ser a minha mãe de verdade. Eu fui ficando cada vez pior de saúde. Nunca fui maltratado. O problema era eu mesmo. Um dia, a Lília sentiu aqui no Rio que alguma coisa não devia estar indo bem comigo. E convenceu os pais e o marido a irem a Juiz de Fora me visitar. Quando eles chegaram, ouvi o barulho do carro e levantei. Mas, ao mesmo tempo, eu caí.

Você desmaiou?

Sim. Ela me pegou do chão, como uma Pietá, a Virgem segurando o Filho. Só que lá, infelizmente, o filho estava morto. Eu, graças a Deus, não. E ela perguntou para a minha avó se podia me criar. Minha avó consentiu. Eu tinha quase dois anos. Lília tinha acabado de se casar e já tinha um filho, e negro. Eles eram brancos. Eu vim para o Rio, fiquei um tempinho e depois fui para Três Pontas, de onde não saio. Falo sair mesmo. Saio, mas estou lá. Até hoje.

E como você descobriu a sua vocação? Quando a música entrou na sua vida?

Isso foi desde antes de a minha mãe de sangue morrer. Eles tinham um piano lá na casa da mãe da Lília, a minha madrinha. As duas filhas tocavam e eu ficava ali do lado balançando. Aí, quando fui para Três Pontas, minha madrinha mandou uma gaita pra mim e uma sanfona. A sanfona foi, realmente, meu primeiro instrumento. Eu estava com 3 para 4 anos. A sanfona não era uma coisa muito boa de tocar, porque ela não tem sustenidos nem bemóis. É um piano, sem notas pretas. Eu acompanhava minha mãe, Lília, em leilões, festas de rua. E quando via que não ia acontecer aquela nota que eu precisava, eu imitava com a voz. Não me pergunte como, porque nem eu sei até hoje como fazia aquilo. Uma vez, fiz o primeiro e único roubo da minha vida. Estava em casa, o carteiro passou, assinei o papel e vi que o embrulho parecia um instrumento. Levei para o meu quarto e era um violão. Não era para mim, era para minha mãe. Eu me tranquei no quarto e fiquei dias com o violão, dedilhando. Até que um dia chamei-a para fazer uma surpresa. Ela entrou no quarto, olhou e disse: "Ué, que coisa mais linda!" Não ficou brava nem nada. Achou uma beleza. Continuei com o violão dela e depois com os outros que fui adquirindo durante a vida.

O que te levou a dizer: eu quero fazer música?

Para o compositor foi uma coisa, para o cantor foi outra. Eu gostava só de cantar. Comecei a cantar na noite aos 14 anos. De dez da noite às cinco da manhã. E achava ótimo, uma beleza. A época era muito boa para fazer baile. No Brasil se ouvia todo tipo de música, de todos os países. Você cantava música italiana, francesa, tango, bolero, o diabo a quatro. Isso foi uma escola muito grande. No baile dava para aprender tudo direitinho. Depois, quando fui para Belo Horizonte, eu comecei a cantar e tocar contrabaixo, que é um instrumento que eu adoro, num lugar chamado Berimbau. Eu, Wagner Tiso e Paulinho Braga. Eu fazia arranjos, mas não queria compor, só queria cantar. Numa noite, no intervalo, eu estava no segundo andar do bar olhando para a rua lá embaixo e um rapazinho, que nunca tinha conversado comigo, chegou e perguntou: "O que está acontecendo com você?" Respondi que nada estava acontecendo. Ele insistiu que estava acontecendo, sim. "Por quê?", eu quis saber. E ele: "Desde lá de dentro, pelo jeito de você tocar o contrabaixo hoje, saquei que tem alguma coisa que deve estar te infernizando por dentro." Falei: "Não, estou fazendo música, tocando; dinheiro não tem, mas não me importo." Ele virou e disse: "Você já prestou atenção nos arranjos que você faz para as músicas que você canta?" Falei que já. "Se já tivesse prestado, ia saber que são outras músicas. Se eu fosse você começava a compor agora", disse o rapaz. E isso demorou quase um ano para acontecer.

Quem era esse rapaz?

Márcio Borges. Aí a gente começou a ficar muito amigo, a dividir o interesse por cinema, por leitura, que os dois adoravam. Belo Horizonte era uma cidade muito forte em termos de cultura. E o Márcio insistindo que eu tinha que compor, e eu recusava. Eu sou o rei do não. Um dia ele viu um filme e disse que eu tinha que ver também. Aí fomos ao cinema ver o *Jules e Jim*, do

François Truffaut, que foi traduzido como *Uma mulher para dois*. Horrível esse nome! Entramos às duas da tarde e saímos às dez horas da noite do cinema. Como todo baixinho, o Márcio andava depressa. E eu fui atrás e disse: "Peraí, peraí. Vamos lá para a tua casa, vamos para o quarto, eu vou pegar o violão, e você, um caderno, e vamos fazer as músicas." Então, foi esse filme que me empurrou para fazer música.

A primeira música já foi mostrada com orgulho?

Já. Ela tem dois nomes: um é "A paz do amor que vem" e depois a gente mudou para "Novena". O Beto Guedes gravou e eu só vim a gravar no disco *Angelus* [1994].

Essa família te adotou também?

Os Borges? Claro! Virei o décimo segundo filho. Meu primeiro amigo na família foi o Marilton, que era músico, e a gente fez um grupinho vocal de bossa nova. Depois fiquei parceiro do Márcio. Eu morava no mesmo prédio que eles. Depois eles mudaram para um bairro chamado Santa Teresa, em Belo Horizonte também. Um dia eu estava a fim de tomar uma batida de limão e cheguei lá na casa deles. No final, eu morava lá um pouco também. Aliás, quem não morou ali? Bem, aí entrei na casa, que estava vazia. Quando estava saindo, encontrei o Lô na porta. Falei: "Vamos ali no bar comigo, eu tomo uma coisa e você um guaranazinho." Descemos, fomos no boteco. Pedi uma caipirinha, e o Lô: "Uma pra mim também." Olhei pra ele. Nesse momento descobri que ele não era mais criança. E que tinha um problema. Ele ficava danado ou sentido porque a gente saía pelas noites, pelas madrugadas e nunca o levava. Eu não sabia que ele não era mais criança. Foi a transição através do álcool. Ele passou de criança para adulto por causa de uma caipirinha. Voltamos para casa, havia uma sala lá cheia de instrumentos. E o Lô começou a me mostrar umas coisas e fui caindo duro pra trás. Depois ele começou a fazer um barulho na viola, eu comecei a fazer outro barulho de cá e então nasceu o *Clube da esquina*, que é a nossa primeira composição juntos. O engraçado é que a gente estava tocando, tocando, sem perceber nada. Uma certa hora, o Marcinho Borges estava no chão sentado, com papel e caneta fazendo a letra. E a mãe deles aos prantos.

Quais são as suas primeiras lembranças artísticas no Rio de Janeiro?

Quando eu ainda não era famoso, vim ao Rio de Janeiro com alguns amigos de Belo Horizonte. Eu era alucinado, ainda sou e serei sempre pelo Tamba

Trio, pelo Luiz Eça. E um amigo, o Helvius, me chamou para visitar o Luiz Eça. Eu disse que não ia de jeito algum na casa do cara. O Helvius insistiu, bateu na casa, Luizinho mandou entrar, conversamos um pouquinho. Eu comecei a tocar um violão meio obrigado. E quando acabei, o Luizinho mandou que eu esperasse, foi ao telefone e chamou a Olivia e o Francis Hime para irem lá. Então, eles foram os primeiros a me ouvir, em primeiríssima mão. E foi o maior barato a maneira como me receberam. Todos eles. Eu louco pelas coisas do Francis, pelo Luizinho e o carinho com que eles receberam uma pessoa desconhecida... Isso dura para sempre. A Nana [Caymmi], conheci numa festa na casa do pai dela. Havia anos que a Stela, mãe da Nana, não cantava. Tanto enchemos que ela cantou "Por causa de você", com o Dori no violão. E lá iam os versos: "Entre, meu bem, não deixa o mundo mau me levar outra vez/ Me abrace simplesmente, não fale nem lembre..." e soltou um sonoro palavrão. Isso é a Stela.

O sucesso não foi de um dia para o outro. Deu um nó na cabeça que se desfez, ou não chegou a dar o nó?

Já deu o nó várias vezes. Inclusive, quando eu apareci no Festival, o Eumir Deodato me levava para conhecer todo mundo — Tom Jobim, Vinicius de Moraes —, e eu pensava: "Meu Deus, sou eu que estou aqui." Meu negócio era ser *crooner* de baile, cantar em boate. Eu achava que isso para mim bastava. De repente comecei a encontrar pessoas sobre as quais eu lia numa revista, que estavam longe da minha vida, e, de repente, estão comigo. É uma coisa muito maluca.

E como é isso recentemente? Ainda te surpreende?

Surpreende, porque eu acho que a aproximação dessas pessoas não é uma coisa só da música. É uma coisa muito além. São pessoas que têm alguma coisa comigo que não sei explicar o que é. Um magnetismo... Eu me assusto quando chego perto de uma pessoa para conhecer e ela já sabe tudo. Uma coisa engraçada que aconteceu tempos atrás. Eu estava em Los Angeles, entrando num hotel, e tinha um cara na piscina. Ele me chamou pelo nome com sotaque inglês. Eu o reconheci, era o Maurice White, do Earth, Wind & Fire. Começamos a conversar e ele me disse que o conjunto nasceu do disco que eu fiz com o Wayne Shorter, daqueles falsetes da minha voz. Dali ele começou a pensar, a reunir o pessoal e fazer o conjunto. Outra vez estava gravando em Los Angeles e chegou o dono do estúdio com dois filhos. Um menino maior e uma menininha. Olhei para a cara dos meninos e pensei: "Eu conheço esse povo." Nessas viagens você encontra muita gente que acha que conhece.

Mas ali eu falei: "Conheço mesmo." A menina ficou apaixonada por mim e fez um desaniversário. Desaniversário é uma comemoração que não é no dia do aniversário. Decorou o estúdio todo. E eu lá: "De onde eu conheço esse povo?" De repente, me disseram que eram os filhos da Leslie Caron. Aí, choros pelo corredor e bolo de chocolate. E ouvi uma coisa linda deles: "Sua voz vem do céu." Hoje os dois são grandes.

Quando você tomou consciência da força da sua voz?

Eu só gostava de voz de mulher. Desde quando era pequenininho, achava que as mulheres cantavam com o coração. E os homens queriam mostrar que tinham poder com a voz. Eu imitava Ângela Maria, Yma Sumac, só mulher. Graças às mulheres, adquiri o meu falsete. Quando a minha voz começou a ficar de homem, fiquei desesperado, porque achei que eu iria perder meu coração. Uma tarde, estava no escritório do meu pai e começou a tocar uma música que me fez ficar parado, quase sem respirar. Quando acabou, fiquei quieto para ouvir o nome. Era Ray Charles. Falei: "Ah, homem também pode ter coração!"

E que coração!

Outra coisa que me fez conhecer a minha voz foi uma montanha que descobri lá em Minas. A gente estava lá, aquele monte de moleque, e um deu um berro. E eu ouvi a resposta do berro. Nem sabia que existia isso. Achei engraçado e pedi para ele gritar de novo. Ele gritou de novo e eu gritei logo depois. Vieram duas vozes. Fiquei bobo com aquilo. Costumo até dizer que minha primeira parceira foram as montanhas de Minas Gerais e seus ecos. Por exemplo, não consigo gravar nada, não faço disco, se não tiver um eco na minha voz. Não consigo gostar. É aquilo que está entranhado aqui dentro. O eco, as mulheres, e depois os homens — todos me ensinaram a cantar.

É verdade que você "levou pau" na aula de canto? Essa história procede?

Procede. Um certo ano, vim de Três Pontas para estudar aqui no Rio e fui para um colégio chamado Tijuca-Uruguai, na esquina da Conde de Bonfim com a Uruguai. E ali estudei dois anos. No segundo ano, "levei pau" em canto. Quando voltei para Três Pontas, o pessoal lá do Ginásio São Luís decidiu que eu devia fazer uma prova oral. Eu pensava assim: "Na hora em que eu abrir a boca para cantar, o cara vai colocar as mãos na cabeça." Comecei cantando "Cavaleiros do céu", que botei no disco *Caçador de mim*. Que tem muito a ver mesmo com a minha vida. Quando acabei de cantar, o padre estava chorando. "Como você aprendeu essa música, isso é lá da minha terra, do Canadá." Ele me pediu para fazer algo mais. Sempre fui muito bom de solfejo. E não sei como, comecei a fazer o solfejo com a mão. Eu tinha velocidade no negócio. Quando eu acabei, ele perguntou: "Mas com quem você aprendeu isso?" Falei: "Não sei." Não sabia mesmo. Até hoje eu não sei.

E o colégio na Tijuca, acabou?

Pois é, quando eu vim para o Festival, contei que tinha tomado bomba em entrevistas naquele colégio. Foi todo mundo atrás do colégio. Não existia mais.

Você tem uma capacidade absurda de compor, de tocar e de cantar no meio da confusão. Como você consegue?

Não consigo trabalhar, fazer música, se não tiver barulho. O meu método é não ter método. Eu já compus com máquina de escrever batendo ao lado, dentro de táxi com rádio ligado e a música vindo nos meus ouvidos e não chegando nunca em um lugar que tivesse um gravador. Quando eu estava fazendo as músicas do balé *Maria, Maria*, o coreógrafo falou que estava faltando uma música para botar numa certa parte lá. Saí, peguei um táxi, e aí veio uma música na minha cabeça. O rádio do táxi estava a mil, tocando outra coisa. Pensei em pedir para ele abaixar o volume, mas sabia que seria inútil, acho que ele seria capaz de aumentar mais. Tapei os ouvidos e fui assim até a casa do Fernando Brant. Nunca a casa do Brant esteve tão longe. Só pensava assim: "Não posso perder essa música. Não posso perder essa música." Só sei que, quando chegou em frente à casa do Fernando, paguei o cara, nem sei quanto paguei, saí correndo, pulei o muro, pulei a janela, peguei o gravador e, finalmente, cantei a música.

Era "Maria, Maria" que a gente conhece?

Essa foi feita com umas quinhentas crianças lá dentro de casa. "Paula e Bebeto", por exemplo, fiz com Caetano no meio de umas 17 crianças pulando. Não tenho esse negócio. A única coisa que gosto, quando me dá alguma inspiração, é de saber que não estou sozinho. Ali, na hora. Pode ter uma pessoa perto, dentro da casa. Uma pessoa que eu goste. Aí sai. Criança, então, é perfeito, porque manda na minha vida.

A pessoa não precisa estar do seu lado. Precisa ter gente por perto.

É. E eu saber que tem. Silêncio, inclusive, é meu maior inimigo.

Você detesta ficar sozinho?

Não. Não tenho problema. Porque existem vários jeitos de ficar sozinho. Tem uns sozinhos e outros não sozinhos. Por exemplo, uma vez estava compondo sozinho e, de repente, quando fui ouvir, tinha uma frigideira fazendo um bife. Era a dona Maria, lá na cozinha. Aí contribuiu.

Você gosta de compor durante as viagens?

As letras. Música não sai de jeito nenhum quando estou nessas viagens. Faço a letra, porque fico sozinho no quarto. Não tenho a mesma liberdade de todo mundo de sair, sentar nos bares. Fico no meu quarto, começo a ouvir as músicas de certos compositores que me deram e aí as letras saem. Principalmente quando estou fora do Brasil.

Você, que adora crianças, quantos afilhados tem?

Ontem completou 113. E não é à toa. Sempre foi assim. Quando eu era pequeno, tinha assim uns 6 anos, minha casa enchia de criança. Eu sentava com a sanfona e começava a contar histórias para aquele bando. Até parecia que eu era gente. E cada personagem tinha uma música que eu inventava na hora. Sei lá o que é isso.

Milton adora uma turma. Até hoje, aonde ele vai, vai uma van cheia de gente.

Sou o flautista trespontano de Hamelin. Gosto de estar sempre com muita gente perto de mim. Não é só no show, mas no teatro, no cinema ou qualquer coisa. Em casa, em qualquer parte. Vai somando, somando, somando gente. Graças a Deus.

Melhor hora: de dia ou de noite?

De noite. E de dia.

Mas você gosta de acordar cedo?

Eu não sou de acordar cedo porque normalmente não durmo antes das quatro. Então, acordo meio-dia e ainda dá para aproveitar o dia. Eu adoro o dia também. Quando estou na fase do mergulho, aquelas coisas que mineiro não faz, seis horas da manhã já estou na água. Mergulho de máscara e tudo. Só nunca medi quantos metros eu mergulho. Teve um dia que levei um susto porque tinha uma montanha que não acabava nunca. Aí resolvi: "Vamos subir, Nascimento."

O mergulho te inspira?

Claro. É a coisa mais bonita do mundo. Quando saio, venho outra pessoa, totalmente nova. Sou o próprio homem do fundo do mar. Já fui a alguns mares diferentes por aí.

Em que mares você andou?

No Caribe, Búzios, que é o meu lugar, a minha estação de trem. Comecei a aprender a mergulhar lá e continuo. O meu primeiro mergulho foi lá. E foi muito bom. A gente tem sempre lá um lugarzinho para olhar as sardinhas.

Você deve mergulhar levando 35 pessoas.

Não pode mergulhar sozinho. Isso é proibido. Então, sempre vai um ser humano junto comigo.

E por que o mineiro começou a mergulhar?

Primeiro, o negócio não foi mergulhar, foi nadar. E tudo começou por causa da Sonia Braga. Eu estava em Paraty, andando de barco com uns amigos, aí o rapaz do barco falou: "Olha, Sonia Braga está filmando naquela praia depois desse morro aí." Falei: "Toca pra lá!" E fomos. E quando a gente estava indo, ela estava voltando. Aí eu pulei no mar, fui até o barco dela, cheguei lá na borda e fiquei olhando assim pra ela. "Milton? O que você está fazendo aí?" "Vim te ver." Bom, depois que a gente combinou um encontro em Paraty é que eu fui lembrar que não sabia nadar. Pedi para o pessoal do barco dela avisar para o pessoal do meu barco para me pegar porque eu não sabia nadar. Todo mundo começou a rir. Como ela não me chamou pra subir no barco dela, para seguir com ela, consegui que meu barco chegasse até lá. Eu não morri porque Deus não quis. Então achei que era bom começar a nadar.

E a Sonia?

Uma vez estava na Bahia e pedi que me levassem a Mangue Seco, uma praia linda que não acaba nunca, que se encontra com um rio, uma coisa linda. Eu resolvi ir lá porque era onde havia sido filmado *Tieta*. Caí no rio e quando resolvi voltar, botei o pé no chão, e, quando eu fui dar um pulo, o pé não saiu do chão. Desceu. Foi descendo e descendo. Quanto mais eu queria sair, mais ficava. Era areia movediça. Comecei a gritar, passou um barco e o pessoal me tirou de lá. É preciso amar muito a Sonia Braga.

Você faria alguma outra coisa ligada à arte? Pintura, cinema, teatro?

Só pintura que não sei se me saio muito bem, apesar do morrinho e tal. Mas teatro e cinema, claro. Aliás, eu já fiz os dois. Comecei com teatro em São Paulo. Como ator. Entrei num palco e comecei a falar um monte de coisas. Eu trabalhei com o Plínio Marcos lá antes de ser conhecido como cantor. Nídia Lícia também. Eu gosto muito de teatro.

Você se sentia bem como ator?

Eu era muito bom, mas a música é muito ciumenta. Não dá para fazer teatro. Mas cinema, com certeza. Qualquer dia eu quebro o violão, mando-o para o hospital e fico uns tempos só do outro lado. Atenção... Sou um ator à procura de um diretor. Pelo amor de Deus me chamem pra fazer cinema que eu adoro.

Qual a canção mais bonita pra você? A música mais bonita que já ouviu na sua vida?

Santa Maria, e agora? Não uma canção, mas uma obra. *Porgy and Bess*, do Gershwin.

Uma música sua que não pode faltar no seu show.

Bão... a tal da "Travessia", o povo não dá sossego.

NÉLIDA PIÑON

É uma delícia entrevistar Nélida Piñon. Ela domina as palavras e tem um jeito de contar e recontar a vida e suas histórias absolutamente fascinante. A gente viaja com ela no seu destino, na sua aventura e no seu desatino com um prazer de dar gosto. E é sempre assim, a cada livro que lança, a cada vez que aparece. Fala da família, do mundo, da vida, dos livros, dos prêmios com a mesma eterna alegria. Uma alegria atenta, sempre com um olhar lúcido, mas sem perder a doçura e sem se deixar levar pela glória instantânea ou simples. Sem esquecer a realidade, sem perder uma certa perplexidade e sem esquecer a complexidade da vida, do mundo ou do humano.

L.N: **Como você se formou intelectualmente? Quem foram os seus grandes mestres?**

N.P: Acho que foi a minha família. De certo modo, porque eles me deram as grandes oportunidades. Outro dia, meu irmão disse que eu falo muito da nossa família. Mas é uma pregação indispensável porque sou um produto deles. Eles me deram livros, abriram caminhos, me levaram para a Europa e me ensejaram oportunidades de ser livre na medida do possível. Meu pai quis me seduzir de tal modo, uma sedução eterna, permanente, que me tomou assim pela mão e me levou para a sua terra, a Galícia, e lá fiquei quase dois anos. Eu fico pensando e tento acreditar que teria sido o período mais feliz da minha vida. Porque você, quando é criança, é muito desprevenida, tem os poros muito abertos e capta todos os mitos, todas as lendas, enfim, está pronta para acreditar. Por exemplo, meu pai, Lino, mandou fazer para mim, já estando na terra dele, um cinto de couro com uma fivela no qual eu podia colocar, por exemplo, a pera, a maçã, o canivete, o pãozinho. E aí eu ia para as montanhas, os montes com as vacas, ovelhas, e lá ficava horas e horas sozinha. Dona do meu destino, dona da minha aventura e dona do meu desatino. Com o ruído do vento, sobretudo no inverno, quase cortando a pele, eu me sentia diáfana. Esse ruído misturava-se aos uivos dos lobos. Então, para uma menina inquieta, solicitando que a vida a seduzisse, era a coisa mais extraordinária. Foi a grande aventura que tive. Meus pais não me fecharam portas. A ponto de eu pensar: hei de abrir essa porta, ter a chave nas minhas mãos, sem afetá-los, magoá-los. E foi o que eu fui fazendo. Comecei a ler grandes mestres literários desde muito cedo. Li *Romeu e Julieta* com 11 anos e detestei o Romeu. Achei o Romeu um bobo. Depois, relendo, acho que eu tinha razão. Pude desenvolver minha imaginação.

E isso levou-a a ser escritora?

De verdade, acho que sou escritora porque eu queria ser aventureira. Tinha paixão por Simbad, pelos navegantes, por aqueles que derrubavam as fronteiras. Um dos meus sonhos de menina era sair de casa, onde eu era feliz, e jamais dormir sob o mesmo teto uma segunda noite. Essa fase eu tenho bem guardada, porque era quase um estímulo de vida. Isso permitiu que eu me formasse. Li os grandes textos, pensei tudo o que eu queria. Foi muito importante também o fato de eu ter estudado num colégio alemão, porque, apesar de alemão e, embora fossem católicos, havia a presença de Lutero. Sempre fui encantada pela rebeldia de Lutero e pelo que o mundo luterano abriu na Europa. Então, tive uma formação teológica bastante interessante. O Antigo Testamento, o Novo Testamento. Tudo isso me permitiu olhar a humanidade de uma forma didática. E, ao mesmo tempo, perplexa. O que é a arte a não ser ambígua e complexa se o corpo humano ainda é mais ambíguo e mais complexo? Quando alguém diz que a arte é complexa ou que a literatura tem tantas interpretações, eu me pergunto: "e por que não haveria de ter se somos seres complexos?" Com mil véus. Salomé é pouco. Sete véus são muito pouco. Temos milhares de véus e não esgota a vida.

E como você descobriu a escritora em você?

Eu me descobri escritora por ter lido os livros muito cedo. Eu adorava a vida que eu lia nos livros e dizia: "Eu quero essa vida." Eu não queria ser dona de casa, não queria ficar trancada na minha sala. Eu queria ir embora. E só a literatura me dava essa oportunidade, pensava eu. Julgava que o escritor era aquele que viveu as experiências e as aventuras que narrava. Então, para viver aquilo, repetir esse prazer, absorver esse gosto, eu tinha que ser escritora. Fui ser escritora para poder desfrutar da vida.

E você começou cedo?

Conto isso no meu livro de memórias, *Coração andarilho*. Aos 7 anos eu já dizia para o meu pai e para a minha mãe que queria ser escritora. Eles não deviam entender, ou entendiam tanto que aceitavam. Ninguém me corrigiu. Ninguém me disse que isso era o destino, que era ofício. Então, de certo modo, as coisas foram acontecendo. Eu não era corrigida. Tudo era estímulo. Eu fazia jornaizinhos e vendia para o meu pai. Tinha sentido de realismo. Fazia e vendia. Exemplar único. Ele comprava, levava a sério. É fantástico, porque uma vida vai se armazenando. Sua vida é um mistério excepcional. Aquilo que você pensa que pode dispensar, que não tem a menor importância, vai ser um elo a mais nessa cadeia admirável.

E o primeiro livro publicado. Você se esforçou para publicar ou foi mais ou menos natural?

Foi fácil de algum modo. Por incrível que pareça, num país tão difícil, uma grande amiga minha, a jornalista Rosa Casse, estava com o editor Gumercindo Rocha Dória e com a escritora Maria Alice Barroso na biblioteca em

Copacabana. Então, conversando sobre literatura, a Rosa Casse — jornalista é muito impulsivo — disse: "Gumercindo, se você quer ter a sua Clarice, liga para essa moça aqui." Ele telefonou. Editor não faz isso. Sobretudo naquela época no Brasil. Ele não tinha escritório, fazia tudo na casa dele. Não tinha onde me receber, e aí marcamos encontro num banco de jardim. A minha carreira literária começa com um banco de jardim, na rua México, atrás da Biblioteca Nacional. Isso era mais ou menos abril, e, em outubro, o livro *Guia mapa de Gabriel Arcanjo* [1961] foi publicado. Coisa de amadores, no sentido etimológico, de quem ama a literatura. Amador, de quem ama. Um dia, Rocha Dória me ligou: "Nélida, venha que seu livro está pronto." Saí de casa tão emocionada que tive que parar o carro na Lagoa e disse para mim mesma: "Nélida, você não pode ir tão desprevenida, tão emocionada ao encontro desse livro, porque você escolheu a literatura. Você tem que se preparar para vivê-la." Eu senti que poderia estar tão vulnerável que qualquer ocorrência, qualquer incidência, até um embargo topográfico, poderia prejudicar a minha coragem de ser escritora. Quando cheguei lá, me lembro como se fosse hoje, quis fingir que era muito experiente, porque era muito moça. Aí, disse assim: "Interessante, a lombada ficou ótima." Nesse dia, aprendi que não se pode permitir que o sucesso, o fracasso, o esquecimento, enfim, as dificuldades do teu tempo, do teu país, venham a afetar a sua decisão de continuar a ser escritora.

E teve repercussão logo no primeiro?

Muitíssima. Teve, inclusive, admiradores e opositores. Acho que foi a marca da minha vida. É como se a vida, de repente, quisesse me dizer que eu tinha de me empenhar muito para ganhar o mínimo espaço. Que não seria fácil. Mas nem por isso eu ia desistir. Por isso há uma frase que eu digo sempre: "A literatura não me deve nada." Eu que devo tudo a ela. Nunca reclamei. Não há uma frase minha, uma entrevista em que eu diga assim: "Ai, meu Deus, que tragédia ser escritor." Sempre acho que é a coisa benfazeja na minha vida. Digo sempre que a literatura e a vida me ensinaram.

Você sempre teve a certeza de que esse era o seu caminho e de que ia dar certo no final?

Acho que sim. Tanto que, quando as coisas foram acontecendo, aceitei tudo com muita naturalidade. O que fez com que eu me precavesse. Nunca me subiu à cabeça. Primeiro foi uma grande luta. E a luta te deixa ressentida ou muito alegre pelos bons embates. Fui aceitando com muita naturalidade.

Alguém havia lido esse seu primeiro livro antes de ser publicado?

Quem leu essa primeira versão foi a Rachel de Queiroz. Ela me chamou à sua casa e eu fui muito emocionada. Naquela época ela morava na Glória, na rua Cândido Mendes, penso eu. E me recebeu dizendo: "Ô minha flor", com aquele tratamento nordestino. Ela me ofereceu chá e uns biscoitinhos. E me disse o que achava daquela primeira versão. Quando cheguei em casa, eu chorei. Naquele momento, eu tinha meus 18 anos. Aí minha mãe quis saber o que tinha acontecido. Respondi: "Foi tudo muito bem, minha mãe." Estava chorando porque começava a vislumbrar ser possível aquilo que sonhara.

Você é carioca e viveu alguns anos na Espanha. Tudo isso foi importante?

Sou brasileira. Tenho de tomar muito cuidado, porque, como meu sobrenome é espanhol e viajo muito, reparti experiências pela Espanha e pelo Brasil, abraçando essas mitologias díspares e fugazes, para não pensarem que eu só sou esse repertório. Costumo pensar que a minha caixa da memória está na Galícia e em São Lourenço, Minas Gerais sobretudo, além do Rio de Janeiro, onde nasci. Eu ia todos os anos, ou melhor, nós íamos. O meu velho avô Daniel, figura muito importante na minha formação, levava a família inteira para São Lourenço. Minha avó não queria que ele viesse a construir ou tivesse uma casa de campo. Dizia: "Não, Daniel, não quero casa de campo, senão os netos perderão experiência da mesa do hotel. É preciso a cerimônia do hotel. O hotel educa. E casa de campo deseduca." Numa dessas idas a São Lourenço, pedi à minha mãe para perguntar à cartomante se eu iria ser escritora. E parece que a cartomante disse que eu não ia ser. A minha preocupação era tamanha que até mandava consultar cartomante, para ver se eu podia cumprir esse destino. Aí minha mãe disse que era igual jogo: "Nem sempre você ganha. Continue, tente." E tentei.

Sua mãe teve uma participação decisiva.

Total. Ela foi uma mulher que, quando eu era menina, disse assim: "Minha filha, você é tão inteligente, mas você não fala bem." Eu não sabia o significado disso. O que é falar bem, para uma meninazinha? Ela respondia que era fazer aflorar ou aparecer o que eu tinha dentro da cabeça. Para mim foi um choque excepcional e decisivo. Entendi que você pode, de alguma maneira, através dos anos, da aprendizagem, transmitir o que você pensa de uma forma viável e, sobretudo, de uma forma fecunda. Que fertilize os demais e a você própria.

E você trabalhou muito isso, porque você fala muito bem.

Muito obrigado. Eu falo demais. É muita história.

E seu pai, além de te levar para a Galícia e comprar o seu jornal?

Ele era um homem extremamente galante, sedutor. Então ele me fez ver, ainda que não verbalmente, que a delicadeza era possível. E de tal modo eu me deixei impregnar por esse espírito que hoje eu acredito, profundamente, que a delicadeza, a gentileza, a galanteria são atributos morais e éticos. Porque se nós, realmente, começássemos, como seres que somos, a abolir essas facetas, as expressões da civilização e os modos civilizatórios se perderiam. Nós somos permeados por traços civilizatórios. E quanto mais aprimorarmos esses traços, acho que seremos mais capazes de respeitar as diferenças, e entender a alteridade.

Você gosta de contar histórias?

É uma cortesia contar história. Não precisa ser história no sentido paradigmático. É tomar um cafezinho de verdade. Posso não ter o menor interesse pelo café, mas aceito o convite sempre. Tem um lado lúdico do café que eu não resisto. Eu sei que é uma pausa, um intervalo. E a gente pega o café, fala, faz um gesto. Tudo é um convite. O que já é tão difícil. Se você não criar essas artimanhas, você está perdido.

E você ouve histórias? É paciente e interessada na história do outro?

Ah, sim. Não precisa nem ser uma história com meio, princípio e fim. É o outro. Eu sou uma mulher de sorte, porque eu quero saber do outro. No dia que eu renunciar a isso, acho que está na hora de ir embora.

Você tem método rígido? Por exemplo: Drummond uma vez me disse que anotava coisas. Ele estava no ônibus, não dirigia e não gostava nada de carro, e dentro do ônibus via uma coisa, anotava e botava no bolso. E trabalhava aquilo depois.

Eu sou de caderninhos. Gosto muito de escrever em avião. Faço uma anotaçãozinha. Às vezes pode ser um parágrafo grande. Eu vou ver e está quase pronto. E que é o pretexto de uma história. Eu leio muito e me arrisco muito enquanto eu escrevo. Tenho confiança de que já tenho uma grande experiência de criação. Mas, quando vou escrever, eu não tenho biografia. As pessoas me perguntam como eu faço em relação a meus prêmios. Digo: prêmios não existem, prêmios não escrevem livros. Sou eu sozinha que me arrisco a escrever um livro. Antigamente era a página em branco. Agora é a tela do computador.

Usar o computador também foi uma conquista?

Atualmente, estou conseguindo escrever no computador. Tardei muito, mas agora estou. Escuto música o tempo todo. É fundamental trabalhar ouvindo música, porque eu canto. Ópera, por exemplo: às vezes eu escuto Callas, e tenho interesse em ter uma certa voz para me contaminar, adicionar uma paixão que estaria me faltando. Eu faço outro jogo também. Eu preciso. Tenho a minha precariedade humana. Além de estar investida de um saber, de uma paixão e de um conhecimento que eu vou colocar no livro, eu tenho que aceitar as premissas do mundo, da Terra, dos seres humanos. Então, a música é esse veículo condutor. Por exemplo, Schubert tem uns improvisos prontos apaixonantes, aí eu boto e me sinto elétrica. Eu faço qualquer coisa, não tenho medo de nada. Eu não tenho medo quando escrevo. Posso me sentir jovem, posso envelhecer.

Você se envelhece com que compositor?

Depende. Um Bach, por exemplo, pode me envelhecer. Ando muito apaixonada pelo Wagner, tanto que já fui duas vezes ao Festival de Bayeruth, na Alemanha. Há momentos em que você sente necessidade de buscar uma certa complexidade; você quer atrever-se, adicionar mais elementos misteriosos ao texto. Arte é um enigma. Não é verdade dizer que arte é fácil. Nós não somos, como você pode esperar se encontrar num texto corriqueiro? O texto corriqueiro não diz nada. Agora, uma frase corriqueira diz muito se a mirada corrige o corriqueiro. A mirada que alguém lhe dá pode ser perturbadora e salva o corriqueiro. Aí já não é mais corriqueiro. É um pretexto.

Você mudou muito com a idade?

Em verdade, o tempo vai te autorizando a fazer o que acha que deve ser feito. Sem medo, sem temor. Tenho mudado com os anos. Vou dizer uma coisa até perigosa, mas acho que estou ficando cada vez mais generosa. Mais desligada das coisas. Mas, ao mesmo tempo, mais capaz de defender os meus direitos. Porque talvez sejam os meus últimos direitos. Tenho que saber exatamente quais são os direitos da minha alma. Não estou falando de direito civil, porque aí todos nós temos e todos nós temos que lutar. É aquela oportunidade que venho me dando de ter passado a minha vida, que acho que é, para mim, uma vida original. É preciso que eu aprenda com a minha vida. E tenho tentado isso. Cada vez estou gostando mais da solidão. Não da solidão que resulta de um repúdio. De não ser amada. Não. É o tempo que eu preciso para pensar. Para pensar não só em mim, mas na trajetória humana. Cada vez gosto mais dos séculos pretéritos. Estou abandonando os séculos mais recentes, para mergulhar mais nos séculos primaciais. Isso é um aprendizado. Como nós procedemos? Porque tem sido uma batalha contínua de formação. Uma civilização precária, não é? Mas é a que nós temos. Tenho estudado muito, pensado muito nisso. Nos gestos humanos, no amor, na generosidade. Naquilo que o ser humano construiu, os grandes sentimentos. É o que nós temos de melhor. Suficientemente.

Sem dúvida!

Eu acho, porque são os sentimentos que cobram os direitos. Se você perdeu alguém de uma forma brutal, você vai atrás da lei. Mas foi o sentimento que ditou uma regra canônica. Os sentimentos. O sentir. Esse milagre que deveríamos agradecer todos os dias. Grato por ser capaz de gostar, por ser capaz de olhar o outro com uma ternura possível.

Você gosta de pertencer à Academia Brasileira de Letras?

Sabe o que eu gosto mais na Academia? É a memória. Eu adoro a memória. Porque eu me lembro, por exemplo, que, quando entrei para a Academia, logo de imediato ficava sentada, em plena sessão iniciada, olhando para a porta. Eu dizia: "Será que ele vem hoje?" Sabe quem eu esperava com ansiedade? Que a porta se abrisse, que ele sempre chegava atrasado, e entrasse Afonso Arinos. Eu olhava para os sapatos dele, os sapatos impecáveis, limpos. Meio de cardeal, pareciam sapatos cardinalícios. Ele entrava devagarzinho e eu pensava: "Meu Deus, esse homem, além de ter uma memória poderosa, de saber tudo o que ocorreu nesse país enquanto ele era contemporâneo desse Brasil, ele tem uma memória ancestral de quatrocentos anos." Então, sendo eu uma brasileira recente, vivo buscando esse Brasil antigo. Eu tenho cem anos de Brasil, então me faltam buscar os trezentos, os quatrocentos.

Quando você começa um projeto já sabe onde quer estar no final, ou é no desenvolver que você descobre?

No geral, sim. Mas sou sempre surpreendida pelos elementos imponderáveis. O livro pode levar dois, três anos. Nesse período a vida me contaminou, me alterou, me mudou e vou aprendendo com ela. Não é um texto rígido. Intransigente. Intransferível. E, além do mais, você vai aprender a ver coisas novas no texto que já existia. Enquanto ele está sendo elaborado.

Como você sabe que um livro está pronto? Você escreve, reescreve?

É uma coisa dificílima, porque é um risco enorme. Você pode ser imprudente, pode ser imprevidente, pode ser ambiciosa, pode ser alguém que se deixa levar pela arrogância. Tudo isso afeta a sua capacidade de julgar um livro. Eu procuro me apoiar numa possível humildade e, ao mesmo tempo, na consciência crítica, na severidade. Eu me pergunto se está bom. Por outro lado, vou refazendo e vou refazendo. Mas eu também sei que não é o crítico que mata, você é o assassino do seu texto. Porque pode mexer tanto, que é como um bichinho, uma coisa, um ser delicado, um algodãozinho que você põe entre os dedos e amassa. Você asfixia a emoção. A emoção precisa ter espaço, ter asas. A emoção tem muitos fios, que têm que passar pelos seus dedos, pelo seu corpo, como se você tivesse mil labirintos, mil corredores, para que eles passem com leveza. Com certa felicidade. Você não pode romper nem um fio. Então, essa emoção é que tem que ser preservada, senão você mata o seu próprio texto.

E você trabalha mais de um texto ao mesmo tempo?

Dependendo, sim. Agora vou retomar um romance que abandonei. Estou preparando as minhas unhas, as minhas garras. É um romance que acho tão violento que eu própria estou assustada com ele. É forte, muito intenso. Não posso falar sobre ele. E, ao mesmo tempo, penso em preparar um livro de ensaios sobre os grandes romancistas hispano-americanos.

Como é transitar pela ficção e pela não ficção?

Eu não deixo de ser a ficcionista que pensa com extrema liberdade. Eu não obedeço ao mundo canônico, ao mundo acadêmico. Eu posso "me dar ao luxo", entre aspas, de errar ou de equivocar-me enquanto estou fazendo uma avaliação estética. Porque sempre será atribuído à minha visão de escritora. Então isso me dá uma enorme liberdade. Acho também que, de certo modo, alguns pontos de vista de certa singularidade vêm também da capacidade de inventar que a ficção me propiciou. E outra coisa: eu sempre gostei muito de formular. Até isso pode se ver na minha ficção. Há uma camada que formula, uma camada minha que pensa o fazer literário, onde eu revelo, de algum modo, a minha poética. De certa forma, eu fui adestrada desde menina para ser ficcionista. De repente, eu comecei a me voltar para os ensaios. É minha seara também. Eu sou mulher do livro, passei toda a minha vida pensando que a literatura é possível, que amplia a percepção do mundo e não é um fenômeno de escritor, é da humanidade. A humanidade obriga o escritor a escrever. Ficção, não ficção, é tudo livro.

Você relê os seus livros?

Só sendo obrigada. Não é uma coisa que faça parte do meu jeito. Em absoluto. Porque é alguma coisa que já aconteceu, teve o seu término, o seu esplendor, a sua decadência, ou seja lá o que for, mas tem uma vida própria. Você já está pensando em outras coisas, em outros livros.

Dizem que você começa seus livros pelo título?

Depende, há épocas em que o título é um prêmio. Nunca isso aconteceu tanto. O título é um prêmio com o qual você tem que ter uma afinidade profunda. E ele, ao mesmo tempo, tem que ser revelador. De alguma maneira, ainda que seja ambíguo, ele deve estabelecer uma relação entre ele próprio e o que o leitor vai ler. De modo que há títulos que demorei muito para achar. *A república dos sonhos* [1984], que é um dos livros mais fundamentais para a minha trajetória, eu custei muito. Um ano, dois anos, só no final do romance é que eu consegui o título que buscava. É uma espécie assim de busca ao Santo Graal. O título é um consolo e é um prêmio.

Qual foi o mais fácil?

Acho que foi *A casa da paixão* [1978]. É um livro extremamente erótico, uma história de paixão, de uma relação sexual muito forte. A casa da paixão era o nome do próprio sexo da mulher. No texto eu digo: "O sexo era uma casa, agasalhava a vida." Então eu consegui imediatamente o título.

Você viaja muito há muitos anos. É inspirador?

Estou sentindo necessidade de não aceitar tantos convites, recolher-me um pouco mais. Por fora, aparentemente, ir mais devagar. Mas por dentro, com grande velocidade. É verdade. Há momentos engraçados que você começa a entender que precisa aproveitar a sua vitalidade. Não sou nenhum Matusalém, mas sinto isso. Há uma espécie de síntese, meio devoradora, que é falsa, porque eu não acredito nela. Tenho a sensação de que eu estou alcançando uma forma, não só forma literária, mas uma forma de pensar o mundo, que busquei toda a minha vida. Então tenho que dar provas para mim mesma de que alcancei esse pequeno e modesto patamar.

A sensação é boa?

Acho que sim. É esse sentimento da alta maturidade que estou vivendo. E que tem sido, eu acho, muito estimulante. Quando você pensa de uma forma quase apologética, é para compensar o que você vai deixando de ter. O pensamento é restaurador. Chega a ser erótico o pensamento. Sinto que, além do mais, sou uma eterna devedora no Brasil. Com todas as minhas grandes críticas em relação à nossa realidade, desejo sempre criar, obter, fazer o meu projeto com uma pequena reverência ao meu país. E aos meus grandes mortos. É o que eu quero fazer sempre.

É o que você faz. Faça mesmo.

Amém.

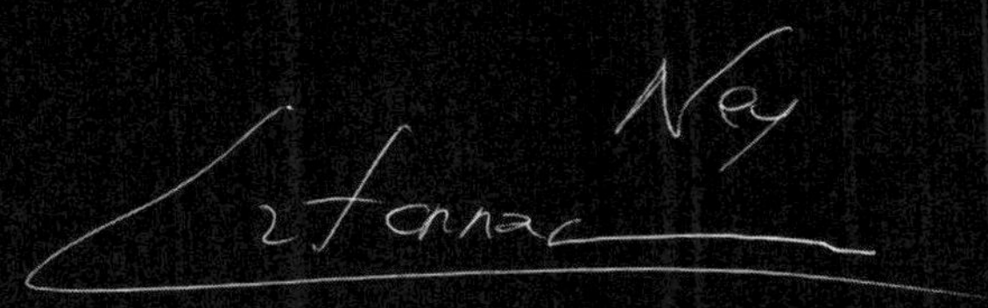

NEY LATORRACA

Ney Latorraca foi meu primeiro entrevistado num estúdio de televisão. Ele estava lançando o filme *Anchieta* (1976). Não sei bem por que resolvemos fazer a entrevista no estúdio que era usado ao mesmo tempo pelo *Jornal Hoje*, *Globo Esporte* e *Telejornal Local*, que ainda não se chamava *RJ TV*. Ney se sentou na bancada do *Globo Esporte*. Eu fiquei sentada no chão, embaixo da bancada. Só o Ney aparecia, perguntas em *off*. Tempos depois, surgia a entrevista do *Hoje* de sábado, feita no estúdio, aí já com cadeiras próprias, num pesado fundo de madeira. Só mais tarde, muito mais tarde, ganhou cenário cor de salmão, e as poltronas ficaram pretas. Na verdade, nem sei quantas vezes entrevistei Latorraca, ao longo de todos estes anos, mas foi sempre, com certeza, um enorme prazer.

N.L: Estou com uma dor de cabeça...

L.N: **Você é hipocondríaco?**

Sou bastante, mas faço tudo o que o médico manda fazer. Agora estou com um médico terrorista, o doutor Marcelo Kalichsztein. Ele falou, quando eu estava com 58 anos: "Se você continuar fumando, com 70 vai estar desse tamanhinho assim." Era uma coisa minúscula. "Ah, eu não quero ficar pequenininho assim", respondi em pânico. Parei de fumar e comecei a andar diariamente na Lagoa. A gente tem que fazer uma opção pela vida. E isso não é fácil, especialmente para as mulheres, que não aguentam este planeta medíocre, tanta gentalha, e vão embora. Elis Regina, Dina Sfat, Leila Diniz, Silvinha Telles, Maysa, Cacilda Becker, Glauce Rocha. Elas não aguentaram. A gente que tenta aguentar tanta mediocridade tem que fazer exame, comer chuchu, andar na Lagoa, passar um cremezinho, tomar sol com moderação.

Agora vem cá, você come chuchu mesmo?

Chuchu com um pouco de molho, com camarão. Não sou de ferro, também. Eu quero ser feliz. Outra coisa que eu descobri: eu não posso ficar doente no meu país. Porque médico é muito caro. Só o remédio que eu tenho que tomar para limpar o pulmão custa 500 reais. Como o pobre pode fazer isso com o salário que ganha? É um remédio incrível, que você tem que inalar, respirar forte, colocar para dentro. Opa, sai tudo. Inclusive o dinheiro. É um mundo muito difícil este de *"no"*: *No* colesterol, *no* glúten, *no* fumaça, *no* gordura. Em 1975, eu fui a Nova York e gostava de ver, na Quinta Avenida, aquelas mulheres lindas. Agora, elas não conseguem nem andar, de tão tristes com tantos *"no"*. Você anda na França, elas são lindas. Magras. Porque não são tensas: bebem, fumam, vivem. E morrem.

Você se formou na Escola de Arte Dramática, em São Paulo.

Eu estudei em Santos. Fiz o primário, o ginásio e o científico no Instituto Canadá, colégio do governo. A gente tinha aula de canto e de teatro dentro do colégio, com o Serafim González. Era ótimo porque eu jogava todos os fantasmas, as neuroses, nessas aulas. Foi bom para mim e também para quem decidiu ser arquiteto, bancário, médico. Em 1967, entrei na Escola de Artes Dramáticas da USP, do doutor Alfredo Mesquita, porque achava que era importante. Não que todo mundo tenha que fazer escola. Mas é bom, mesmo que você nasça com talento, ter uma base. Foi lá que aprendi disciplina, esgrima, a sentar direito no palco, dicção, a decupar um texto, maquiagem, estudei os grandes clássicos, descobri que um personagem começa ainda no camarim, que ele tem voz, postura e um cheiro próprio. Em 1969, eu me formei com 10 em drama e comédia, e ganhei prêmio de frequência, pois não faltei nenhum dia. Uma vez, tive uma briga homérica com a Esther Góes, que foi minha colega de turma e também era CDF, tirava 10 em tudo. Ela dizia: "Isso aqui não é uma escola de estrelas. É uma escola de atores." E eu achava diferente: "Nós temos que aparecer, temos que tirar foto, vou tirar uma foto sua, vou levar para o jornal, para você aparecer. A gente tem que se promover."

Você continua achando isso?

Eu acreditava, e ainda acredito, que o trabalho da gente tem que ser divulgado. Você me chama aqui no programa, eu digo assim: "Obrigado, Leda, pela força que você me deu de eu ter ido ao programa." É uma troca, acho. Tem que ter. Alguns atores ficam inibidos. E os outros, superexpostos. O que é meu caso: venho ao programa, planto bananeira, sapateio e falo. Pergunta se o Nanini veio? "Eu mando o Ney, que ele vai e faz." Agora, quem dá muita entrevista como eu vê mais erros. Ah, porque os jornalistas erram muito. Eles perguntam assim: "A Maria Pêra está no filme *Irmã Vip* com vocês, seu Neyla?" Um horror. Acho, às vezes, que está na hora de parar um pouco, senão alguém vai dizer: "Ih, lá vem aquele cara de novo." Eu acho essa coisa da superexposição muito chata. Uma hora tem que parar para deixar saudade e para ler, estudar, viajar, se cuidar.

Mas você é o rei da festa.

Não vou mais a festas, já enjoei. Só às da Aracy Balabanian, para comer quibe. Antigamente, estava em todas as festas, tinha que aparecer, uma vaidade chata, uma pessoa repetitiva. Agora não, para me tirar de casa é uma luta. Quando apareço, falam assim: "Ah, ele veio."

Já que você está aqui, ainda bem, quais são as novidades?

A novidade é que estou sempre trabalhando. E acho ótimo. Sou uma pessoa vaidosa, pago um preço alto por isso, apareço demais e adoro aparecer. Sou cheio de operações, eu sou uma úlcera com uma pessoinha no meio. Acabei de fazer uma novela, estou divulgando o filme *Irma Vap* [2006], um elenco maravilhoso, com direção da Carla Camurati.

É verdade que você vai ao cinema ver o filme junto com o público?

Adoro. No dia da estreia, fico nervoso, suando, como se estivesse num palco. Depois, vou escondido ao cinema, entro e vejo como se fosse teatro. E a reação é ótima. Já vi várias vezes. Alguns atores podem se dar ao luxo, no Brasil, onde é tão difícil trabalhar, de fazer aquilo que gostam, com quem querem. Eu sou um deles. Eu estou podendo fazer aquilo que quero, com quem eu quero. Na minha vida, quis trabalhar com o Ruy Guerra, com o Antunes Filho, com a Marília Pêra, com o Marco Nanini, com o Walter Avancini. Desde que eu estava em Santos, comecei a olhar para eles até conseguir. E foi bom, deu certo.

Você lutou por isso? Tua mãe lutou um pouco, teu pai lutou um pouco. Todo mundo lutou muito, eu acho.

Meu pai trabalhava no Cassino da Urca. Minha mãe era *crooner* de boate. Ela era a nega em *Nega do cabelo duro*, que cantava com o Grande Otelo. O Gerald Thomas que diz: "Todo programa você fala que seu pai trabalhava no Cassino da Urca e sua mãe, com o Grande Otelo. Que coisa chata essa história. Cansativa." Eu respondo: "Eu, pelo menos, tenho uma história para contar." Não vou falar? É a minha história. História de um trio. Quando eu falei que queria ser ator, ela falou: "Mas não vai dar certo, a gente passa fome, aqui em casa é uma pobreza total, somos três hienas." Eu falei: "Não, vai ser diferente, eu vou vencer, eu vou vencer." Estou na luta aqui para me manter.

São quarenta anos de carreira agora em 2009...

Quarenta profissionalmente. Mas desde pequenininho já trabalhava em rádio. Aos 6 anos estreei fazendo radionovela para ajudar meus pais. "Olha uma ventania!", eu dizia, um sucesso no rádio. Eu pegava o dinheiro e entregava para a mamãe. Ela me dava um tostão e ficava com o resto. Tinha que trabalhar, família pobre. Hoje em dia é assim: "Mamãe, vovó, se vocês não me derem um celular e um tênis eu dou um murro na cara de vocês." No meu tempo era diferente. A gente não tinha nada e precisava batalhar.

E havia uma carrocinha de frutas....

A gente era muito duro e morava em Copacabana, na rua Ronald de Carvalho. O vendedor de frutas e legumes guardava a carrocinha no corredor.

Como a gente não tinha nada pra comer, eles me penduravam pelas pernas à tarde e eu ficava jogando frutas pra cima para a gente comer de noite. Saudável pra nós. Os dois: "Pega tomate! Disfarça! Neyzinho, agora laranja!" E meu pai ainda dizia: "Você não tem expediente, né, Neyzinho! Disfarça aí nessa caixa de batatas. E não faça climas!" Meus pais não tinham o que comer. Famintos. Depois minha mãe começou a fazer marmitas para fora, que eu levava na Prado Júnior [rua de Copacabana] para vender. Fomos pobres mesmo. Então, para mim tudo é lucro. Acho tudo maravilhoso. Sabe o que eu usava? Tanque colegial. Meu pé era 30, mas a mamãe comprava 48 para durar bem, para não perder quando o pé crescesse. Era feito de pneu e eu até sapateava com o meu Tanque 48. Agora todo mundo fica com trauma se não tem o tênis de marca. Se quisesse comer cachorro-quente na sexta, tinha de ir e voltar a pé do colégio a semana toda. A gente não tinha nada, tinha uma caixa de papelão para brincar e pronto. Desenhava, falava muito sozinho. Então, agora para mim, até figurino é ótimo. Era um trio maravilhoso. Um trio brasileiro. E não tinha mensalão. Eram três hienas que foram muito felizes. Quando tem amor, tem humor também nisso tudo.

Seus pais foram contra, a princípio. Hoje, toda mãe quer que o filho seja ator.

Antigamente, os pais sonhavam que seus filhos fossem médicos, engenheiros, funcionários do Banco do Brasil. Depois, veio a fase em que as meninas deviam ser misses e os meninos, jogadores de futebol. Atualmente, o bebê nasce e já é modelo, atriz e apresentadora de TV. E a gente tem que carregar esse fardo. Grande Otelo, para provar que era ator, precisou de três testemunhas. Fui eu, a Lucélia Santos e a Betina Viany no Ministério do Trabalho testemunhar que ele era ator, para que ele tirasse o registro profissional. Hoje, acaba um *Big Brother* e muitos saem dali com a ilusão de que são artistas. Eles querem a fama, não querem fazer teatro. Querem ir direto para a novela. E das oito. E todos têm vida curta. Mas só que essa vida curta deles acaba atrapalhando a nossa vida. Nos Estados Unidos, o sindicato proíbe, não deixa esse pessoal entrar, corta. Não sou contra os jovens, também já fui jovem, senão a televisão, o teatro e o cinema viram um museu. Mas é preciso encontrar um meio de seleção porque agora qualquer um consegue o registro. Eles não têm culpa, são monstros que foram criados. São rapazes bonitos, moças interessantes, que acabam virando ex-alguma coisa. Os atores de fato não são ex, são à frente. Nossa classe é pequena, mas genial. Eu amo o ator. O ator brasileiro, que trabalha, luta, corre atrás. Somos geniais. Os ex-tudo podem se juntar à gente, mas então que façam uma escola.

Peguem um livro, se preparem, entendam o que é memória emotiva, façam exercício de ser árvore, cachorro, jacaré. Fiz muito jacaré na lama. Fiquei três anos fazendo jacaré com o Alfredo Mesquita, que perguntava: "Está na lama?" Eu respondia: "Está um escuro horrível aqui." Eu no chão, de malha, me sentindo mesmo um jacaré.

Tudo o que você faz é sucesso sempre?

Não. Já convivi com grandes fracassos. *O mistério de Irma Vap* nós pensamos em tirar de cartaz no primeiro mês. Ninguém ia ver. Eu ficava na frente do Teatro Casa Grande me abanando, vestido de mulher e com a peruca de cachinhos, chamando as pessoas que estavam vindo da praia para entrar no teatro. Aí falei com o Nanini: "Ah, ficar vestido de mulher, muito calor, vamos sair disso. Não temos patrocinador, esse mico aqui do teatro vazio." Isso foi numa quinta-feira. No sábado, lotou e nunca mais parou de encher. É a prova de que Deus existe. Os deuses do teatro. Ficamos 11 anos em cartaz. No final já estávamos fazendo em estádios, em campo de futebol, para 100 mil pessoas. Virou show. Eu estava trabalhando com uma pessoa que gosta da mesma coisa que eu gosto. Com o Nanini. Aí, rola. O tempo todo a mesma coisa. Aquele jogo que lhe dá a garantia de que você vai encontrar sempre no ator de teatro: o olhar de volta. Ele vai olhar no teu olho. E vai ter a troca. Podem até brigar fora, às vezes. Claro que a gente brigou. Mas era uma briga estética. Não era uma coisa por trás. Era uma coisa sempre conivente com essa paixão que é o palco. Na hora que abre o pano, tem as três batidas de Molière ou os três sinais, aí a emoção vai em frente. Isso é mais importante.

Não havia competição entre vocês.

Eu já tinha muito respeito pelo Nanini, era seu fã e queria trabalhar com ele. E, ainda, quanto mais o José Wilker, o Antônio Fagundes, o Tony Ramos e o Nanini, que são atores da minha faixa, brilharem, para mim vai ser melhor. O meu lugar ninguém tira. Cada um tem o seu espaço. Agora, quem fala que é bonzinho, humilde, que adora o fracasso, que adora ser vaiado é uma pessoa doente, louca. Todo mundo quer mais é brilhar.

Que alívio deve sentir o ator quando a casa está cheia, não?

Você lava a alma. Fica intragável. O preço é alto. Eu sabia que a mãe de ator pobre, como era a minha, ia pirar quando viesse o sucesso de *Irma Vap*. Ela pirou em freezer. Quando olhei, tinha freezer em tudo quanto era departamento da casa. E relógio também. Tinha para tudo que era canto. E me perguntava: "Agora você já viu? Relógio anel", me mostrando o dedo mindinho. Meu Deus, ficou louca. Foi bom que ela pôde ver meu sucesso em vida.

Sua mãe, dona Nena, viveu muitos anos com você, dando a maior força...

Minha amiga. Minha primeira crítica. Era ela que brigava por mim. Até por salários. "Não trata assim o Avancini, nem o Daniel. Deixa comigo!" As pessoas deviam pensar que ela era uma velha maluca. Na época da peça, ela ia todos os dias e falava assim no intervalo: "Gosto muito desse ator. O Ney Latorraca. O outro é bom. Mas eu gosto muito do Ney Latorraca." Ninguém sabia que era ela quem estava ali. Falava bem alto e aplaudia algumas cenas minhas. Eu dizia: "Nanini, não repara porque é ela quem está puxando as palmas." Na terceira fila. Aplaudia e gritava: "Muito bom ele!" Tinha que garantir. Jocasta ficava ali. Os melhores amigos começam em casa. São nossas raízes. Ela foi mais amiga que mãe. Ela falou uma coisa genial para mim, antes de morrer, superlúcida: "Não tenha medo de nada, Ney. Medo é uma coisa que não deve existir. No teu caso, então, não precisa. Você é bom ator, bom filho, vi teu sucesso em vida. Não fica em corredor fazendo média. A pior coisa que tem é ator que fica em corredores beijando os pés de gente graúda. Odeio isso. Então, vai trabalhar com o homem da fumaça." E fui trabalhar com o homem da fumaça. Sabe quem era? O Gerald Thomas. Fiz três peças com a fumaça. Adorei. Muita fumaça e talento também. "Volta para tuas origens, para o teatro, para o Antunes Filho, para o homem da fumaça." Só tenho boas lembranças da minha mãe. Aliás, sinto uma saudade dela! Depois que eles, tanto meu pai quanto minha mãe, morreram, eu senti muita falta.

Você é homem de muitos amigos.

Gloria Menezes é minha amiga para todas as horas, amiga que fica ao lado na hora da úlcera. Sabe que, um dia, ela interfonou para minha casa, e pedi que ela subisse. Minha mãe tinha feito um franguinho. Ela olha para o frango e fala: "Ah, vou experimentar." Ela comeu o frango em um segundo. E ainda falou para mamãe: "Me faz uma massagem?" Comeu meu frango, deitou na minha cama e explorou a mamãe para fazer uma massagem. É minha amiga, uma mulher assim insana. Aracy Balabanian é boa para viajar junto. Eu sei que ela tem medo das coisas. Levei a Aracy para a Disney e falei para ela ir naquelas coisas que giram, caem, desabam. Ela quase morreu de medo. E eu ficava gritando: "Aracy Cagona!" Amiga é pra isso.

Ney, só você, com seu humor, que consegue contar essas histórias. Está todo mundo morrendo de rir.

Quando começa, não para. Uma vez, reformei o meu apartamento inteiro, e uma jornalista foi lá. Chata, ela! Ela disse que ia fazer um perfil meu. Recebi a jornalista super à vontade, de cuecas, dei água temperada pra ela, que é metade do filtro, metade gelada, fiz o cafezinho. A mulher começa a matéria. Enorme. Pergunta sobre a primeira comunhão, quando largou o pinico. E eu lá. Sai a matéria, que começa assim: "Em seu humilde apartamento..." Sabe o que eu fiz? Peguei uma bola daquelas de obra e derrubei as paredes. Fiz uma sala só, enorme, com uma caminha num canto. Eu não falei nada sobre sexualidade. Estava lá no texto: "A acentuada sexualidade dele..." Só porque eu estava de sunga. Nunca mais dei água temperada para ninguém. Ela me fez derrubar todas as paredes e ficar anos morando em um bidê. Ela trabalha aqui nessa casa. Está acabada!

E a história da avestruz?

O João Emanuel Carneiro, ótimo autor, fez uma cena para mim em *Da cor do pecado* em que eu contracenava com duas avestruzes. Ele colocou uma rubrica: "Olha para a avestruz, a avestruz dá uma olhada." Como se fosse uma coisa normal. Na véspera da gravação, não consegui dormir. De nervoso. Levantei e vomitei. Passei o dia inteirinho com dor de barriga. Passei muito mal, em respeito às avestruzes. Elas fizeram o maior sucesso. Destruíram tudo. Os câmeras ficaram em silêncio total, ninguém podia falar nada. Todo mundo em silêncio para criar um clima para elas, para não ficar aquela agitação. Até falei pra Maitê [Proença]: "Vamos falar tudo assim mais baixo." E a Maitê ficava assim: "Nhoc, nhoc!" E eu: "Não faz esse som que elas vão me atacar. Fica quieta." A Maitê tem mais jogo de cintura. Foi lá, conversou com as avestruzes, brincou. Eu fiquei tenso. E o bicho percebe.

Você tem medo de bicho?

Não. Mas pensa bem, você vai ao Projac e tem uma avestruz do lado da tua cadeira, com 2,70 metros, e o marido, 3 metros. E gostam de comer um olhinho também. Eu tapei os olhos o tempo todo. E, pior, chegou a mãe de um ator do elenco e me perguntou: "Você já fez a cena com os camelos?" "Não, por quê?" Ela: "Porque no bloco novo tem camelos." "Você deve estar enganada, deve ser o bloco do pessoal jogando no bicho." Era avestruz mesmo. Ela que se enganou. Dizem que carne de avestruz tem colesterol baixíssimo. Vou chegar aos 200 anos assim, magérrimo, bem à beça: sem colesterol, sem nada, e triste. Com pele de avestruz e com raiva dela. Você sabe que, depois da novela, as avestruzes foram no Faustão? Já são funcionárias, praticamente. O problema é que não tem campo de trabalho para o ator brasileiro. Logo, logo, saem os atores e entram as avestruzes porque elas são todas Gisele Bündchen. São magras, altas. Chatas essas avestruzes.

Você se irrita por ser imitado?

O Chico Buarque falou pra mim: "Ney, quando começam a imitar você e você vira piada de banheiro, é porque atingiu o máximo da popularidade." Sabe quando você senta no banheiro e lê "O Neyla é veado"? É porque atingiu isso. Então, tem o Eri, a Maria Padilha, o Moska, o Eduardo Galvão, que me imitam, dão uma continuidade para mim. Sou deles. Pessoas boas são imitadas, como Pelé, Caetano Veloso, Romário, Roberto Carlos, Lula, Papa e o Neyla. Aliás, queria lembrar que meu nome tem uma coisa maravilhosa: LATORRACA, ator e raça. Sem cedilha. É meu nome mesmo, do meu pai. E sou ator e tenho raça.

Com tantos anos de carreira, como você escolhe os seus trabalhos?

Atualmente, para mim, o que interessa são as pessoas que estão envolvidas no projeto. Prefiro fazer uma boa novela a fazer uma peça medíocre. Ou fazer uma boa peça a fazer um seriado que é péssimo. O que me interessa são as pessoas. É o grupo, a equipe. O que ficou da *Irma Vap* para mim não é a peça, não são os três milhões de pessoas que viram. Ficou Marco Nanini. Ficou Marília Pêra. De *Othelo* [1982], não ficou Shakespeare, e sim Juca de Oliveira. O que ficam são as pessoas. De *Rabo de saia* [1984], ficaram Tássia Camargo, Lucinha Lins, Dina Sfat e Walter Avancini. É outro nível. A obra é que te junta às pessoas. De *Anchieta*, ficou você, Leda. A primeira entrevista da Leda Nagle em estúdio foi comigo. Eu sou pé-quente. E você também...

Tomara!

NEY MATOGROSSO

O que logo chama a atenção quando você vê o Ney pela primeira vez é a diferença, quase chocante, entre o Ney Souza Pereira e o Ney Matogrosso. A timidez de um e o atrevimento do outro. A discrição de um e o enfrentamento do outro. E o grande barato é descobrir, num segundo momento, que eles se integram de tal maneira que tornam o artista viável, sexy, forte e belo. O Ney que sobe aos palcos de hoje, aos 60 anos, tem o mesmo vigor e a mesma sensualidade do Ney dos anos 1980. Não tenho certeza de qual dos dois faz o que num espetáculo, num estúdio ou na chamada vida real, mas com certeza não é só o corpinho de Ney que permanece irretocável nestes 38 anos de carreira. Naquela cabeça tem uma lucidez que instiga, provoca, comove e seduz, e que mistura malícia com humor na mais sexy picardia.

L.N: **Você é diferente até no nome.**

N.M: Meu pai se chamava Antonio Matogrosso Pereira. Eu não tenho o Matogrosso, tenho somente o Pereira dele. Pensava num nome e Ney Pereira não dava. Ney de Souza também não rolava. Um dia, alguém perguntou o nome do meu pai e lá estava: Matogrosso. Como eu não me tocara disso antes. Assim achei um nome que evocava uma coisa forte. Não relacionei mais ao meu pai e sim ao estado de onde eu vim.

Foi complicado para a sua família quando eles viram você no palco?

Só no começo. Meu pai era militar e ficou muito espantado quando me viu pela primeira vez na televisão, porque eu estava com uma calça de odalisca muito larga, e ele achou que era uma saia. Pintado, cantando e se requebrando de saia, para ele era demais. Acho que foi um susto para todo mundo. Especialmente para ele que era o pai da criatura.

Daquele ser que estava ali. E você tinha consciência de que aquilo era susto?

Sabia. Eu sabia com o que eu ia mexer. A minha vida inteira eu desacatei esse tipo de coisa. Nunca respeitei esses limites, caminhei em trilha. Não sei dizer o porquê. Mas sempre foi assim. O primeiro impulso, na verdade, era desafiar meu pai, era desafiar a autoridade.

Você sabe isso hoje ou sabia naquele momento?

Eu tinha consciência de que precisava provar a mim mesmo que eu era independente de qualquer tipo de imposição. A minha criação foi rígida, de militar e, hoje em dia, confesso que foi muito boa para mim. Eu sou muito rigoroso com o meu trabalho, com a profissão. Esse meu lado rigoroso veio de lá, me deu uma disciplina muito necessária. Não gosto de ser disciplinado à força, mas gosto de ser disciplinado com o meu trabalho. Definitivamente, não gosto de viver bagunçado num país bagunçado. Não sei se saberia viver num país da Europa, onde tudo é muito regrado também. Mas acho que determinadas regras são necessárias.

Seu pai chegou a ir ao seu show, aplaudir e tudo?

Ele só foi me assistir quando eu saí do Secos & Molhados e fiz aquele primeiro trabalho sozinho. Ele foi a São Paulo, tomou remédio para o coração, um calmante e foi me ver. Foi no *Homem de Neardenthal* [1975], lá no Teatro 13 de Maio. Não comentou nada comigo, mas para as minhas irmãs, que foram com ele, confessou que me achava um grande artista. Que pensou que ia ver uma coisa e viu outra.

As pessoas estranharam muito o Secos & Molhados, aquela androginia.

Até dentro do grupo Secos & Molhados, o João Ricardo ficou catatônico, porque ele não queria aquilo. Ele queria uma coisa mais sofisticada, mais guerrilheira, mais política e menos louca. Abalou tanto as estruturas internas que um dia pediram uma reunião e me disseram que eu não podia fazer aquilo.

E diziam por quê?

Diziam que era porque estavam falando que era um grupo de homossexuais. Eu falei: "Tudo bem, eu continuo fazendo, vocês dizem que vocês não são homossexuais e que eu sou." Aí é só um problema meu. Eles disseram que não podia ser assim. Respondi: "Não somos tão conhecidos ainda. Podem colocar outro no meu lugar, porque eu vou fazer exatamente o que tenho vontade. Não vou fazer o que não seja de verdade para mim." E fiz. Em São Paulo, quando fizemos a primeira apresentação no teatro Ruth Escobar, já na primeira semana foi uma loucura. Quando voltamos, tivemos de deixar as portas abertas. Teatro Itália, Teatro 13 de Maio, Teatro Tereza Rachel no Rio, enfim, todos os lugares pelos quais passamos era uma loucura. E a gente não tinha o disco, não tinha nada e era um sucesso impressionante. Todo mundo pintou o rosto.

É verdade que você colocou maquiagem para esconder o rosto?

Eu ouvia dizer que artista não podia andar na rua, e pensava que isso era uma loucura. "Eu, com 30 anos, vou perder minha liberdade, a essa altura do campeonato?" Aí comecei a fazer uma maquiagem inspirada no kabuki, o rosto inteiro pintado de preto e branco. As autoridades da época não entendiam aquilo. Nunca tinham ouvido falar em kabuki e a censura me dizia que eu não podia me apresentar daquele jeito na televisão porque aquilo era maquiagem de mulher. "Gente, vocês me mostrem uma mulher com a cara inteira pintada de branco e com o olho, pintado do nariz à orelha de preto, boca pintada de preto. Eu nunca vi uma mulher pintada daquele jeito."

E você conseguiu convencer os censores?

Que nada. Eles implicavam com tudo. Diziam que eu não podia rebolar na TV. Eu mandava mostrar só a minha cara, não tem importância. Aí diziam que eu não podia usar rabo de cavalo, porque era coisa de mulher. Eu: "Mas eu ando de rabo de cavalo noite e dia." Vocês acreditam nisso? Hoje em dia eu vejo os yuppies todos de rabo de cavalo. E penso: "Meu Deus do céu, em 1973 eles queriam me proibir de prender meu cabelo." Na verdade, era uma coisa consciente em mim. Era o auge dos cabelos. Caetano com os cabelos enormes, todos com os cabelos compridos. Aí eu pensei: "Vou prender o cabelo e pintar a cara." Era para anular o cabelo. Eu não usava rabo de cavalo pra ficar mariquinha. Usava para anular o cabelo.

Quando você era hippie, você trabalhava? Como você se comportava como funcionário público em Brasília? Normal, roupas normais, cabelo normal?

Eu ia para o hospital cheio de colares, cheio de pulseiras, calças rasgadas. Mas, nessa época, eu cuidava de criança. Fui trabalhar na pediatria e as crianças adoravam quando eu chegava cheio de colares. Emprestava um colar para cada uma. Ficavam todas de colar o dia inteiro.

Você fazia o que na pediatria?

Primeiro, eu fazia biópsia e citologia, mas achei chato trabalhar perto de defunto. O diretor do hospital era meu amigo e pedi que ele me botasse para trabalhar com louco ou com criança. Ele respondeu que com louco não tinha o que fazer, mas perguntou se eu queria brincar com as crianças. Aceitei, e fui trabalhar na pediatria. Na ponta de um andar havia uma escolinha com uma professora que dava aulas para as crianças. Em outra sala, eu organizei a recreação. Elas pintavam, faziam cerâmica, tudo eu comprava com o meu dinheiro, porque ninguém me dava nada para isso. Ia lá em Planaltina, Sobradinho [cidades próximas à Brasília] e não sei mais onde comprar barro. Depois que elas faziam, eu levava as cerâmicas para os fornos. Aí chegou uma época em que eu saía com elas, as levava no Jardim Zoológico. Mas eram crianças terminais. Era um monte de problema, porque tinha muita cadeira de roda, então penduravam três em mim e eu empurrava uma cadeira. Ninguém entendia nada, um homem querer fazer esse tipo de coisa. Agora, foi a única vez que gostei de trabalhar. A única vez que senti prazer na minha vida trabalhando fora do cantar foi essa.

Não era difícil lidar com criança em fase terminal?

Olha, era difícil. As primeiras vezes que eu chegava e a criança tinha morrido, eu ficava muito perturbado. Mas em determinado momento me deu uma luz: "É exatamente isso, faça elas se divertirem, brincarem, cantarem, rirem enquanto puderem." E assim foi como eu encarei o trabalho. Claro que isso não significava que quando morria uma delas eu não sentisse. Mas eu entendi que era o que tinha que fazer: brincar com as crianças.

Você cantava com elas?

Eu cantava pra elas, elas cantavam pra mim. Cantava "Banho de Lua" e elas adoravam.

Como você se descobriu cantor? Porque os cantores normalmente têm uma história com *crooner*, programas de rádio desde criança. Eu não sei a sua história.

Desde criança, bem pequeno, eu gostava de cantar. E lembro que, quando vim morar no Rio de Janeiro a primeira vez, estava com 6 anos e fui morar em Padre Miguel. Lá, tinha um parque de diversões e eu cantava no programa de calouros que havia lá.

E ganhou o programa de calouros?

Algumas vezes eu ganhei. Era uma coisa feita na hora. E você ganhava o quê? Um vidro de perfume. Uma bobagem. Mas eu gostava de outras coisas. Eu me lembro que, nessa época, comecei a fazer teatro no fim do ano no colégio. Escondido do meu pai, porque ele não admitia a possibilidade de ter um filho artista. Uma vizinha minha, dona Chiquita, fez um fraque de papel crepom, com cartola e tudo, e me apresentei no final do ano na escola.

Nesta época você já tinha o apoio da sua mãe?

Minha mãe não dizia nem que sim nem que não. Deixava correr. Tenho a impressão de que, por ela, eu seria artista. Ela não criava empecilhos. Ele é que não queria. Era a mentalidade da época. Nem digo que era uma coisa de militar, havia um pensamento generalizado que artista não prestava.

Você dizia "vou ser famoso"?

Tinha certeza absoluta. Não propriamente famoso, mas tinha certeza de que alguma coisa aconteceria na minha vida que iria transformá-la, jogá-la de pernas para o ar. Não sabia o que era, mas havia uma coisa que me dizia isso e eu perguntava: "Meu Deus, o que será?"

Você gostava de mais alguma coisa ligada à arte?

Minha primeira manifestação artística foi o desenho. Eu desenhava muito bem. Criança, sem estudar nem nada, eu era capaz de sentar e fazer o retrato das pessoas. Mas isso foi cortado na raiz. Eu pedi a meu pai para fazer aula de pintura. Ele disse que de jeito nenhum, que não queria um filho artista. Fazer o quê? Continuei desenhando. Nas capas dos meus cadernos eu desenhava muito. Num deles, fiz uma mulher nua deitada. E fui mostrar aquilo para a professora de desenho, achando que ela ia me dizer: "Nossa, que coisa maravilhosa. Você é um artista." Que nada. Ela me chamou de obsceno, mandou que eu rasgasse e tirasse aquilo imediatamente da capa do caderno. Eu fiquei tão chocado, porque eu não achava indecente. Não achava que estava fazendo algo imoral. Eu me impressiono ao ver como os meus desenhos eram bons. Eu olho hoje e não consigo mais fazer.

Você sempre foi rebelde, desde criancinha?

Mesmo criança, eu era muito enlouquecido, sabia muito o que queria. Sabia no que acreditava, o que achava. Por exemplo: nunca acreditei nos adultos. Achava todos mentirosos, hipócritas, porque eles falavam uma coisa e eu via o que faziam. Havia determinados assuntos que eles falavam baixinho, e eu entendia perfeitamente do que estavam falando. E sabia o que a filha de um fazia, o que a do outro fazia e eles todos falando mal dos outros. O que é isso, gente? Não me pergunte como eu entendia, eu sabia que era, do que se tratava. Eu sabia a que os adultos estavam se referindo. Uma vez, eu falei na frente de uns vizinhos a palavra *rendez-vous*, porque havia lido em algum lugar. A vizinha aconselhou minha mãe a bater na minha boca. E eu fiquei de boca aberta. Aí encasquetei que tinha de saber o que era *rendez-vous*. Não sossegaria enquanto não soubesse. Saí perguntando. E soube.

Quando você descobriu que a sua voz era tão rara, tão bonita, tão poderosa?

Eu descobri que era rara... Na verdade, eu tinha problemas com a minha voz, porque, quando era menino, falava muito fininho. E pegavam muito no meu pé. Isso era um problema. Só descobri que isso não era um defeito, que era um dom, quando fui cantar em um coral em Brasília. Aí o professor me disse que eu tinha uma voz raríssima. Todo mundo cantava lendo a partitura. Eu não lia porque não sabia, mas tinha um ouvido muito bom. Aí, quando os tenores não podiam ir adiante, porque pegavam a parte do contralto, que é muito difícil para homem cantar, eu cantava junto com os contraltos. Para o homem cantar, ele tem que cantar uma oitava acima para ficar na mesma região que elas. E eu ia. Aí que ele me disse que isso era uma coisa raríssima, que era um dom. E fiquei muito orgulhoso de ser um *tenore bianco*.

Você ficou assustado também?

O problema era quando me davam algum solo, eu ficava inseguro. Tanto que as poucas vezes que me deram, eu não dei conta do recado, porque fiquei muito assustado de estarem ouvindo a minha voz. Fiquei dois anos cantando no coral. Ensaiava três vezes por semana. Aí o Paulo Machado me chamou para um show que ia acontecer na Faculdade de Brasília para universitários mineiros. Eu morava na casa da professora de canto, e, quando ela me ouviu ensaiando música popular, disse: "Você não se respeita." Ela achava que eu seria um grande cantor lírico. "É música, eu gosto de música, qualquer uma", respondi. Cantei no show e foi a primeira vez que alguém me chamou de bicha. Eu fiquei passado. Mandei a banda parar. Cheguei na ponta do palco e fiquei olhando para a cara do cara que havia gritado: "O que foi?" Ele foi ficando sem graça. "Fala, o que você estava falando?" Quando vi que ele estava bem sem graça, disse para a banda: "Toca aí que eu vou cantar." Quando acabou o show, a gente tinha que sair junto com o público. Quando desci do palco, eu estava atrás do cara que me chamou de bicha. Eu fui andando encostado no cangote dele até a gente sair lá de dentro. Não falei uma palavra. Mas eu via que ele estava gelado. Ele achou que eu ia pular em cima dele, fazer qualquer escândalo, mas eu não fiz nada. Só fui rente às costas dele, encostado. Aquela multidão e eu encostadinho nas costas dele, ele sabendo que era eu.

E foi a partir desse show que sua carreira começou?

Eu vi que as pessoas gostaram. Imediatamente, fui convidado para fazer outras coisas, participar de um grupo que acabou gerando, depois, um programa de TV chamado *Intervalo*: Tião, Lena, Glorinha e eu. Éramos quatro cantores e um grupo que tocava. Depois fui convidado para cantar numa boate, onde fiz uma temporada. Odiei cantar em boate, porque ninguém queria ouvir nada. E aí também teve uma coisa muito engraçada. A primeira vez que fui cantar nessa boate, na primeira noite, estava muito nervoso, porque eu não me garantia. Então, o dono me deu um conhaque. Eu não bebo nada. Tomei aquele conhaque e fiquei tão enlouquecido que não conseguia afinar as notas. Relaxei tanto que não conseguia segurar o plexo, o diafragma. Não conseguia ter controle de nada. Fiquei bêbado, né? Nunca mais eu bebi.

Quando que você teve certeza de que tinha mudado a sua vida, que tinha virado sucesso?

Quando o João Ricardo apareceu na minha frente e me convidou para cantar num grupo em São Paulo. Chegou a hora, pensei comigo. Entendi tudinho naquele momento. E disse: "Meu Deus, aquilo que eu tinha até medo, chegou." Fui de coração aberto, mas assustado. Eu sonhava muito, uma "bandeira" de sonho. Eu dormia e sonhava que tinha uma boca escancarada de dentes e que eu tinha de entrar nela. Que loucura, não? Tive esse sonho algumas vezes e ficava assustado com aquilo. Peguei tudo o que tinha, que era uma sacolinha bem pequena, coloquei nas costas e me mudei para São Paulo.

E a boca cheia de dentes aconteceu logo.

O sucesso foi imediato. Uma bola de neve enorme, gigantesca e em pouco tempo. Aquilo tudo durou um ano, e lançamos somente dois discos. Começou em 1973 e em 1974 eu saí. E parece que foram anos. No dia que lançamos no *Fantástico* o segundo disco do grupo, eu saí. Aliás, eu já tinha saído antes, mas a gravadora me pediu para manter aquilo. Eu disse: "Até lançar o disco eu finjo que estou aqui." Mas no dia da gravação começou a pintar um clima muito escroto para o meu lado, gente me seguindo, eu não podia falar com ninguém. Aí eu armei um barraco, peguei uma garrafa e falei assim: "Olha, o filho daquela que vier me seguindo vai levar uma garrafada na cabeça." Havia os vigias todos para eu não falar com a imprensa, entendeu?

Por que esse medo deles?

Porque eles achavam que eu ia voltar atrás, que eu não ia sair. Achavam que eu não ia ter coragem de sair de uma coisa daquelas.

Achavam que você não ia deixar o dinheiro, o sucesso, a fama. Isso realmente não te seduz?

Dinheiro nunca foi a primeira coisa na minha vida, não. Acho que isso tudo é consequência do que eu mais gosto, que é cantar. E acho que tenho o troco disso porque eu respeito a arte, amo a arte. Não é o dinheiro. Ele é consequência disso. Então, nunca me guiei por isso.

Foi complicado começar a carreira solo?

Comecei a dizer que ia voltar para Mato Grosso para criar galinha lá na fazenda do meu avô. Mas eu não ia fazer isso. Eu precisava provar para mim mesmo que era capaz de fazer algo pessoal. Meu primeiro trabalho é um dos que mais gosto até hoje, e não vendeu absolutamente nada. As pessoas não entendiam o que era aquilo. Começava com macacos e araras gritando, não havia intervalo entre uma coisa e outra. Era água que corria, vento que soprava, era areia que batia e as pessoas diziam assim: "Mas o que é isso?" O show foi no teatro do Hotel Nacional, que tinha tapetes, era um chiquê só. E no palco, era tudo rústico. Eu joguei folhas pelo meio do palco e queria jogar bosta de boi seca. Mas eles não deixaram. Eu queria porque adoro o cheiro. Eu só consegui me recuperar mesmo em *Bandido* [1976], que foi meu segundo trabalho. Até striptease eu fiz no palco, ficava só de tapa-sexo cantando "Boneca cobiçada". Era um show despojado e as pessoas adoravam.

Depois você foi ficando cada vez mais despojado ou mais sofisticado?

Eu fui tendo possibilidade de armar a coisa cada vez mais, porque tive mais produção. Claro, você faz uma coisa e dá certo, você tem o respaldo, já começa a ganhar dinheiro. Eu pegava todo o dinheiro que ganhava e botava em outra coisa. Sempre montei meus shows, nunca tive patrocinador. Nunca ninguém me deu um tostão para eu fazer nada. Então, eu bancava tudo com o meu dinheiro. O que eu ganhava em um arriscava inteirinho no outro. O lado bom é que pude fazer o que queria, livremente. Sem nenhuma interferência.

E você é rígido com o seu show, a luz, a direção?

Com tudo. As pessoas pensam que eu não sei o que está acontecendo. Aí, quando acabo, pergunto: "Por que aquela luz não acendeu naquela hora?" Eu cobro mesmo. Eu sei tudo o que acontece.

O novo show e o novo disco de Ney Matogrosso [*Estava escrito*, 1994] têm uma estrela da música popular brasileira como mola mestra, digamos assim, que é a Ângela Maria.

Sempre ouvi Ângela Maria, porque, quando ela surgiu, eu era criança no Rio de Janeiro, e só existia rádio, não tinha televisão. Então, quem tinha rádio tinha que ouvir Ângela Maria, porque ela realmente estrondou no Brasil. E subitamente. Ela chegou e tomou conta do pedaço. Em 1993, quando dirigi o Prêmio Sharp, os homenageados eram Ângela e Cauby Peixoto. Tive de ouvir muito esse repertório para montar o show. E cada música que ouvia, pensava: "Meu Deus, que prato cheio. Que coisa boa seria cantar isso." Comentei com o Zé Maurício Machline e ele me perguntou por que eu não fazia. O tempo passou. Agora eu tinha uns três projetos, e poderia caminhar por qualquer um deles. Uma noite, fui me deitar e tive o estalo: Ângela Maria. Então fiquei três dias acordado, vindo tudo na minha cabeça. E eu dizia: "Meu Deus do céu, pare um pouquinho. Já sei que é Ângela Maria, agora me deixe quieto um pouco." Tudo o que eu cantei no disco estará no show. Tem 13 músicas: "Fósforo queimado", "Orgulho", "Lábios de mel", "Babalu". Tem uma linda, que deu o nome do disco, e se chama "Estava escrito". Abro logo o disco com ela. Quando falei a primeira vez em Ângela Maria, as pessoas pensaram que eu fosse fazer um *kitsch*, debochar dela. Imagina.

Agora chegou a hora de a gente perguntar sobre algumas preferências. Como você quase foi um pintor, quero saber qual o pintor que te fascina?

Van Gogh.

Qual a cor da sua vida, Ney?

Tenho uma história com o azul. Sempre tive. Teve uma época que só tinha roupa azul.

Você se apaixona com facilidade? Gosta de estar apaixonado?

Tenho horror de ficar apaixonado. Isso não quer dizer que eu não fique. Mas eu me sinto muito inseguro quando estou apaixonado. É assim mesmo: a gente fica muito vulnerável, exposto. A paixão aflora o meu pior lado, que é o ciúme. Eu perco o controle e detesto isso.

Então drogas, bebidas, nem pensar.

Drogas que eu não perca o controle. Fui em todas. A única que perdi o controle, uma vez só, foi um tal de lança-perfume. Quando dei por mim, estava no chão. Disse: "Eu vou cheirar essa porcaria pra não saber para onde fui, nem saber o que estava fazendo?" Não mesmo.

E o Santo Daime? É fortíssimo, não?

O Daime é a coisa mais forte que conheço. Foi a experiência, para mim, mais transformadora, de profundo autoconhecimento. Hoje em dia não tomo mais. Agora, negar que foi uma experiência definitiva na minha vida, eu não posso.

Você é místico?

Eu tenho uma intuição muito forte. E confio cada vez mais nela. Eu não duvido mais dela. Quando a coisa bate, acredito e sigo me encaminhando para que aquilo aconteça.

E a sua fé. Você acredita em Deus, reza?

Descobri que tenho. Eu não rezo, não. Deus pra mim não é um senhor no Céu nos castigando. Pra mim isso é uma visão católica que não tenho. Deus pra mim é generoso. É o gerador da vida. É manifestação absolutamente constante da vida. Então ele é amoroso, generoso, pleno, e procuro me manter em harmonia com isso. Ele não está lá em cima. Ele está aqui, em mim, em você, em todas as coisas, em todos nós. Quando vejo uma planta dando flor, tenho certeza: olha Deus aí. Quando vejo uma frutinha nascendo, penso, olha Deus chegando. Deus pra mim é isso. Talvez seja uma forma muito simples, simplória, talvez até pagã de entender Deus, mas é a minha forma. Por exemplo: quando me deito para tomar sol, não consigo estar no sol apenas para me bronzear. Tem, dentro de mim, uma coisa dizendo assim: estou diante de Deus. Deus é o Sol também, é a Lua, as estrelas. Deus é tudo e eu me coloco diante dele.

Um lugar preferido? A cidade? A praia? A montanha?

Eu gosto muito do Rio de Janeiro. Foi a cidade que escolhi pra viver e acho que vou viver aqui até o fim da minha vida. E o Rio de Janeiro é mar. Mas gosto mais de uma cachoeirinha de água doce. Fico mais tranquilo debaixo de uma água doce que dentro do mar, da água salgada. Eu fico inquieto, tenho medo do mar.

Achava que você ia dizer que era o palco.

Se existe religião na minha vida, o palco é exatamente o lugar. Para mim é um santuário sagrado. Não entendo como alguém cospe no palco que vai se apresentar. Quando chego aos lugares em que vou me apresentar pela primeira vez, chego reverente. Peço licença, piso ali. Depois é que começo a olhar para o ambiente e a dizer: "Estou aqui em cima desse palco, com todo o poder que ele me dá." Penso em todo mundo que já pisou ali. E agradeço o tempo todo. Agradeço tudo. Até as barras mais pesadas, por ter tido forças para enfrentá-las. E a todas as coisas boas, que são muitas.

PAULO COELHO

Eu conheci o Paulo Coelho no começo dos anos 1980, na redação do *Hoje*. Ele aparecia de vez em quando, falava sobre um novo show que ia fazer. E desaparecia como surgia, sem maiores alardes. Do Paulo Coelho de hoje — famoso no mundo inteiro, que vende 100 milhões de livros em 160 países — só a roupa preta e o jeito calmo de falar, acompanhado de um meio sorriso. Foram algumas entrevistas em diferentes programas e nenhuma intimidade. Foram conversas agradáveis que relembraram o ex-hippie, o ex-compositor e o ex-jornalista, o escritor e o mago. Trataram da fama, do sucesso e da falta de reconhecimento da chamada "inteligência" brasileira. Sem rancor e também sem fantasia.

L.N: **Eu vou começar tocando no assunto "números" com você. É meio óbvio, mas são tão mirabolantes para um país desses que também devem ter te surpreendido em algum momento da sua vida.**

P.C: Continuam me surpreendendo. Na verdade, você não consegue avaliar claramente esse número de exemplares vendidos. Quando havia vendido 500 mil exemplares, eu fui ao Maracanã, numa final do Vasco e Flamengo, e multipliquei o número de torcedores que estavam ali por três. Aí consegui ter uma ideia do que seriam 500 mil pessoas. Agora, sete milhões de livros, e 14 milhões de leitores — porque cada livro, em média, é lido por duas pessoas — é uma coisa muito difícil de avaliar. Mas é muito gratificante. Por outro lado, você não ter a exata consciência protege muito o lado da vaidade. No fundo, o trabalho do escritor é extremamente solitário. Ele e o computador, o resto são dados, mas não são tão palpáveis.

Mas hoje em dia já é mais palpável. Você passa na rua, as pessoas falam com você. E não só no Brasil.

E isso me surpreende muito, na França, nos Estados Unidos, na Espanha. Eu sempre acho engraçado as pessoas saberem que eu sou o Paulo Coelho. Procuro não aprofundar muito, porque existe sempre o perigo da vaidade, e é necessário ficar atento. Uma relação legal com o leitor é fundamental. Quando tinha vendido três mil exemplares no Brasil, eu já estava achando que era o escritor mais famoso do mundo e tinha tido um sucesso extraordinário. Quando eu vendi os primeiros três mil na França, ou nos Estados Unidos, ou na Espanha, eu também comecei a pensar isso. Chega um momento em que você perde um pouco essa relação direta, quando os números chegam na casa dos milhões. E então é como se voltasse à simplicidade do meu trabalho. Escrever pensando que do outro lado existe uma pessoa com quem você deseja se comunicar. Uma pessoa única.

E você achava que ia ser assim, o carioca, hippie, compositor Paulo Coelho se tornar um dos escritores mais populares do mundo?

Toda pessoa tem muita necessidade de reconhecimento do seu trabalho. Agora, você evidentemente não dimensiona isso, você não pode dizer: "Vou vender xis, vou chegar a tal lugar." Você tem somente aquela ideia, no seu subconsciente, de que seria muito bom, em algum momento da vida, a possibilidade de chegar lá. Era um sonho, me alimentou. A passagem do sonho, porém, para realidade, não se deu assim: "Ah, um dia eu acordei e tinha vendido sete milhões de livros." Você vai crescendo lentamente, o que ajuda muito a segurar a cabeça no sucesso. Não é um bilhete de loteria, que você ganha e não sabe o que fazer. Você vai aos poucos se habituando a cada uma das etapas. Importante também é que você percebe que nunca chega, porque chegar significa que acabou o seu caminho. Eu espero poder continuar nesse caminho. E tenho certeza de que ninguém chega a certos momentos da vida sem uma força espiritual ajudando.

Você alguma vez se sentiu punido pelo sucesso?

Não, eu me policio muito a esse respeito, porque há dois tipos de punição: uma, evidentemente, é a autopunição. Na época em que trabalhava em gravadoras, vi muitos cantores, quando começavam a lotar estádio, começarem também a querer se destruir. "Poxa, eu sou um cara igual a todo mundo e estou aqui." E ele se culpa. Esse problema fatal e horrível da culpa que todos nós temos. E aí vem todo um processo de autodestruição. Toda pessoa que vence determinadas barreiras precisa ter consciência e controlar esse impulso de autodestruição. Por outro lado, existe a crítica externa. Quando *Brida* foi lançado, em 1990, eu já tinha vendido meio milhão de livros e ninguém tinha falado de mim. E quando falaram eles não podiam dizer: "Êpa, esse cara é muito legal."

E nem admitir que comeram mosca.

Exatamente. Veio, evidentemente, uma crítica bastante severa naquela época. Havia, porém, o dado concreto, que era o leitor. Nós vendemos, em um mês, 50 mil exemplares de *O alquimista*, 83 mil de *Brida*, 40 mil de *Diário de um mago*. Eu estava na capa da revista, não como um cara legal, mas como alguém que merecia que descessem o cacete. Eu me dou ao luxo de, nas horas vagas, ler biografias. E dá para ver que esse processo da crítica não é privilégio no Brasil. Existe sempre uma reação quando uma coisa nova chega. Depois as pessoas ficam muito mais tolerantes. Basta ler biografias pra não ficar agoniado. Não digo que fui ou sou injustiçado, mas acho que sempre será necessário um processo de adaptação. Falo de coisas altamente controvertidas: fé, espiritualidade, caminho, magia. O crítico em geral reage muito a esse tipo de coisa. Citando Jesus Cristo: "Conhecereis a verdade e a verdade vos libertará." Quer dizer, na medida em que eu puder me expor, como estou me expondo aqui, e mostrar as minhas fraquezas, a verdade me libertará. Essa fusão do espiritual e da pessoa me deixa ter paciência, tolerância e bom humor com as críticas.

Eu vou te fazer uma pergunta que nem sei se você não vai se ofender. Posso fazer?

Por favor.

Você é um mago?

Claro. Por que iria me ofender com essa pergunta?

Não sei. O que é ser um mago?

Um mago é aquele que procura uma maneira não ortodoxa, não convencional, de conhecimento. Quando se está na escola da vida, pode-se entender tudo racionalmente, ou perceber que existem outros canais de conhecimento, que você precisa que se abram. É preciso estar aberto para a revelação. O mago é, basicamente, aquele que seguiu o caminho não ortodoxo de aprendizado. Entretanto, é bom frisar que eu sou mago e todos são magos, porque todos têm essa capacidade de abrir esse canal e se entregar a uma nova absorção de conhecimento, muito mais democrática, diga-se de passagem.

Como você chegou a se descobrir mago e a exercitar essa magia?

Eu cheguei por curiosidade pelo espiritual, pura e simplesmente. Nunca tive dom algum. A minha geração, hippie, era muito voltada para a busca espiritual. E, de curiosidade em curiosidade, achei o caminho que me falou à alma — e isso é básico — e comecei a desenvolver essa estrada. Que é uma estrada muito tortuosa, como qualquer outra, muito perigosa, mas que, quando se persiste, sempre se chega a algum lugar. Quando um leitor se aproxima de mim, interessado nesse caminho, em buscar a sua lenda pessoal, sempre digo que todos temos essa magia dentro de nós e que é fundamental despertá-la.

E como é o seu processo de escrever? Dizem que você senta e vai de uma tacada só.

Uma tacada não é. São coisas que amadurecem, em média, durante dois anos. E chega um momento em que aquilo está lá. Jesus Cristo usa uma frase muito boa. Ele diz que "o Reino dos Céus é uma semente que você planta e ela cresce, dia e noite, sem que você saiba como". Eu tenho uma ideia e deixo que ela trabalhe inconscientemente dentro de mim. No momento em que sento pra escrever, que vou realizar o ato, ela já se preparou. Eu não fico pensando, jogando personagens, invertendo situações. Por exemplo, eu tinha tido todo o impacto da face feminina de Deus e não pensava em escrever um livro. Mas passou-se um ano, passaram-se vinte anos. Aí sentei e escrevi *Na margem do rio Piedra eu sentei e chorei* [1994]. Um livro, aliás, que foi muito perigoso, porque muito pessoal, e eu acreditava que não ia tocar muito as pessoas por causa até do aspecto religioso. Curiosamente, foi o livro que vendeu mais rapidamente, mais até do que *Brida* e *As valquírias*.

Você mudou muito ao longo dos anos?

Evidente. É impossível não mudar. E, graças a Deus, eu mudei porque é fundamental que você se adapte a novas situações. Agora, eu procuro conservar um deslumbramento ostensivo. Ou seja, voltando ao nosso amigo e mestre Deus Jesus Cristo, que diz: "É das crianças o Reino dos Céus." Eu acredito muito nessa frase, acho que é importante manter esse aspecto infantil, que se fascina e se deslumbra com certas coisas que acontecem na sua vida. E que, às vezes, também se irrita. Ou seja, emoções bem expressas. Tudo muito intenso. Eu, quando choro, grito. Quando vejo um filme, dou escândalo. Ainda bem que vejo em casa. Então, voltando ao assunto da mudança, procuro conservar muito esse lado infantil, mas sei, evidentemente, das minhas responsabilidades de hoje. Uma coisa que falaria sem a menor responsabilidade há seis anos, sei que, hoje em dia, não devo dizer da maneira contundente como diria.

A felicidade é uma conquista, não?

Uma coisa que faço todo dia é andar no calçadão. Outro dia, uma jornalista se surpreendeu muito com isso. E eu convidei-a para andar comigo para ela ver que ninguém me incomodava. As pessoas fazem um cumprimento ou outro, delicadamente. Eu podia ter criado a fantasia de que não podia andar no calçadão, porque hoje em dia sou uma pessoa famosa. E seria só uma fantasia. Outra coisa é a preocupação com a segurança. Acho horrível essa ideia de que tem que andar com segurança. Maktub. Se tiver que acontecer, vai acontecer.

Você se arrepende de algo que tenha escrito?

Escrevi um livro sobre a minha experiência com Raul Seixas. Ele começava em janeiro e acabava em dezembro de 1974. Era um livro sobre um momento muito intenso que marcou a minha vida. Chamava-se *A sociedade alter-*

nativa. E fui escrevendo, escrevendo e a minha mulher lendo, lendo, lendo. Um dia, quando já estava perto do final, ela estava lendo os originais, em frente a uma imagem da Virgem de Aparecida na estante. E ela olhou para a imagem e me disse: "Recebi um recado da Virgem, dizendo que não dá pra você publicar esse livro, pois ele vai fazer mal às pessoas." Eu argumentei: "Essa é uma história trágica, de prisão, piração." Ela argumentou: "As pessoas vão ler e vão pensar que, se o Paulo Coelho fez, o Raul Seixas fez e, se chegaram a ser o que são, nós também podemos fazer." Entendi que o livro poderia realmente prejudicar muito. Então, chamei o meu editor, na época Paulo Rocco, e li uns trechinhos, para ele acreditar que eu havia escrito mesmo, e joguei-o no lixo.

Tem um livro de que você gosta mais, que você acha mais importante?

Não, porque é como se fosse uma continuidade, vários aspectos do mesmo amor. E o amor é a essência. Então são faces do mesmo núcleo, da mesma essência. Então, pode ter um livro em que eu tenha conseguido expressar melhor isso, outros em que eu não expressei tão bem. Mas como é o mesmo amor, a mesma fonte, são todos afluentes do mesmo rio, o meu amor está distribuído igualmente por todos eles.

Você nunca questiona a sua fé?

É evidente. Pessoas muito mais iluminadas do que eu têm momentos de fraqueza de fé. E acho que isso é muito importante no próprio caminho da fé. É que nem o amor ou o casamento, são conquistas diárias, coisas que você tem que fazer todos os dias. Existem conceitos fundamentais, Deus, por exemplo, que são muito sólidos. Agora, momentos de ilusão, de abandono, de questionamento interior existem. E não só no lado espiritual. Volta e meia tenho decepções. As pessoas me enganam muito rapidinho, porque ninguém consegue enganar por muito tempo. Eu parto, porém, do princípio de que tudo é verdade até que me provem que é mentira.

Você sempre buscou Deus?

Não, ao contrário. Como estudei em um colégio jesuíta, neguei muito a ideia de Deus. A melhor maneira de se perder a fé é estudar em um colégio de padres. Depois, passei por um período marxista, materialista-dialético, que me acrescentou muita coisa, mas aos poucos essa ideia foi voltando. Até hoje, porém, eu não encontrei Deus. Tenho a experiência da fé no encontro com Deus. Deus é presente o tempo todo. Você não vai seguindo por um caminho, aí no final tem Deus, ou o castelo da bem-aventurança. Antes de começar esta entrevista, fiz uma pequena oração para ser um instrumento. Então, é sempre uma questão de você ligar a chave e ter um choque divino o tempo todo. Quanto ao nome de Deus, ao nome dos anjos, ao nome, isso é secundário, porque Deus é o Inominável, segundo a religião judaica. Deus para nós também não tem nome, apenas uma catalogação, mas Deus é, acima de tudo, uma experiência viva de fé. E essa experiência é compartilhada por todos que girarem uma chavinha.

E quando você disse que sentou e pediu a ajuda de Deus, a sua forma de oração é uma forma de conversa, ou é uma oração tradicional?

Varia. Na missa, evidentemente, rezo tudo o que o ritual manda. Mas em casa também rezo. E o que é a oração? Ou você está dando uma ação de graças ou está pedindo alguma coisa. Basicamente, a oração segue essas duas vertentes, esses dois caminhos. Então, você não tendo vergonha de pedir, você se vira lá rapidinho e diz: "Ó, me dá uma ajuda."

É possível converter as pessoas?

Eu acho que nunca foi possível me converter, apesar de todo o trabalho de disciplina que eu tive com os jesuítas. Eu acredito que ou você desperta ou você não desperta. Agora, você tentar convencer uma pessoa a respeito da fé é a mesma coisa que convencer alguém a te amar. Eu posso te convencer a casar comigo, a morar comigo, a ter filhos comigo, a fazer tudo. A me amar, eu não posso. O amor existe ou não existe dentro de você. Da mesma maneira, você não pode convencer ninguém de que tal visão de Deus é melhor do que outra. E muito menos a ter fé. Você pode se expor, dizer eu tenho fé, ideias e conflitos. E pronto. Acho que é isso que o leitor encontra nos meus livros. Ele nunca vê meu livro como um manual de autoajuda, e sim como um manual de "autoproblema". À medida que ele lê um dos meus livros, também começa a se questionar e cria o seu próprio caminho. Por isso, duvido que o meu leitor me veja como um guru — embora a imprensa de vez em quando me intitule assim —, ele me vê como um companheiro de jornada, alguém que talvez esteja quatro ou cinco passos à frente. Mas é só uma questão de tempo para ele me alcançar.

Você ouve música?

Claro. Eu escuto de tudo, de Chitãozinho e Xororó a Beethoven. Ouço muito Raul Seixas.

E qual foi a música que você fez com Raul que você acha mais bonita?

"Gita", que é baseada num livro indiano, *Bhagavad Gita*. Ela foi feita em cinco minutos, tem músicas que eu fiz com o Raul e com a Rita Lee que demoraram muito tempo, duas, três, quatro, cinco horas, mas "Gita" saiu em minutos, como se estivesse pronta na alma do mundo. É uma música que eu me orgulho muito de ter feito. Muito.

Você ainda quer escrever muitos livros?

Eu tenho muitas ideias de livros, mas eles têm que nascer de forma espontânea. Eu não posso agora lançar dez, quinze, vinte livros. Não posso porque não vai ser verdade, e sim um simples negócio de entupir o mercado com a minha maneira de ver o mundo. Não vai dar resultado. Então, é evidente que eu espero continuar por muitos anos, que Deus me permita, o meu caminho espiritual e a minha literatura. Certa vez, propus a um editor que ele me desse um milhão de dólares. Ele exigiu dez livros, um por ano. Aceitei. Aí fui falar com o meu mestre. Ele me disse: "Você está precisando, quer comprar alguma coisa assim, extraordinária?" Eu respondi que não. Ele disse: "Então isso aí é carência afetiva, só pra você ver se o teu editor te paga isso." Rompi o contrato.

Quem é seu mestre, Paulo?

Meu mestre é um amigo, um francês, que mora na Holanda. A gente se fala pouco, ainda bem, porque senão a tendência seria pedir conselho sobre tudo, desde o sapato com o qual sair até fazer bainha na minha calça.

E como você lida com o cotidiano? Você se preocupa com as coisas com que todo mundo se preocupa? Contas a pagar, por exemplo?

Contas a pagar, a minha mulher se preocupa. Eu me preocupo com defeito no computador, que é muito pior do que isso. Contas você paga e vai embora, mas, se vai um técnico para ajeitar meu computador, fico seis horas ao lado dele. Eu me preocupo, evidentemente, com o trabalho, que exige muito tempo.

Você lida bem com o dinheiro? Não é uma coisa que te enlouqueça?

Nem me dá culpa nem me enlouquece.

A vaidade é perigosa?

A vaidade é um grande perigo, embora todos nós tenhamos vaidade. Ficar besta eu já fiquei, na época em que eu era parceiro do Raul Seixas. Eu me achava o máximo, o cara mais vaidoso, não falava com as pessoas, era importantíssimo. E levei um cacete, evidentemente, e prometi que, se eu tivesse uma segunda chance, ia pelo menos lutar para nunca chegar a esse ponto. Até hoje tenho combatido o bom combate, mas graças à experiência de ter passado por aquilo. Certos erros na vida, você não pode se furtar de cometê-los. Você tem que deixar que eles aconteçam porque você só aprende mesmo com a marca da cicatriz no teu corpo.

SUSANA VIEIRA

Susana Vieira é uma festa sempre. Toda vez que entrevistei Susana foi assim. Aliás, eu acho que ela é o sonho de consumo de qualquer entrevistadora. Não foge de perguntas, adora falar, fala com as mãos, com os olhos, com as sobrancelhas. Ela pode até não ser o que gostariam que ela fosse, mas nunca é mais ou menos. As opiniões são sempre objetivas, sem rodeios; as respostas, claras e rápidas. Susana gosta da fama e da vida. A impressão que a gente tem é que ela não se cansa nunca, está sempre disposta, atenta, pronta para opinar, para viver, para sonhar. Ainda outro dia li uma entrevista na qual Susana dizia que se sentia uma "fênix", pois sabe ressurgir das cinzas. Eu acho que ela tem razão.

L.N: **Como é a sua família?**

S.V: Nós somos cinco filhos: Sérgio Ricardo, Sônia Maria, que sou eu, Susana Maria, Sérvulo Augusto e Sandra Maria. A minha mãe era filha de concertista, minha avó tocava piano no cinema mudo e eu fui criada atrás da tela de cinema, ouvindo música clássica. Meu avô era violinista. Minha mãe era uma mulher ligada às artes. Gente muito interessante, meus pais, que nos instruiu, nos educou, nos deu todos os conceitos básicos de um bom cidadão, um bom ser humano.

Como você virou Susana?

Há muitos anos o Cassiano Gabus Mendes me perguntou se eu não me importaria de mudar meu nome e eu disse que não via problema. Eu achava linda a pronúncia espanhola do nome da minha irmã, "Sussana", porque ela havia nascido em Buenos Aires. E eu achava o nome dela uma coisa cinematográfica. Na verdade, não pensei também que aquilo fosse para ser levado a sério, que o resto da minha vida eu ia me chamar Susana. Foi uma coisa de garota, eu tinha 16 anos quando comecei na Tupi. E a Susaninha, mais nova que eu, devia ter 10. E aí virei Susana. Para sempre.

Se alguém te chamar Sônia, você se vira?

Não, eu não sei mais atender. E não gosto, não. É uma coisa estranha porque algumas pessoas, que me conhecem do tempo da Tupi, para mostrar uma intimidade, me chamam de Sônia. Eu odeio. Porque eu não sou mais a Sônia. A única pessoa que não me incomoda que me chame assim é minha irmã Susana. Na época em que ela começou a trabalhar na televisão, ela falou: "Eu vou me chamar Susana porque o nome é meu." Eu fiquei louca, porque já tinha dez anos de carreira e era conhecida. Ela bateu pé e ficou Susana Gonçalves. Fora ela, só meu pai me chama de Soninha, o meu filho foi criado já como filho da Susana Vieira.

E como você foi parar na TV Tupi?

Eu era bailarina do Teatro Municipal. Existia um programa que era ao vivo e se chamava *Concertos matinais Mercedes-Benz*. Era um programa chique, dez da manhã, domingo. A TV Tupi levava uma câmera ou duas nas costas assim, na mula, ia para o Municipal e fazia a primeira externa da televisão brasileira. Tinha as orquestras, a temporada de ópera, os balés, e os câmeras, muito espertos, procuravam, dentro do corpo de baile, as meninas bonitinhas. E foi nessa que eu me sobressaí. "Pega aquela loirinha lá."

E foi uma grande escola?

Na TV Tupi, o elenco era escasso, tinha pouquíssima gente que trabalhava na televisão, um ambiente que não era muito bem falado, não era familiar. Foi ali que aprendi tudo. Os meus mestres foram Laura Cardoso, Lima Duarte, Luís Gustavo, Cláudio Marzo, Hamilton Fernandes. Foi uma escola maravilhosa. Eu realmente aprendi babando por eles. Wanda Kosmo era nossa diretora, o Cassiano Gabus Mendes era diretor artístico da emissora. Comecei dançando e fazendo corpo de baile. Eu sou uma precursora das chacretes e do videoclipe. Posso dizer que sou uma chacrete dos tempos pré-arcaicos.

Chacrete?

Só para você ter uma ideia de como que era naquela época: Celi Campello lançava "Banho de lua" e eu dançava de branco lá atrás; Elza Soares cantando "Se acaso você chegasse/ no meu chatô encontrasse/ aquela mulher..." ["Se acaso você chegasse", Lupicínio Rodrigues e Felisberto Martins], e eu vestida de neguinha, toda maquiada, fazendo aquela mulher lavando roupa no tanque. Lamartine Babo, na época de Carnaval, cantando "Loirinha", lá estava eu, que já era loura falsa. Maysa, toda vestida de preto, tipo *nouvelle vague*, uma coisa de Jeanne Moreau, tristíssima, abatidíssima e lindíssima cantando "Meu mundo caiu". E eu na coreografia atrás, um pouco assim deprimida também. Então esse foi o meu começo na Tupi. Logo depois larguei o balé em função da arte de representar. Comecei a fazer algum teatro de revista. Naquela época, existia, como se fosse o *Fantástico*, um programa de domingo, para prender a família inteira em casa. E havia uma variedade de quadros musicais, de comediantes, e eu me lembro que as grandes mulheres da época eram as mulheres de teatro de revista, Rose Rondelli, Carmem Verônica, Anilza Leoni. Eu fazia uns quadros com elas. Era uma garota, não tinha o menor *sex appeal*, mas devia ter alguma coisa por dentro. Fiz muito domingão lá, cantando musiquinha sexy, do tipo "Só de baby-doll eu sei dormir". Esse foi o meu começo. Agradeço a Deus. Aprendi muito com as vedetes: o tempo, a rapidez, a comédia de revista, porque elas eram imbatíveis. Aprendi a descer escada de salto com 16 anos. A "fazer escada", a respeitar o outro. Foi uma grande escola: TV Tupi, comédia, musical. Por isso que hoje eu sou uma atriz dramática...

E quando você virou atriz dramática?

Um dia, o Cassiano Gabus Mendes me pinçou e comecei a fazer teatros sérios com essa equipe maravilhosa. E foi meu começo. A gente fazia um teatro ao vivo, uma vez por semana. Não existia videoteipe, era ensaiado e ia para o ar ao vivo. As trocas de roupa eram durante os intervalos comerciais, que eram mínimos. Não existia tanto patrocinador. Eu sei que essa foi a minha escola, a TV Tupi, em São Paulo. Eu estou na televisão há 36 anos. Eu estreei em 1960 na TV Tupi e depois passei pela TV Record, TV Excelsior e, finalmente, TV Globo. Então, tudo pegou fogo, e disseram que foi a Globo que botou fogo em todas para surgir, linda, como a Fênix. As más línguas falam isso. A verdade é que pegaram fogo a Excelsior, a Record e a Tupi. E a própria TV 5 que era uma afiliada da TV Globo do Rio. As quatro emissoras de São Paulo se incendiaram e viemos todos para o Rio. Nesses anos todos, acho que fiz uma novela por ano. Uma loucura.

E o teatro?

Estreei na década de 1960 em *Vamos brincar de amor em Cabo Frio*. Quem me chamou para fazer esse musical do Sérgio Viotti foi a Leina Krespi. A Dulcina de Moraes, uma deusa, uma diva, fazia a personagem principal. Foi a estreia do Carlos Augusto Strazzer no teatro também. Eu era bailarina, junto com a Íris Bruzzi, a gente entrava em cena, fazia umas coisinhas e a Dulcina entrava. Toda a plateia se levantava e batia palma. Eu chorava tanto que parecia que era eu quem estava sendo aplaudida. Eu não conhecia teatro. Não conhecia o que era o ator em cena e a plateia se manifestar. Eu tinha ido esporadicamente ao teatro e, no balé, a plateia sempre foi mais comedida. Eu me lembro uma vez numa ópera, eu estava em Londres com o Renato Machado [jornalista da Rede Globo], era namorada dele, e comecei a assobiar. Mas o homem me deu uma cotovelada: "Isto é uma heresia! Não se mexe numa ópera. Quando se assiste a uma ópera tem que ficar quieto." Então, eu não posso ir à ópera nunca. Aí, deixa eu voltar para a Dulcina, maravilhosa. Nós estreamos no Teatro de Arame em São Paulo. A Dulcina foi a primeira a levar para ali uma peça que não era de revista, mas era um musical. Quando a Dulcina entrou e foi aplaudida, eu senti um arrepio pelo corpo. Eu chorava copiosamente e agradecia a Deus por estar ali. Nem pensava que um dia eu poderia ser aplaudida daquela maneira. Só estava feliz por poder usufruir daquela mulher ao meu lado. As pessoas batiam palmas e ela ficava quieta. E eu não falava porque eu ficava tão impactada com ela que demorei um tempo a me acostumar. "Vamos, garota, a primeira fala." E eu: "Sim, senhora!" E falava: "Não sei o que estou fazendo aqui."

A impressão que tenho é que dançar, cantar, representar foi fácil para você.

Não foi difícil, não. Para mim, até hoje, o mais complicado é decorar, especialmente na televisão. Quando você entende o texto, ele entra na sua cabeça facilmente. E para você entender, precisa de um tempo. E a televisão não dá esse tempo. Por que, no teatro, as pessoas dão banho? Porque você entendeu aquilo, ouviu o outro falar, respondeu. Então, na vigésima vez, você já está familiarizada. Na televisão, a gente decora sozinho em casa. Cada um tem o seu sistema, mas, de qualquer maneira, é solitário. Você contracena com milhões de pessoas *en passant*. Uma vez contracena com um e depois nunca mais o vê. Tenho muito prazer de trabalhar na televisão, de gravar novela, mas isso exige um esforço de mim. Quando ligam a câmera e eu estou dominando o texto, aí é facílimo. Mas quando eu não estou segura no texto, quando o outro também não, acho muito difícil, porque isso transparece na cara do ator. E a novela traz essa dificuldade. No teatro, não, eu não tenho o menor problema de texto. Tenho até facilidade para decorar.

Você decora como?

Sozinha na minha casa. Não gosto de bater texto com ninguém. Sempre me parece que quem me pede isso é aquele ator que não decorou em casa. Nunca é porque você quer e sim porque ele quer. Não é uma coisa conjunta, como um casal: vamos nos amar. É sempre um que quer sair e o outro que quer ficar. Aí eu já vejo quais são os atores que gostam de decorar e os que querem decorar à minha custa.

E alguma vez você já brigou com algum personagem?

Ah, não tenha dúvida. Muitas vezes. De cara nunca ninguém oferece uma novela para você dizendo que é uma merda, ninguém fala isso. "Olha, péssimo esse papel." Ninguém, todo mundo veste a camisa. Mas a novela tem vários problemas durante a sua ida ao ar. Em vários momentos da minha carreira, me senti muito deprimida. Fazendo um personagem que não estava sendo bem levado. Aí eu brigo com o diretor, nas novelas ou no teatro mesmo. Eu acho que é a pessoa que está mais viva perto de você, mais que o autor. Com o diretor você procura amaciar esse lado que não está conseguindo engrenar. E dar a volta por cima.

Você, é claro, gosta de fazer novela?

Trabalhar em novela me dá prazer, gosto do trabalho diário. Às vezes, em novela, a história de alguém é maior que a dos outros. E você fica meio de figuração e não vai gravar. Outro dia encontrei não sei com quem e falei: "Caramba, estou há uma semana sem vir aqui." A pessoa respondeu: "Que contrato bem assinado." E eu: "Não, meu amor, contrato bem assinado é você ganhar para trabalhar. Para ficar em casa, eu acho péssimo." Se a gente não se exercita, fica ruim como atriz. E eu preciso melhorar sempre como atriz.

Como você identifica que uma novela não vai dar certo?

Eu não gosto de papel que é tíbio, morno. Acho um desperdício quando eles me botam fazendo papel de mulher boazinha. Eu sou um vulcão, uma pessoa ansiosa, curiosa, cheia de vida. Quando me botam para fazer a calminha, eu chego em casa histérica. Eu fiz uma novela que adorei, *Mulheres de areia*. Foi o melhor elenco, o melhor grupo que eu já peguei na minha vida. Sabe quando você sente amor pelo seu elenco? Eu lembro que a Glória Pires foi gravar em Nova York com o Wolf Maya e a gente foi atrás. Eu, Raul Cortez e Guilherme Fontes compramos as passagens e fomos lá passar quatro dias em Nova York de tanto que a gente se amava. E, nessa novela, o Wolf me falou: "Susana, eu preciso do seu nome do lado do Raul Cortez. Você vai fazer uma mulher submissa." O Raul que mandava em mim. Gente, eu fazia. Como eu sou falsa. Eu fiz muito bem. Fina, equilibrada, calma, parecia que ela estava sempre com Mandrix, de tão boazinha que ela era. Agora, porque o elenco era maravilhoso, eu não senti essa depressão do personagem.

Você fica deprimida por causa de suas personagens?

Não sei se é depressão, mas tenho um processo bastante curioso nessa relação com meus personagens. É uma coisa difícil de explicar até para as pessoas que moram comigo, que estão no meu cotidiano. Primeiro, me dá uma alegria enorme ao ser convidada para fazer um trabalho. Eu sou uma mulher tão laboriosa, dou tanto valor ao trabalho de cada dia, que acredito que em qualquer outra profissão eu também seria uma pessoa feliz e realizada. Mas quando me chamam nessa nossa arte de representar, tão competitiva, onde você compete com tanta gente ruim, a alegria é maior. Porque eu estou vendo que a pessoa está investindo em mim, está acreditando. Eu preciso ter sempre alguém me falando que eu sou boa atriz. Eu não tenho a segurança de absolutamente nada, mesmo com 36 anos de carreira. Nem do meu talento, nem da minha beleza. Mas o engraçado é que eu já tinha essa insegurança com 20 e hoje, com 50, eu devo ter mais. Muito bem, existe a insegurança, mas, ao mesmo tempo, eu sei que vou fazer e, de alguma forma, não vou passar em branco. Não que eu queira me exibir, quero que todos cheguemos a um final feliz: o público, a imprensa, o diretor. Nesse momento, fico muito introspectiva, nervosa, difícil de lidar. Chego ao trabalho e disfarço, não passo essa ansiedade. Para quem trabalha comigo, não. Mas eu passo para as pessoas íntimas.

Como você fazia quando o seu filho era pequeno?

Ah, nem lembro. Eu era tão mais leve, meu amor. Todos nós. A gente é da década de 1970, ia para praia, estava tudo lindo, o Brasil estava maravilhoso. Além disso, eu parei de trabalhar quando casei porque o marido era daquele que só casava se eu não trabalhasse fora. E eu adorava. Casei em 1963, trinta anos atrás, não tinha nem pílula ainda. Dormi com ele, nove meses depois, certinho, nasceu o Rodrigo. Quero dizer, dormi depois de casada porque casei virgem. Tinha pavor de engravidar, meu pai me mataria. Quando o Rodrigo nasceu, depois de uns seis meses, eu comecei a trabalhar.

E você nunca mais engravidou?

Não, infelizmente. Cheguei à conclusão de que é uma das poucas coisas das quais me arrependo na vida. Porque queria muito ter tido mais filhos. Eu sou uma mãezona. Rodrigo é estável, equilibrado, amoroso, tranquilo na sua profissão, na relação com a vida, ótimo pai e marido. Rodrigo é muito mais diplomata do que eu, ele é civilizado. Então, quer dizer que não faz mal nenhum trabalhar.

Você falou que ele é um bom pai, isso significa que você é uma avó?

Eu sou. No nosso tempo, quando se falava em avó, a gente imaginava aquele coque. Mas eu vou lhe dizer que, quando começaram a falar que eu ia ser avó, entrei em parafuso. "Vem cá com a vovó" não combina comigo. Eu sinto que soa falso. A palavra "avó" é forte, especialmente porque moramos num país onde as pessoas não confiam em ninguém com mais de 30, meu amor. Eu adoro o Marcos Valle [que escreveu a música "Com mais de 30" com Paulo Sergio Valle], mas isso é de uma burrice. Então, ser avó pesa para a imprensa, pesa para a TV Globo. Agora, o fato de eu ser avó, de o meu filho ter filhos, significa que a minha família está se ampliando, que deu tudo certo, que a lei da natureza é essa, então as coisas foram rolando maravilhosamente bem. Eu sou uma superavó.

É preciso aprender a envelhecer?

Com *sex appeal*, sim. A gente não pode envelhecer com amargura, sem manter a chama da vida, que é o que te torna uma pessoa excitante. Como atriz, há pouco tempo eu fazia par romântico. Começo a fazer as mães, mas acho ótimo quando são atores bons. Quando sou mãe da Glória Pires é o máximo. Eu me orgulho. Eu não quero fazer mãe de quem está começando, para dar uma chance para uma menina inexperiente e inexpressiva. Isso eu acho chato. Não quero fazer, mas, se me chamarem, eu vou ter que engolir essa.

Mas fazer mãe de uma jovem atriz pode ser muito interessante.

As melhores atrizes brasileiras são jovens atrizes. Admiro Viviane Pasmanter, Cláudia Abreu, Fernanda Torres, Débora Bloch, Malu Mader, Isabela Garcia, Glória Pires, Débora Secco. O que não quero é fazer mãe para uma pessoa que nem é atriz. Para lançar uma pessoa nova no vídeo, porque tem que colocá-la em volta de nomes e atores tarimbados, experientes. Esse lugar que antigamente era nosso, de protagonista, está sendo aberto para formar a nova camada de estrelas. Algumas realmente são. Outras, nunca serão. E com essas me irrita trabalhar. Mas, repito, há jovens atrizes maravilhosas. Os atores jovens são piores, estão muito preocupados com a beleza, com baile de formatura. Talvez por isso o magnetismo que o Tarcísio Meira tem, nenhum outro galã jovem tem. O talento e a graça que o Tony Ramos passa com 50 anos? José Wilker, quem tem igual? E o Lima Duarte?

Dizem que você tinha certa preguiça de fazer teatro. Como você se disciplinou para chegar hoje a ser uma atriz consagrada no palco?

Foi o Sérgio Brito que me deu essa disciplina. Foi ele que me atraiu para o teatro e me abriu as portas da percepção desse gosto de fazer peça. Eu reclamava muito de perder os finais de semana porque você perde também namorado, perde marido. Homem não entende, quer sábado e domingo. Eu agradeço ao Sérgio, que é uma pessoa tão viva, tão interessada, ter me mostrado que se pode ser feliz também no teatro. Trabalhei muitos anos com ele, fiz *Os filhos de Kennedy*, *Huis Clos* (*Entre quatro paredes*), as duas peças com Otávio Augusto, que está em cena comigo hoje, em *A dama do cerrado*. Depois eu fiz *Os órfãos de Jânio*, com o Sérgio Brito também. Então, o gosto pelo teatro, a disciplina, mostrar que alguém podia ser feliz trabalhando aos sábados e domingos, aprendi mesmo com ele. Fizemos cinco anos sem parar *A partilha*, de Miguel Falabella. Nunca houve uma dor de barriga, uma dor de dente, uma dor de cotovelo que tirasse a gente de cartaz. Então, disciplina é isso. Eu estava ao lado da Natália do Valle e da Arlete Salles, duas da mesma escola. Pessoal do ramo, com o mesmo objetivo. Eu não sei mais viver sem fazer teatro.

Muita gente diz que o ambiente de TV é inibidor, mais do que o teatro.

Sempre tem muitas pessoas dentro de um estúdio. Mas eu me acostumei com esse mundo. Não me sinto inibida, não. Sinceramente. Acho mais inibidor abrir uma cortina e ter quatrocentas pessoas olhando você em cena, como acontece no teatro. Eu fiz a peça *Água viva* [2003], parei e voltei a apresentá-la em Curitiba, recentemente. Era um monólogo, uma coisa dificílima de ser feita: Clarice Lispector. E eu, para guardar todo esse meu lado gay, ficar séria, para não ficar alegre demais, sempre fiz muito esforço. Você acredita que abriu a cortina e me veio um branco? Eu me sentia tão pequena, queria o colo da minha mãe. Só pensava: "Qual é o texto que eu vou dizer pra eles? Eu não sei o texto." Eu ficava imaginando como eu ia ser brilhante para dizer a eles que havia esquecido o texto e que estava estressada. Fiquei calma, a sorte foi que Deus me iluminou, e fui, gradativamente, retomando o personagem e foi muito bom. Mas foi doloroso.

E cinema, que está crescendo de novo no Brasil, por que você faz pouco?

Ninguém me descobriu ainda. Eu fiz um filme [*Nunca fomos tão felizes*, 1984] do Murilo Salles, uma participação também num filme que Daniel Filho dirigiu [*O casal*, 1975] e em outro de Olney São Paulo [*O forte*, 1974]. Foram os únicos, nunca peguei uma protagonista, nunca peguei um papel bom no cinema. É lógico que gostaria. Eu teria alguns percalços com o diretor. Cinema tem uma coisa de centímetros. Eu não sou mulher de centímetros, sou mulher de metros. Sou de um palco inteiro. Eu teria que ser domada por um texto maravilhoso, para me distrair e não fazer gestos muito largos.

Você tem essa paranoia de ficar sem emprego?

Tenho porque acho que as situações, às vezes, são muito injustas. A situação do país em si já é uma injustiça só. Aonde nós chegamos é injusto. Então, eu sou injustiçada também, porque faço parte do Brasil. Eu sou uma brasileira. Sou abençoada, mas não sou privilegiada. Como eu trabalho, estou sujeita a não trabalhar também porque eu moro no Brasil. Mas uma coisa é certa: parada eu não fico. Eu lavo até quintal. Numa boa. É um ótimo exercício para os braços. Eu passo roupa de cama muito bem. Tudo que a minha mãe me ensinou, me ensinou muito bem. Ela me ensinou a ser uma mulher dentro de casa, a fazer uma cama, a lavar uma louça. E meu pai me ensinou coisas do intelecto, a musicalidade, a ética. Tive um pai e uma mãe realmente preciosos em tudo, na educação, no caminhar da vida. Ou seja, para mim não tem problema, se precisar, vou até arrumar cama. Mas podia ser governanta num castelo em Paris. Porque é um lugar onde se dá valor ao trabalho manual. No Brasil as pessoas fazem as coisas de qualquer jeito e todo mundo aceita. E sou boa no que faço.

Qual o maior orgulho que você tem de você, essa animação, essa vitalidade?

Eu não sei, eu acho que meu filho é o meu maior orgulho. Agora, lógico, por quê? Porque eu acho que eu fui o máximo. Entendeu?

Desde criança você se acha assim, o máximo?

Acho que sim. Eu era mandona desde o colégio. Estudei no Mendes de Moraes, na Ilha do Governador, onde a mãe do Miguel Falabella era nossa diretora. Uma escola fantástica, colégio público de melhor qualidade. Eu sou formada pelo colégio público, Miguel Falabella também, tudo o que a gente traz de interesse pela vida veio de lá. Há pouco tempo, me ligou um ex-colega meu, que estava em Brasília, assessor de um gabinete, e começou a me lembrar dos tempos de ginásio. E eu não lembrava mais. Ele falou: "Susana, você era líder, não era uma pessoa fútil, não era namoradeira. Você preferia mil vezes ficar conversando e gostava dos gênios da sala." Eu sempre gostei de intelecto, mais do que de corpo. Por isso que eu nunca fico preocupada com o meu corpo nem com a minha beleza. Nunca.

Como está Susana Vieira agora, hoje, depois dos problemas amorosos, traição, final de casamento, etc. Depois do tsunami?

Leda, eu já disse uma vez que a minha vocação é pra ser feliz e pra trabalhar. Eu seria qualquer coisa na vida. Se me der um banheiro pra lavar eu lavo melhor do que qualquer outra pessoa; se me der uma cama pra fazer, você pode ter certeza que serei a melhor camareira do hotel. O meu talento é pra viver. Eu não choro porque alguém não presta na minha vida. Eu choro de alegria, de saudade, diante de uma injustiça. Eu não choro de revolta, não. As coisas ruins que me aconteceram recentemente vieram de uma outra pessoa; eu não posso ter trauma ou achar que me apaixonei por um mau caráter, porque a gente só vai descobrir depois. As coisas terríveis que me aconteceram não foram culpa minha, eu não fiz nada. Eu só sei trabalhar com a inteligência, eu só propicio o bem. Fiquei chocada, mas não achando que a vida é ruim. Eu sou uma mulher brasileira, disponível para o amor, que está sempre querendo namorar, casar, beijar. A mulher brasileira tem um colo enorme e talento pro trabalho. E eu quero morrer apaixonada.

TIM MAIA

Para dizer a verdade, ele nunca me deixou na mão. Toda vez que marcamos uma entrevista, Tim Maia foi. Nunca se atrasou. Sempre de muito bom humor, rindo das dificuldades, debochando do mercado fonográfico e reclamando da TV Globo. E, claro, falando o que lhe vinha à cabeça, aos borbotões. Dizia que já tinha sido Salgueiro, católico e América e, naquele momento, se sentia membro do Partido Liberou Geral. E, numa entrevista ao *Sem Censura*, até pediu voto para as próximas eleições. Senador Tim Maia, dizia ele, votem em mim, por favor.

L.N: **Tim Maia está lançando dois discos, *Tim Maia – What a Wonderful World* e *Amigos do Rei, Tim Maia & Os Cariocas* [1997].**

T.M: Estou lançando quatro discos. Dois foram lançados agora e dois estão saindo. Estão na fábrica. Os quatro CDs têm um CD extra, com uma faixa multimídia, interativa. Você bota no computador e tem filmes pornográficos, receita culinária, uma bênção do Santo Padre, o Papa. Mas, na verdade, tem um clipe, a discografia, a biografia. O *Tim Maia — What a Wonderful World* eu gravei todo em inglês. Você sabe, a gente tem que exportar nosso talento. Nossa criatividade. Gravei todo em inglês, com aquelas músicas americanas mela-cueca, aquelas baladas. Esse aqui é o *Tim Maia & Os Cariocas*. Somando tudo aí vai dar mais ou menos uns seiscentos anos. Uns dinossauros. Eles são um grande vocal. Então, fiz quatro discos. Esses dois aí, mais um promocional de todos os discos que vão sair. Não tive essa oportunidade nas outras gravadoras, e, agora que é a nossa gravadora, estamos tentando fazer. Passei às suas mãos os disquinhos porque a Vitória Régia Discos é a única gravadora que apaga as luzes depois das nove da noite, tem mania de pobre... E ainda vão sair *Sorriso de criança* e *Só pra você ouvir e dançar*.

Sua carreira de uns anos para cá voltou a dar uma decolada legal?

É sempre assim. É que nem quando eles falam dos discos do Roberto Carlos. "Não estão vendendo mais esse ano." Aí vendem dois, três milhões. "E Roberto Carlos desta vez vai terminar." Aí vendem quatro milhões. É sempre assim. Toda hora dizem que não vai vender mais, está morto, e não está. O lance todo é a mídia. Ela faz e ela destrói, te mata. Quero até agradecer ao meu médico. Tive um problema nos testículos que de repente o negócio inchou assim, mas melhorou. Eu estou sempre indo, nunca voltei. Muitas vezes, eles não me deixam ir. São dez anos sem poder atuar na Globo. É uma sacanagem, não é não? Eu não posso cantar lá por quê? Não fiz nada! Só não fui ao programa do Faustão uma vez só.

E como foi essa história?

Eu fui fazer show no Circo Voador. Nessa época, eu bebia. Agora, só tomo água mineral. Graças a Deus. Eu não bebo, não fumo, não cheiro, não jogo.

Só minto de vez em quando. Isso é normal. Isso é do ser humano. Pois bem, eu fui ao Circo Voador, tomei uns gorozinhos e o show rolou até as quatro e lá vai fumaça. E tinha que chegar ao Faustão às onze. Olha que loucura! Domingo, onze da manhã, cara. E eu tentando sair do Circo Voador às sete horas da manhã. Aí não fui lá, e o Bonifácio Sobrinho alegou que era desrespeito. Não entendi. Nem as minhas músicas podem tocar lá na Globo.

Sua música "Não quero dinheiro", que é de 1971, estourou de novo em 1993 com Marisa Monte. Disseram que foi uma briga da gravadora com as rádios FM porque ela não queria mais divulgar você e as rádios bateram pé e disseram que estavam querendo Tim Maia.

Não existe isso, porque nenhuma gravadora tem essa força. Tudo é tudo e nada é nada. Tem que ir com jeito com tudo. Você não é o dono de nada. A natureza é mais forte que todo mundo. Essa música estourou porque a Marisa Monte cantava nos shows, e foi quem fez tocar outra vez. E o pessoal da noite. Fico emocionado quando falo assim, porque eu sou da parada, eu vou fundo. O pessoal da noite é que faz a música. A mídia é outra coisa. É que nem propaganda. Se acha.

Você está mais empenhado na sua carreira, digamos assim?

Sim, mais empenhado em alguma coisa que me leve para algum lugar. Para uma determinação ou uma meta, vamos dizer assim. Estou agora mais empenhado porque o Bonifácio Sobrinho não me deixa ser de outro jeito. Parece até brincadeira. Eu entrei com uma representação, também, contra os juízes, porque nove músicos me processaram. Tinha dia que tinha um julgamento de manhã e dois de tarde. Eram nove processos. Naquela época eu ainda tomava um uisquezinho e ficava lá meio doidão, e no dia seguinte tinha que ir a três audiências. Aí rolaram uns três ou quatro à revelia. Sei que o negócio está em 230 mil reais cada um. Eu já pedi, escrevi até para o ministro da Justiça, que era o [Nelson] Jobim. Quem sabe o Jobim, parente do Tom Jobim — pensei. Mas não deu muito certo, não. Foi, voltou. Já pedi até uma forcinha porque são 230 mil cada processo.

Aí você resolveu trabalhar mais para pagar?

Para pagar esse pessoal resolvi encarar mais o trabalho porque senão a gente é apagado. A mídia apaga a gente. Gravei quatro CDs com a minha conta bancária pessoal bloqueada, por causa de um músico. O cara é sargento bombeiro. Ele me processou e já levou 100 mil. Já me levaram 500 mil dólares, 500 mil reais e o negócio é me levarem 1,6 milhão porque cada um é 230 mil. Eu não consigo abaixar essas quantias. É isso o que eu digo. São umas coisas que acontecem no Brasil e que ninguém sabe também. Por isso é bom falar. Tem esse negócio agora de músico processar cantor, que não é legal. O cantor leva o músico para trabalhar, dá emprego para as pessoas. Já processaram mil artistas. Outra coisa: a Polygram lançou 17 CDs meus sem autorização e não me pagou até agora.

Processa que assim você paga seus músicos.

Quando é a gente que processa não acontece nada. Só quando eles processam a gente.

E você está trabalhando com outros músicos?

Três desses músicos permaneceram comigo, sem processar. Tem músico que toca comigo há vinte anos. Esses não processaram. Os outros tocavam há pouco tempo. Mas são muitos processos. Gostaria de convidar vocês para darem uma chegadinha lá no Canecão. Pelo amor de Deus. Depois do Carnaval, Joãosinho Trinta, Dominguinhos, vão ver Tim Maia um pouquinho lá. Vai ser um prazer. Vão ouvir "O meu grande amor", aquela música da novela. "Pro meu grande amor/ Meu amor/ Quero ter você, bem perto assim...". Estava naquela novela do SBT que eu pedi para tirar porque é muita sacanagem e a música é romântica. E aquela novela só tem safadeza.

Qual é a novela?

Aquela que todo mundo trepa em qualquer lugar, no banheiro, na pia, na cozinha. Até o padre qualquer dia desses também já está indo. *Dona Beija*. Não. *Dona Anja*. Você ainda não viu não, Leda? Tem que ver. É um programão. Gostaria de agradecer a vocês também pelo convite. Mentira. Eu que me convidei. Falei: "Vou lá." Gostaria de pedir também o voto de vocês porque estou me candidatando a senador nas próximas eleições. Senador Tim Maia, por favor. Partido Liberou Geral.

Tem umas declarações de amor aqui para você que chegaram por fax. Uma diz: "Você é o gordinho mais fofinho do mundo."

Isso é porque ela ainda não me viu nu. Se ela me vir sem roupa, vai ficar gamada.

Um telespectador quer saber por que você não grava Roberto Carlos e qual a sua opinião sobre ele?

Adoro o Roberto Carlos. Gente finíssima. Conheço-o há trinta anos. Ele está devendo um dinheiro para o meu falecido pai porque comia muito lá na pensão dele. Gostava de comida com banana. Nunca mais vi Roberto Carlos. Gostaria de mandar um abraço para ele, que mora na Urca, e pode ir ao meu show e pagar aquele "levadinho" que está devendo desde aquela época. Ele tem um dinheirinho suficiente para pagar o almoço na casa do seu Altivo, né, Roberto Carlos?

Uma fã de Manaus pergunta o que você faz para ficar tão bonito.

Olha bem: eu tomo banho com leite, tomo alcachofra para defecar legal e não ficar com espinha e durmo com travesseiro de pena. E só gosto de tirar fotografia do meu lado direito, que nem o David Copperfield.

Você tem superstições?

Não. Mas não passo debaixo de escada, tenho medo de gato preto e qualquer coisa... Não tenho medo dessas paradas, não. Sinceramente, sou ligado cosmologicamente à natureza porque sou o 18º filho da minha mãe e do meu pai. Não é fácil. Minha mãe teve 19 filhos. É difícil ser o 18º. Ainda mais com essas pílulas anticoncepcionais, essas coisas todas, hoje em dia. Tem o tal do DIU. Eu tenho um amigo cuja mulher botou o DIU, a menina deu um tapa no DIU e o nome dela é Dilma. Pois é, mas eu sou o 18º filho. Minha mãe: Maria Imaculada Maia e meu pai Altivo Maia. Ereto, meu pai, graças a Deus, e eu também puxei, estou com uma gatinha e três filhos. Três filhos e uma neta. Eu sou avô. Me fizeram avô. Você é pai. Avô te fazem. É responsabilidade de outros que acaba caindo para cima de nós. A netinha é o maior barato, é linda, está com 2 anos.

Sua escola de samba é o Salgueiro?

Não posso lhe dizer porque, olha bem, eu nasci na Praça Afonso Pena, entre o Estácio, a Tijuca, a Mangueira. O Salgueiro ali perto. O Borel ali perto, também onde tem tudo. Tem muito samba ali naquela área. Pois é, nascemos ali. Hoje, quando estava vindo aqui para a TVE, nós passamos ali na Coroa, passei pelo Querosene onde começou tudo. Meu primeiro baile funk foi no Querosene. Então, somos aqui dessa área. Aí é difícil dizer qual a minha escola. E gosto também da Viradouro porque acho Niterói bacana. A gente tem um amor por Niterói. Muitos músicos que tocaram comigo são de lá. Existe uma musicalidade muito forte lá. Então, é difícil falar qual a escola de samba do coração. É que nem time. Eu era América. Eu era de Libra e era católico. Depois a gente vai crescendo, vai mudando.

Continua América?

Nem América nem católico nem de Libra. Não sou mais de Libra, não. Eu não estou mais na astrologia, não. Estou totalmente fora dessa.

A poesia é mais fácil quando se está mais para a depressão?

Eu não sou assim tão culto. Eu estudei pouco, parte nos Estados Unidos. Mas eu não tenho cultura suficiente nem para entender poesia. Tenho uma música que fala assim: "Já rodei todo esse mundo/ Procurando encontrar/ Um amor, um bem profundo/ Que eu pudesse realizar/ Os meus sonhos de criança/ Como todo mundo faz/ De formar uma família/ Como era a dos meus pais" ["Essa tal felicidade"]. É a música. A poesia que eu sei.

Isso não é poesia?

Poesia para mim é como eu falei: "Ah, se o mundo inteiro me pudesse ouvir/ Tenho muito pra contar/ Dizer que aprendi" ["Azul da cor do mar"].

Você acha isso pouco?

É a poesia que eu sei. Aquela poesia mais assim de "pudera eu saber..." Essa aí já é mais complicada. Eu sou mais chegado à rima que à poesia. Sou chegado assim também aos slogans e provérbios. Tudo é tudo, nada é nada. Coisa assim, mais rápida. Mais sintetizada. Tcham. Já foi.

Acho que o grande veículo da poesia no Brasil é a música popular.

Acho que o Brasil está precisando de uma universidade afro-brasileira. Aí sim. Cultura para o preto brasileiro que não tem. Tem PUC, LUC, FUC, LOQUE, MOQUE. Tem árabe, tem judeu, tem católico, tem protestante. Tem todos os tipos de faculdade, de universidade. Não tem uma preta. Ou seja, uma negra. Preta que eu digo é: Brazilian African People. Agora estão chamando de *african american*. Agora não somos pretos, somos negros. E uma universidade para o preto, para o negro brasileiro, aí sim. Mas gostaria de aproveitar a audiência do seu programa e dar uma força para o meu irmão, Antonio Maia, que tem 54 livros publicados de poesia, mas não vendeu nenhum.

Esse é o Tim Maia.

Obrigado. Quero agradecer ao Brasil todo. Uma vez estive em Manaus com o Dominguinhos. Fomos e voltamos de avião. Manaus é legal, gostaria muito de ser convidado para voltar lá. Rio Grande do Sul, estive agora lá. Florianópolis, São Paulo... Quero mandar um abraço para o Brasil e falar o seguinte: essas coisas esquisitas que nós falamos, elas existem, mas o negócio é a alegria. Estamos bem. 1997 cheio de amor, cheio de alegria, paz, tranquilidade e muita música, muita vitória e muita paz. Numa boa.

Antonio Carlos Jobim

TOM JOBIM

Antônio Carlos Brasileiro de Almeida Jobim. Tom Jobim. Uma das pessoas mais educadas, agradáveis e simples (no melhor sentido da palavra) que já conheci. O Tom da Plataforma, da Cobal do Leblon, da casa do alto do Jardim Botânico, do estúdio da TV Globo ou do estúdio da TVE. Sempre o mesmo Tom. Sempre com seu jeito doce, divertido, atento e distraído ao mesmo tempo, as roupas meio amassadas. O Tom que tinha certeza que o sucesso de um incomoda os outros, que se considerava um grande trabalhador, que se sentia constrangido no palco, que dizia que o Brasil não era para principiantes. O nosso Tom. De Ipanema, do Rio, do Brasil e de todos os tons.

L.N: **Hoje em dia, você tem trabalhado mais ou menos que antigamente? Você trabalhou muito ao longo desse tempo todo?**

T.J: Muito, muito. Eu sou um grande trabalhador.

As pessoas acham que músico, artista, não trabalha.

Vai ser artista para ver se não. Se não trabalhar, morre de fome. Toquei em barzinho, canções francesas, tudo, tudo. Acompanhei Vicente Celestino, Dalva de Oliveira, Orlando Silva, o pessoal da pesada. E tinha até um violonista na Rádio Nacional que pedia para eu carregar o violão dele. O violão era leve. Os amplificadores é que eram gigantescos. Eu tinha 20 anos e era forte. Não me lembro o nome do violonista. Ele era assim, queixudo, um tipo claro, mas bem queimado do sol. Também escrevi muita música para compositores que eram do povo, humildes, analfabetos. Ganhava 200 mil-réis por partitura. Eles não sabiam nada, nem letra. Letra que eu digo é o alfabeto. Vinham cantarolando "parararapapá". E eu lá, só escrevendo a partitura. Aliás, fui trabalhar na Odeon justamente porque eu queria aprender isso. O Radamés Gnatalli fazia isso muito bem. Ele foi uma espécie de pai pra mim e para muita gente também.

Quando começou o seu sucesso mesmo? Quando você passou a ser tido e havido com respeito?

Para você ficar assim, lendário, tem que viver um bocado. Meus amigos, por exemplo, que morreram logo, não tiveram a oportunidade de receber as medalhas que mereciam. O Newton Mendonça morreu com 33 anos. Ele, inclusive, não chegou a receber o produto do sucesso das músicas que ele tinha em parceria comigo: "Desafinado", "Samba de uma nota só". Pra você virar um nome mesmo, tem que viver muito. Aí você morre com o peito coberto de medalhas. As medalhas, infelizmente no Brasil, são leves. Quando bate o vento assim, à noite, eu sinto o farfalhar das medalhas leves.

Falta alguma medalha? Ou você acha que já recebeu todos os louros que o Brasil deveria te dar?

Os louros, não, eu peguei só as morenas. E acho que esse negócio de muito prêmio traz uma certa animosidade.

Excesso demais, as pessoas até invejam.

Provoca discussão. Você veja, "in *Veja*", as entrevistas são assim: "Bom dia, Tom Jobim." Aí "Bom dia. — emitiu Tom Jobim". Está escrito na entrevista: "Escuta, mas a música dá dinheiro?" "Pouco. — disfarçou Tom Jobim." Cada palavra que se diz da suposta entrevista, que é toda inventada, tem mais um adendozinho que prejudica um pouquinho mais.

Te alfinetam, te criticam aqui no Brasil?

Um pouquinho não, muito. Uma coisa é a mania de perseguição, outra coisa é a perseguição propriamente dita. Chico Anysio disse isso: "Sucesso incomoda." O Chico Anysio é um homem...

Que sabe do sucesso.

De grande sucesso, e outra coisa, é um sujeito maravilhoso, que pegou aqueles velhos atores, aqueles velhos cômicos, aquela turma toda e fez a *Escolinha do Professor Raimundo*. E tem gente ainda que diz que o Chico é não sei o que lá, que quer falar mal. Imagina que, outro dia, bateu o telefone lá em casa, e alguém disse: "Ô Tom, escuta, mas o Chico não te deixa falar no programa, não é? Não te dá uma chancezinha." Evidentemente a garota que falava, uma voz bonita, jovem, achava que estava falando com o Tom Cavalcante, pois disse: "Mas, Tom, você não acha que merecia uma oportunidade maior de mostrar a sua arte?"

Isso não pode ser verdade. É demais alguém confundir o Tom Cavalcante com o Tom Jobim.

Não, não. Não é que ela estivesse confundindo o Tom Jobim com o Tom Cavalcante, mas pegou o número na agenda, viu um Tom e aí ligou. Eu tive vontade de dizer: "Não, absolutamente. O Chico é adorável." As pessoas querem ver o circo pegar fogo. Na banda, tenho pessoas maravilhosas, *stars*, a minha banda é *all stars*: Paulinha Morelenbaum, Jaquinho Morelenbaum, Danilo Caymmi. São pessoas arrasantes. Outro dia um sujeito escreveu: "A Paulinha não precisa do Tom Jobim." É claro que não precisa. A gente sabe que os passarinhos vão voar, evidentemente. Você não vai manter os pássaros dentro da gaiola. Eles nasceram pra voar e são grandes voadores.

Nos Estados Unidos, você ganhou recentemente dois prêmios muito importantes: um, porque é quem mais toca no rádio, depois dos Beatles.

Depois, entrou para o Hall of Fame, ao lado de Cole Porter. E lá não te atacam tanto quanto te atacam aqui, não é não, Tom?

Os Estados Unidos são uma civilização mais do sim do que do não. Aqui nós temos essa coisa de dizer não para as pessoas, achando bonito. É uma herança, talvez, francesa. *"Pas mal."* Quando você quer elogiar uma coisa, você diz que não é ruim. Não é tão mal assim. Não está de todo mal. Mas isso também vai se modificar.

Como você está vendo o Brasil, sentindo o Brasil e pensando o Brasil nesse momento, Tom?

O Brasil é uma coisa formidável. O Brasil, ele vai para adiante de qualquer maneira. O negócio é uma força tão grande, da natureza, e de tudo. Uma força de gente, de mar, de terra, de clima, mineral, vegetal. Um amigo meu diz que o Brasil é uma coisa muito antiga e que, enquanto a gente dorme, ele progride. Cada vez progride mais depressa. É só não atrapalhar muito. O Brasil tem lei que não acaba mais. Não pode fazer nada. Não pode fazer uma indústria, não pode fazer não sei o quê, e tem a polícia, o fiscal. É difícil fazer coisas no Brasil.

Até música?

Música é muito difícil fazer. Ah, o Brasil não é para principiantes. Você pensa que isso aqui é para principiantes, não é nada. Isso aqui é um mundo adiantadíssimo, espertíssimo. Nós temos esperteza pra ensinar ao mundo inteiro. E você tem que ter um know-how incrível pra fazer as coisas, inclusive para fazer disco no Brasil. Quem sabe melhor disso são os outros. Eu não sou um grande vendedor de disco, não sou nada. Eu fiz aqueles arranjos com João Gilberto, e antes fiz arranjo para Dalva de Oliveira. Não sou uma pessoa que tenha, assim, sucesso.

Você é um dos compositores mais tocados no Brasil.

Eu vou te confessar isso com a maior ingenuidade: eu não ouço rádio. Tenho fartura desse negócio de música. Quando eu sento no carro, minha mulher liga o rádio, eu desligo. Automaticamente.

Você é tocado na noite, é tocado nos bares, em tudo.

Isso me deixa muito satisfeito. Eu tenho impressão de que eles me esqueceram em 1937. Voltando àquela história de que depois dos Beatles vem o Tom Jobim. Ora, os Beatles eram quatro, cantavam em inglês, tinham parte mesmo na edição da música e tudo. Mas eu não tenho nada disso. Outro dia, nós tivemos que fazer umas contas, lá em Nova York. "Garota de Ipanema", de todas as músicas que eu fiz, é a mais tocada. É inevitável. Você escreve mil músicas, mas uma toca mais que as outras. Inútil resistir a isso. Fomos fazer as contas e acontece que eu ganho menos de um centavo de dólar com a gravação de "Garota de Ipanema". Quer dizer: se vender um milhão de discos, eu fiz a conta, você ganha...

No Brasil ou no mundo?

No mundo. Você ganha mil dólares. Fiz as contas, acho que dava um pouco mais. Cinco mil dólares. Um milhão de discos. E agora não vai vender um milhão, já vendeu. Então, há uma ilusão de que você vai ganhar um dinheiro. Vai ser músico para ver se ganha dinheiro. O negócio não é tão fácil. É difícil.

Mas você é o Tom Jobim, não é um qualquer.

Leda Nagle, se você fizer mil músicas, naturalmente, com mil migalhas você acaba comendo um pão e ficando gordo. Estou falando sério.

Você tem certeza do gênio que a gente sabe que você é?

Sinceramente, para falar a verdade, tenho a impressão de que nós fomos educados para perder. O chamado perdedor nato. Você já faz as coisas para perder. Eu fui educado num período do Brasil em que o dinheiro era feio, você não podia ganhar dinheiro, tinha de fazer tudo de graça. E a gente fica fazendo de graça a vida toda, uma verdadeira mania. Sempre falei mal de mim. A imprensa algumas vezes exagera, porque as coisas que eu falo mal de Tom Jobim são coisas leves. E eles começam a modificar. Escrevem: "O Tom Jobim disse..." Aí vem um negócio que eu não disse. Escrevem tudo de cabeça para baixo, que o país está de pernas para o ar e tal. Acontece. O Villa-Lobos era um gênio e ficou muito sozinho. Até hoje falam mal do Villa-Lobos e ele morreu em 1959.

Você se sente só?

O Villa foi para o exterior, ficou morando lá, e isso isola um pouco a pessoa. Eu não tenho esse problema. Eu vivo no meio dessa turma da bossa nova, comungo com essa turma toda, esses caras são mais ou menos meus filhos, quer dizer, eu não estou isolado de maneira alguma. Eu tenho o Edu Lobo, o Chico Buarque, o Caetano Veloso, o Gilberto Gil, todas essas pessoas fazem parte do meu mundo musical. São pessoas das quais gosto, admiro e que são maravilhosas. O Brasil tem um time danado de craques: Pelé, Senna, e esses caras da música, que são muito bons.

Você se considera um tímido?

Sempre houve uma timidez incrível. Quando jovem, eu era amarelo, magro, pálido. Tom Magro Jobim. Não tinha barriga, nada disso. As garotas gostavam de mim. "Nos olhos das mulheres, no espelho do meu quarto é que eu vejo a minha idade. O retrato da sala faz lembrar com saudade a minha mocidade." Isso já se cantava há tempos, era quase uma atitude: eu com o Newton Mendonça, aquela noite eterna, tomar cachaça, aquela Brahma morna em cima do piano. O piano queimado com aqueles cigarros que a gente fumava, acendia um no outro e tragava aquilo tudo. Um negócio pavoroso. Um dia deu aquele estalo dentro da boate. Eu olhei e havia aquele furo na parede, aquela mossa, de onde corria aquela cachoeirinha de cal. E o sujeito com o revólver na mão. Ele virou para mim e perguntou: "E você, vai continuar tocando seu piano?" Eu respondi: "Imediatamente." Eu ia discutir com um homem desses? Se ele pedisse para tocar agora, eu não tocaria.

Olhando sua obra, quais músicas você considera as melhores?

Umas músicas fazem mais sucesso que as outras. Todo mundo é igual, mas tem umas pessoas que são mais iguais que as outras. Falar de música é meio difícil. Mas o pessoal gosta de falar, escreve aqueles livros e diz que a música é amarela, azul, uma coisa meio estranha. Se você vai falar de música, não vai ser música.

Do que você gosta mais: de tocar, de cantar ou de compor?

Não sei. Nunca fui assim um homem de palco. Acho que estar no palco é um negócio difícil. Você é um e tem duas mil pessoas olhando para você. Isso me constrange. É claro que melhorei, ninguém chega aos 66 anos sem melhorar a performance. Muitas vezes, dizem: é o mesmo show aquele do Tom Jobim. Não é isso. É o mesmo show, mas só que as músicas são diferentes. O Nelson Freire faz o mesmo show? Pode ser o mesmo piano, a mesma roupa, mas num show ele toca Brahms e no outro ele toca Chopin, em outro ainda ele toca Villa-Lobos. São shows completamente diferentes. E esse pessoal parece que não está atento às músicas. Evidentemente que, quando você faz um show, o público vai pedir certas canjas, certas músicas conhecidas. Isso é inevitável. O Sinatra vai ter que cantar "Night and Day". Se você não fizer esse troço, é um troço desagradável.

Fica meio antipático.

Estamos ali para agradar ao público. Agora que os meus desejos já me abandonaram, tenho que satisfazer o desejo dos outros. Tenho que satisfazer os desejos dos meus filhos, dos meus netos. Quero não sei lá o quê. Se eles me dizem que querem ir ao Parque dos Dinossauros, tenho que levá-los lá.

E a inspiração, como você lida com ela? Quando você compõe?

A música moderna é 5% de inspiração e 95% de transpiração. O Villa-Lobos, quando estava morrendo, veio para o Brasil morrer. E aparece aquela repórter nova, que o jornal não paga, aquela bonitinha, que está fazendo curso de jornalismo na PUC, e fala: "Maestro, o que o senhor está compondo agora?" O Villas-Lobos respondeu: "Agora estou decompondo." Temos dois trabalhos na vida: um de compor e outro de decompor. Tudo termina bem. Eu componho no avião, na floresta e não preciso de instrumento. Fiz "Bonita" em um trem quando atravessava o deserto e dediquei a uma atriz, filha de um ventríloquo, Janice. Ela deu uma namoradinha com o Tarso de Castro.

E as outras músicas com nomes de mulheres?

Tenho muitas músicas com nomes de mulheres. Isso já me causou e me causa problemas. Geralmente troco os nomes. Mas dá o mesmo problema. O Dorival Caymmi teve um problema no interior da Bahia quando cantou "Marina, morena...". Um sujeito queria matá-lo, porque achou que a Marina era a mulher dele. As confusões são muitas: Dindi é nome de um morro, mas o Aloísio de Oliveira, parceiro na música, começou a namorar a Silvia Telles e apelidou-a de Dindi. Aí pareceu que ele tinha feito uma música para a Silvinha. O que eu vou dizer? Tudo bem.

O Tom ouve o Tom em casa?

Só profissionalmente. Quando me pedem para escrever uma música, eu tenho que ouvir o Tom. Tenho que ouvir para consertar o negócio que está escrito errado. É muito doloroso esse negócio de *songbook*, que antigamente se chamava "cancioneiro".

Você escreve como?

Com lápis japonês que tem apontador, borracha. Tive grandes mestres: Radamés Gnatalli, Léo Perachi, Nilo Panicalli. Todo esse pessoal que me ajudou. Eu nunca tive muita ambição. O que me faltou um pouco foi a ambição de querer ser um artista. Sempre me escondi, trabalhei atrás da cortina. O Sinatra falou esse troço comigo: "Você precisa vir mais aqui."

Você teve muitos convites para trabalhar no exterior?

Tive convite para ficar na Califórnia. E muitos contemporâneos meus ficaram lá. Mas isso é quando você não tem um país. Eu tenho o Brasil. O Mário de Andrade dizia: "Olha, você tem que ser brasileiro. Se você for medíocre, faça música brasileira. Se você for mais ou menos, faça música brasileira. E se você for um gênio, faça música brasileira." Lá fora está cheio de músicos de todos os lugares do mundo: russos, poloneses, italianos, franceses, Michel Legrand, e mesmo brasileiros, Sérgio Mendes e mais tanta gente. Hollywood não precisa de mais ninguém. Eu gosto mesmo é daqui. Faço música brasileira, porque nasci aqui. Se tivesse nascido na Bulgária, faria música búlgara.

É verdade que você gosta de cantar músicas de outros autores, de Noel Rosa?

Eu passei a minha vida cantando músicas dos outros. Isso é que me deu uma certa alegria. Canto músicas de Dorival Caymmi, Vinicius de Moraes. Eu tenho que gravar outras coisas, porque não dá para ficar só dentro da pessoa. "Quem de dentro de si não sai, vai morrer sem amar ninguém", como dizia o Vinicius. Acho bom dar essa arejada. Eu tenho que gravar uma canção da Leda Nagle.

Ah, quem dera.

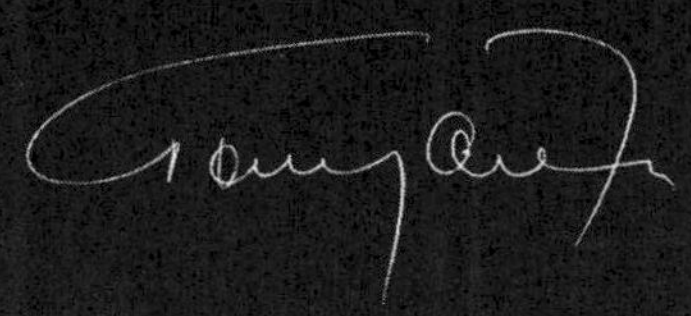

TONY RAMOS

A primeira vez que entrevistei Tony Ramos foi em meados dos anos 1970. Eu ainda não fazia televisão. Também não existiam as revistas de celebridades. Trabalhava numa revista que tinha fotonovela e um pequeno caderno de páginas cor-de-rosa, no qual se falava de televisão e novelas. Tony Ramos já era um ator de destaque na TV Tupi. Daquela entrevista até hoje se passaram mais de trinta anos. De lá pra cá ele foi um pouco de tudo: italiano, grego, brasileiro, executivo, músico, enfim, inúmeras outras pessoas em 43 novelas, 15 filmes, 22 peças de teatro, quatro minisséries e cerca de oitenta teleteatros em 45 anos de carreira. Eu o entrevistei muitas e muitas vezes. Por conta de seus personagens e até por causa da visita do papa ao Brasil. E, em todos os momentos, sem nenhuma exceção, Tony foi a mesma pessoa atenciosa e educada, cidadão convicto de suas ideias e ator disciplinado. Enfim, o tipo não importa, o cabelo também não. Nem o sotaque. Ele arrebenta. E chega aos 60 anos com a mesma delicadeza e dedicação com que construiu sua carreira. É uma pessoa que gosta da vida, de um bom vinho, de uma boa mesa e de sua amada Lidiane, com quem divide a vida há quase quarenta anos.

L.N: **Fazer novela ainda é um prazer?**

T.R: Novela, já diz a palavra, é um novelo de situações. E a dramaturgia é essa, no folhetim você tem que torcer, tem que acreditar, até não concordar, não importa. Ou concordar, bater palmas. Novela é isso, não tem outra fórmula. Quando inventaram de fazer diferente, não deu certo. Quando se inventa de não fazer um grande folhetim, não dá certo e não dará. Eu faço novela há 42 anos, não meses. Eu sei bem como é fazer novela, sem pedantismo algum, sei como é isso, como funciona. Agora, eu não sei do que o público vai gostar. Isso não! Aliás, ninguém sabe. Nem o autor, nem a televisão, nem o diretor. Mas, como ator, acho que o importante é achar a alma de cada personagem — e digo isso sempre para a turma jovem, que está começando agora. Só se consegue ter, de fato, uma história agradável, pulsante, interessante e que prenda a atenção do espectador quando se tem essas almas afloradas. Daniel Filho tem razão quando diz: "É muito difícil dizer 'eu te amo' de uma forma interpretada. Na vida real, é fácil. Mas dizer em uma novela e não ficar canastrão, esquisito, falso, é muito difícil." É como pedir champanhe, citando o Daniel, que tem um exemplo maravilhoso: "Um bom teste para o ator: manda pedir champanhe." Se entrar em cena e disser champanhe com voz firme, ai, que horror! E se disser champanhe com voz melodiosa, horror e meio! E se disser champanhe com voz suave para a parceira em cena, você ganhou a cena. Então, são essas nuanças que demonstram a alma do personagem.

A novela tem compromisso com alguma mensagem social ou é apenas entretenimento?

Acho positivo quando se dá a mensagem final. Esse negócio de dizer assim: "Novela não tem que ter mensagem não, deixa em aberto." Tem que ter sim, gente! É uma obra muito popular, de comoção absoluta. E de uma cumplicidade nacional.

Você gosta de saber o final antecipadamente?

Não quero saber, não me contem o final. É chato. É mixo. Corporativamente, os jornalistas dizem: "Ah, mas mesmo falando, eles [os telespectadores] vão assistir." Mas ninguém conta o final de um filme.

Você gosta muito de fazer teatro também, não?

Claro que sim. Eu sou um homem que nasceu no teatro. Do teatro é que eu fui pra televisão. Estou nisso há muito tempo.

O teatro emociona mais? E tensiona mais?

Eu particularmente acho que o que emociona mais o ator é o seu personagem, é a emoção que você põe nele, seja na televisão, no cinema, no teatro. Sempre digo isso, sempre disse, vou continuar dizendo. Acho que o fundamental na nossa carreira é a emoção, seja na comédia, na tragédia, na tragicomédia, no drama, não importa. É você jogar essa emoção para o público. E ele se torna seu cúmplice quando ele entende e percebe a sua emoção.

O que te levou ao teatro?

É complicado. O que me levou ao teatro começa lá longe, na minha infância, no Cine Candelária, na Vila Maria, em São Paulo. Um bairro, na época, e ainda hoje periférico, com mil problemas. Mas havia aquele cinema, que hoje nem existe mais, com as sessões de domingo. Com a nota de dois cruzeiros que eu recebia, aquela nota amarelada, que minha avó ou minha mãe me davam, eu ia para o cinema, ia curtir as minhas matinês de domingo. Ali tudo começou, eu tenho certeza disso. Desde criança ganhava livros do meu tio, o tio Clóvis. A minha família sempre, de alguma maneira, sem querer — eles não sabem disso, acho —, me induziu a isso. Através da leitura, que é a coisa mais importante da vida do cidadão. É a literatura mesmo, é a poesia. A literatura deveria fazer parte da vida de cada um de nós. Cada criança brasileira deveria ter, em cada bairro, uma biblioteca. É fundamental o encontro, o namoro com os livros. A partir daí você vai formando sua personalidade, para o que quer que seja.

E cinema? Você fez *Se eu fosse você* [2006], que virou um estrondo de bilheteria.

Esse é outro momento delicioso porque o povo brasileiro se reencontrou com o cinema nacional. Acho pomposa essa história de "o povo brasileiro". Mas é o povo mesmo porque um filme com 150, ou um pouco mais, cópias levou, em 2006, 3,7 milhões de pessoas às salas de exibição. Isso é uma marca linda, com tantas concorrências que o cinema tem hoje, com tantos problemas. É lindo para a produção brasileira, é lindo para nós.

E a gente lê nos jornais: *O código Da Vinci* estreou com quinhentas, oitocentas cópias. Você leva um tranco.

Aí brincam comigo: por que o *King Kong* não ganhou de vocês? Respondo que é por causa do macaquinho aqui (mostra os pêlos do tórax). Brinquei com isso porque, na verdade, é uma ideia muito boa, um roteiro bem amarrado e esse grande homem, esse grande diretor que é o senhor Daniel Filho. Ele soube pegar esse roteiro, trabalhar, nos ensaiou como em teatro, e *Se eu fosse você* virou esse sucesso.

Como você lida com a crítica?

Claro que o crítico tem uma visão. Eu não respondo críticas por temperamento e por lógica. O crítico tem o direito de dizer o que ele pensa. O livre-arbítrio.

É a visão dele.

Uma visão muito pessoal, muito bem-vinda, não tem problema nenhum. Agora, a visão magnânima é a de quem assiste. De quem acompanha e de quem entende o que é essa tal alma de que eu estou falando, esse mergulho. Muitas vezes, quem analisa pode até ter uma visão crítica, mas, às vezes, fala porque quer falar também. Às vezes com uma audiência muito grande também. O que eu posso falar? Eu estou há muito tempo nisso. E já me acostumei.

Você gosta de um desafio?

O homem tem que experimentar. A vida do ser humano é isso, desde que ele tenha os pés no chão, que ele tenha as objetividades claras na sua vida e que não esteja enganando ninguém, nem a si próprio, principalmente.

E quais são seus planos? Você quer ser diretor?

Quero sim, quero, respondendo objetivamente. Quero dirigir, sim, televisão, quero. Há projetos nesse sentido, não vou esconder de você, não, muito brevemente. Mas o ator vai continuar existindo. Eu jamais vou deixar de ser ator, jamais. Eu adoro trabalhar para o público, eu gosto disso. A gente brinca um pouco antes de começar um trabalho. Em televisão, em teatro, a gente fala assim: "Vamos lá, minha gente, vamos começar." Essa coisa "vamos lá", eu gosto. Só que eu vou intercalar um pouco mais. Acho que não devo aparecer tanto para o espectador. Faço uma minissérie, paro um ano, faço uma novela. Vamos ver. E vou me dedicar um pouco a outras coisas, mas, deixar de representar, nunca.

E o público não ia deixar...

Ser ator é nunca subestimar o público. Você tem que saber que o público sempre sabe mais que você. Você propõe o jogo a ele, você propõe a ele um espetáculo, você propõe a ele uma novela, você propõe a ele uma minissérie. Mas respeitando-o sempre. Porque a emoção dele é aquela que você propõe como tom do espetáculo, mas ele torna-se ou não seu cúmplice na medida em que você deixa que ele jogue com você. Pode ser o espetáculo mais difícil, pode ser uma peça mais difícil. Por isso é que eu adoro qualquer vanguarda que aparece porque tudo é teatro, tudo é vida. Tudo é discussão aberta com o público. E, não o subestimando, ele torna-se cúmplice seu. Não há dúvida. A emoção é o que tem que predominar em qualquer espetáculo.

Você é chamado de "algodão entre cristais". Quando está no elenco de uma novela ou de uma peça, tudo fica mais tranquilo.

Vocês ficam falando isso, depois vão dizer: "Ih, esse cara é muito certinho, muito chato."

Já passou essa fase de te chamarem de certinho?

Não estou nem reclamando. Só estou falando para a pessoa entender que, quando você tem um comportamento de retidão com a vida, não quer dizer que você seja um chato ou um certinho. Não. Você apenas é correto com a vida. Agora, na hora que tenho que contar minhas piadas, as mais escabrosas possíveis, falar de futebol, tomar meus vinhos, estar com os meus amigos na minha casa, sou um ser humano como todos... Aqui, no programa, sou um ser humano igual, só que com limites. Porque você tem que entender que há uma heterogeneidade na audiência e isso precisa ser respeitado. Não vou contar aqui as tais piadas escabrosas. Quanto a ser generoso com meus colegas, isso não é virtude. Ser generoso é o mínimo possível que se espera do ser humano. Senão, a sociedade ficará mais caótica e desigual do que, infelizmente, já é.

Houve algum momento em que esse rótulo te incomodou?

Para ser sincero, sim. Foi quando mudamos para o Rio de Janeiro. Eu tinha aquele sentimento de querer reagir até de uma forma contundente. E a sabedoria da parceira dizia: "Relax. Deixa. Relax, relax. Você é muito pilhado, você fica muito tenso, quer responder. Deixa, vamos tocar o nosso barco!" Esta sabedoria [Lidiane] do meu lado, ali, junto, e a gente tocando o barquinho, não é? E depois, com o tempo, com dois, três anos, miau, acabou esse tipo de problema. Mas as ironias, as brincadeiras, continuavam. Curiosamente, nunca com parceiros meus de trabalho, que conhecem o cidadão Antônio antes de ser Tony, ou Toninho, como minha família me chama. Esses parceiros de trabalho me conhecem no cotidiano e sabem que de fato eu sou uma pessoa e abro o jogo já. Não vou ficar escondendo lero-lero não. Não tenho mesmo preconceitos, não tenho nenhum tipo de expiação pela vida alheia, desconheço o sentimento da inveja. Falo isso de peito aberto, entendeu? Eu desconheço querer saber como fulano está, quanto ganha, como é que... não é? Não suporto esse tipo de papo. Acho que cada um vive a sua vida. Então, se isso tudo é ser careta, é ser certinho, paciência.

Já disseram que seu bom-mocismo virou marketing pessoal.

Sem querer ou querendo, pode ter virado um marketing meu. O fato de ser o bom-moço, bom rapaz. Mas, se fosse, eu não estaria mais me segurando nessa profissão. O que me mantém na minha profissão, definitivamente, é a minha dedicação ao trabalho.

Eu entendo que é chato para você ficar sendo elogiado, mas a sociedade está precisando de exemplos como o seu.

Não me constrange. Você não está me elogiando, está sendo generosa comigo. Doa a quem doer, dê asma a quem quiser ter asma, eu vou continuar abrindo a porta para uma mulher, vou continuar dando a mão para subir uma escada, tomando cuidado com isso. Atendendo as pessoas. Ouvindo uma senhora, uma criança. Não é que eu seja o generoso de plantão porque eu também tenho dor de cabeça, unha encravada, dor de dente, "ai, que saco", dias em que gostaria de ficar em casa. Só que, quando saio de casa, vou para a luta e ninguém tem nada com os meus problemas.

Você e Lidiane se curtem quase o tempo que você tem de carreira? É um casamento longo, não?

Não é tão longo, não. Trinta e sete anos. Mas estamos juntos há uns quarenta anos. E não abro mão dela para nada. A televisão sabe disso. Para onde eu for, ela irá comigo.

Ela está incluída no pacote?

No pacote, não. Pacote, só levo na mala. Ela está incluída na minha vida. Mas eu paro por aqui, sabe por quê? Ela já falou: "Para de falar em mim porque aí vão dizer que você é chato, certinho." Mas tenho uma certeza: se nosso casamento não tivesse dado certo, eu estaria na quarta ou quinta relação. E ela também, porque a Lidiane é muito libertária. Mas deu certo. Minha mãe casou-se três vezes. É viúva do meu pai, do meu padrasto e casou-se uma terceira vez, que não deu certo. Minha sogra casou-se duas vezes. São mulheres lindas, maravilhosas, corajosas. A vida é assim, as pessoas ficam casadas, desfazem casamentos, casam-se de novo. As pessoas adoram dizer que os artistas casam e separam muito. Tem muito advogado que já se casou quatro vezes, muitos engenheiros casados três vezes, médicos, cinco vezes. Não gosto quando falam isso só porque o artista fica exposto mais do que os outros. O casamento é um exercício de vida. Ele pode dar certo ou não. O importante é ser feliz. Obviamente tem que haver o amor, o desejo das partes. E tem que haver uma coisa mágica, o espaço dela. Como ela diz. De fato, ela é assim: uma mulher que é dona do nariz dela, sabe o que quer, como quer. E respeita o meu espaço, os meus silêncios, assim como eu os dela. Silêncio é uma coisa importante na vida de um casal. Eu disse isso aos meus filhos: sejam felizes. Não fiquem pegando o pai e a mãe como espelho de vida. Vocês vão construir as suas vidas. E vão à luta. O meu deu certo e não vou pedir perdão para ninguém. Amo a minha companheira, amo a minha mulher e estamos fazendo a nossa vida e pronto.

Até que ponto a religiosidade de vocês ajuda nessa relação?

A religiosidade está presente na postura que eu tenho com a vida. Não suporto qualquer tipo de desrespeito à espécie humana. Não importa a categoria social, racial ou que tipo de credo tenha. Acho que a religiosidade está presente nisso. Ser ou não ser religioso passa por vários e vários departamentos. Não sou religioso, até como gostaria de ser, um pouco mais entendido dos meandros da teologia, por exemplo. Mas a minha religiosidade está impressa dentro da minha mente, do meu coração. Na atitude que eu tenho, na criação e na formação de meus filhos. Na relação que estabeleço com as pessoas que trabalham para mim. Na relação que eu tenho com minha mulher, com minha mãe, sogra, irmã, sobrinhos. Você não precisa ser o homem da primeira missa do domingo, o homem de todas elas do domingo e de todas as semanas, para ser um ser religioso. Ou de outras religiões, para ser um ser religioso. A sua religiosidade tem que ser na sua prática diária de vida.

Como é ter netos?

Uma delícia! É tão bom ser chamado de vovô! Tenho um casal, ambos filhos de Rodrigo, meu filho mais velho. Não tem nada mais gostoso que vê-los falando "vovô", com o jeitinho deles. Agora, o Henrique está trocando os dentes. E não tem nenhum problema por isso. Ele mesmo vem falar para gente: "Caiu esse, caiu aquele dente." Aí, vem a menina. Isso é um ciclo. É tão bom a idade vir. A família vem e cresce. Então, minha filha também é casada, com o Sílvio. Rodrigo é casado com Priscila. É uma família que tocou sua vida e hoje deixa nós dois quietos, em casa. De vez em quando eles vão lá.

E continua gostando de um vinho?

De um não, de vários.

Você cozinha bem?

Não cozinho bem, sou curioso. Não dá para competir com a Lidiane, que cozinha muito bem, aliás uma característica das mulheres da família. Mas não faço feio, não. Quando fico sozinho, eu mando bala. Não é ovo frito não, só para não morrer de fome. Faço uma pasta muito boa, bons molhos, sei fazer um assado. Não aprendi ainda o ponto do arroz com feijão. Mas vou aprender.

ZECA PAGODINHO

A primeira vez que entrevistei Zeca Pagodinho foi no estúdio do telejornal *Hoje*. Era a primeira entrevista dele na televisão e pode ser vista no YouTube. Foi no dia 9 de agosto de 1986. Magrinho, sisudo, tímido, tenso, cara de garoto. Jessé Gomes da Silva Filho tinha vendido 200 mil discos em 45 dias. O sucesso do garoto nascido no Irajá, criado em Del Castilho, protetor do pessoal de Xerém, na Baixada Fluminense, estava só começando. E, vamos combinar, de lá pra cá, ele ficou mais alegre, menos tímido, muito menos tenso, ganhou uns quilinhos, mas na essência mudou muito pouco. Sua crença em São Jorge/Ogum, sua promessa de distribuir doces no Dia de São Cosme e São Damião, sua cerveja, seu compromisso com o melhor do samba e sua presença forte com a família... nada disso mudou nestes 23 anos que separam um Zeca do outro. Cercado pelos amigos, tomando sua cerveja e perguntando pelos filhos, a todo minuto, para sua inseparável Mônica. Outro Zeca não há.

L.N: **Como foi o começo?**

Z.P: Nasci em Irajá e fui criado em Del Castilho, naquele vai-e-vem. Irajá, Del Castilho e vice-versa até completar os 18 anos, quando eu, digamos, caí na graça. Aí fiquei à vontade.

Caiu na vida mesmo?

Isso aí. Já fui direto: Irajá, Del Castilho, Inhaúma, Engenho da Rainha, Cascadura.

E como a música entrou na sua vida? Desde pequeno, sua família era musical?

Lá em casa, até hoje, tudo é motivo para samba, motivo para cantar. E eu fui descambando. Começando a escrever uns negocinhos. Eu e meu parceiro Cláudio Camunguelo, grande flautista, fizemos um festival na Portela em 1982, o Faz Samba, com a música chamada "Amarguras". Daí, não sei como cheguei aqui e nem sei por que estou aqui.

Mas não quiseram te enquadrar na tua casa: "Vai estudar, vai se formar nisso ou naquilo"? Ou desde cedo você mostrava que não era para ser enquadrado?

Meu negócio sempre foi na rua e no samba. E as rodas boas, tipo Cacique de Ramos, Pagode da Tia Doca. Não desde menino, porque não tinha aquela autonomia de dizer: "Vou ali." Lá em casa tinha hora. Depois liberou, quando viram que não tinha mais jeito. Como diz o meu amigo Paulão [Sete Cordas]: quando o pai e a mãe abandonam, tem que ir à luta. Fui à luta e, de repente, descobri Beth Carvalho e o maestro Rildo Hora em 1984.

E a Beth ia mesmo lá na fonte, ela sempre frequentou o Cacique.

Foi onde ela fez aquele disco, *Suor no rosto*. "Camarão que dorme a onda leva" e "Jiló com pimenta" eram algumas das faixas, e estouraram. A minha primeira música gravada foi pelo Valmir Lima, com produção do Ivan Paulo. Música minha com o Arlindo Cruz chamada "Dez mandamentos". "A gente vagueia no mundo sem saber por quê/ Quantos olhos se fecham praqueles que estavam a sofrer/ É que os homens se esquecem de quem vive a pedir clemência/ E não sabem sequer a razão da sua resistência/ Ah, meu

Senhor/ Oh, meu Senhor, por favor/ Venha ouvir os meus tristes lamentos/ Venha à Terra outra vez dar amor/ E dizer nos seus dez mandamentos..." Depois gravei com o Mussum também. O Rildo Hora fez o arranjo. Nego bão... Mas, entrar em estúdio pela primeira vez, foi com a Beth Carvalho. E aí começou realmente tudo.

O Cacique de Ramos era uma fábrica de talentos, não é?

Eu e Arlindo Cruz chegamos lá juntos. Tinha a mesa, o primeiro anel, que era dos grandes. Beto Sem Braço quando chegava, parava todo mundo. Aquela voz rouca dele. Geraldo Babão. Não eram artistas, eram compositores, partideiros do samba, do verso, da malandragem, no bom sentido. Havia o segundo anel e o terceiro, que era para o espectador. Então você ia ganhando vaga. Até chegar na mesa. A gente ficava fascinado ali. Os feras cantavam. Aí entrava o segundo time. Um dia eu arrisquei, falei para o Arlindo: "Vambora, cumpadi, vamos ver como é que é aquilo lá!" E logo a gente já tava no primeiro anel, né. Garantimos o nosso lugar na mesa. Hoje sou parceiro do Almir, sou parceiro do Martinho, da turma do primeiro anel.

Você toma todas pra trabalhar ou só umas 12 mil assim?

Só de cervejinha. Devagar. Toco até com duas cordas. Toco do jeito que tiver. Mas para isso tenho que estar bem preparado. Coberto e alinhado. E pior que sai, hein?

Mas você nunca aprendeu música não, né? E como você faz pra compor? Tem alguma rotina?

Há muito tempo que estou meio devagar nesse negócio de compor. Você pega uma direção assim de artista, aí fica meio vagabundo. Chega em casa, quer esquecer um pouquinho dessas coisas. Meu negócio mesmo é escrever. Pego assim alguns parceiros tipo Wilson Moreira, um cara que nunca estudou música, mas faz melodia que não é qualquer um que pode tocar. Quando comecei, vi muitas vezes o Wilson chegar às rodas de samba e o cara que tava tocando se mandar: "Guentaí que vou ao banheiro." Outro ia não sei onde. O outro escondia o violão. Tudo por respeito e por medo de não conseguir tocar as músicas dele. Pois bem, prefiro ficar fazendo letra para os meus parceiros. Já foi assim. Eu ia para a casa do Arlindo Cruz em outro tempo e a gente fazia três, quatro músicas num dia. "Vamos falar disso aqui agora?" "Vamos. Vai tocando aí que eu vou escrevendo." Mas agora, não. A gente vai ficando meio cansado. Meio vagabundo. Tem os filhos para cuidar, para brincar um bocado, não é não? Agora, com esse negócio de sucesso, você fica com um compromisso. Quando vai chegando perto do disco, você vai ficando preocupado porque tem que fazer alguma coisa. Aí eu procuro encontrar os amigos, e de um caso sai uma história. Meu irmão tem que fazer, tem que fazer. Na hora, a gente pede força, ela vem. Gravo, também, muita música só dos outros. Acontece que, quando a gente atinge um ponto de vendagem grande, muita gente que é do nosso time precisa gravar para botar uma telha nova no barraco. Eu poderia muito bem me reunir um dia com um, outro dia com outro e fazer um disco com dez músicas minhas. Mas e aí? E meu batalhão fica onde? Com os amigos a gente divide coisa boa. É verdade que pode ser amigo, mas, se a música não tá legal, espera o outro ano. Bom, mas não é bombom.

E esse sucesso todo, Zeca, está maravilhoso, não?

Olha, cara, é como eu costumo dizer: o sucesso é o da mídia porque no nosso meio, na nossa aldeia, é sempre um sucesso. Às vezes o cara diz pra mim: "Poxa, o Almir Guineto sumiu!" Sumiu nada. Tá lá e bem. Tá cantando bonito, tá compondo mais, só não tá na mídia. Mas onde tem samba que tem Almir Guineto todo mundo sabe que tem coisa boa. Casa lotada, né?

Mas você foi abraçado carinhosamente assim pela mídia?

Pela segunda vez. Me abraçaram uma vez, depois me largaram pra eu respirar. E agora me abraçaram de novo. E foi um abraço apertado. Vou te contar. Dinheiro? Olha, Leda, eu morava em Del Castilho e tinha um negocinho em Irajá, uma namorada. Tinha época de eu não ter o dinheiro da passagem pra ir ver a minha namorada. Desde o momento que eu passei a ter o dinheiro da passagem pra eu me locomover pra onde eu quisesse tava bacana. Tem um jogador de futebol amigo nosso, não vou dizer o nome porque não pedi pra ele pra dizer, ele me disse uma vez que começou a sentir que alguma coisa havia mudado exatamente na hora em que ele não teve que passar debaixo da roleta do ônibus. E o cara é famosão hoje e tal. E isso fez a diferença. Quando pude tomar a minha cerveja, ajudar a minha mãe, a minha tia, os meus amigos, "Zeca, me dá um maço de cigarros aí", ali pra mim já tava legal. O meu luxo é muito baratinho. É um isopor de cerveja...

Você lidou bem com o sucesso desde o começo?

Agora que estou começando a me acostumar. Me pegaram de trambolhão. Eu não estava acostumado a andar arrumadinho, ter que encarar luzes, câmeras e tal. E até hoje não estou muito, não. Vou me habituando assim aos pouquinhos. Agora que estou acordando, porque é tipo pesadelo. Leva um "caixote" na praia e depois pergunta: "Onde eu tô?" Não sei se a barraca é pra lá ou pra cá. A ouvir minhas músicas toda hora no rádio, eu já me acostumei, porque não é a primeira. Para mim é banalidade. Até abaixo o rádio um pouquinho. Mas tudo que cerca o sucesso... é aí que mora o perigo. Não suporto andar com seguranças porque normalmente eles fazem questão de me segurar. Vou entrar num lugar e tem um monte de gente querendo agarrar em mim, eles têm que fazer o quê? Segurar as pessoas para eu passar! Não. Aí eles me seguram. Aí embola todo mundo. Eu saio rasgado, eles também. Qual é a do segurança? Às vezes, quando vou para o show, falo assim: "Meu irmão, entra e deixa que eu vou porque eles nem sabem quem eu sou. Só vão ver lá no palco. Tem clube que o palco é num canto e a porta no outro, e logo que você bota o pé, tampa de gente: "Zeca, Zeca!" Ah, meu Deus, e agora?

Como você faz?

Como vou entrar naquele salão cheio de gente? Só Deus sabe. Passo, mas daquele jeito, levando arranhão, puxões, apalpações. Só protejo as partes porque tem nego que puxa. Botar um cinto de castidade talvez seja uma opção porque eles puxam mesmo. Tem outra história engraçada de segurança: num show tinha uma mulher que fazia dez anos de casada. E o marido era de Irajá. E ela queria porque queria subir no palco. Primeiro, coitada, quiseram quebrar a mulher. Ela tava insistindo muito. Fiquei naquela: "Por que essa mulher tá insistindo tanto? Alguma coisa tem." Falei: "Peraí, peraí, deixa a mulher subir." Ela subiu, tava meio chumbada, falou lá umas coisas, fez um discurso legal. Eu também já tava meio chumbado. A retirada que foi boa. Ela saiu com microfone, com pedestal, com tudo. Nem precisou o segurança. Ela mesma se enrolou e levou.

Não é só o Zeca que apronta. O público dele também.

Eles é que me botam assim. O povo canta, sobe no palco. Eu não tô nem aí. As meninas jogam flores, anéis, sutiãs e depois ficam com tudo lá balançando à vontade. Abrem a jaqueta assim: vupt. É muito lindo. Teve uma maluca para quem eu falei assim: "Lembra que tu era minha mulher." E ela cismou mesmo que era minha mulher. E foi uma desgraça pra tirar isso da cabeça dela. Chorou e tudo. Falava para os filhos que eu tinha sido marido dela. Ela assumiu mesmo o personagem que eu criei assim, brincando. E foi uma desgraça para tirar a mulher. Eu dormindo, e ela ia lá: "Cadê ele? Aí, manda um leite pras crianças!"

E a sua mulher não fica com ciúme?

Não. Ela sabe que eu volto sempre pra casa. Primeiro dia tenho que tomar um Sonrisal, mas depois fico bom. Tomo um copo d'água com bicarbonato e depois já estou bom.

Você continua até hoje indo ao Cacique, à roda de samba de um modo geral?

Vou a tudo que é lugar. Meu prazer é sentar no meu bom Irajá ou Del Castilho, nas esquinas que eu sempre frequentei, com a minha bermuda, o meu chinelo e a minha boa Brahminha do lado. E conversa fiada. A mesma coisa. Na hora em que eu perder isso, não tem sucesso que pague. Cerveja e samba são as melhores coisas para pressão alta, baixa, média.

O samba e o pagode como estão hoje? É muito pagode e pouco samba. Ou muito samba e pouco pagode?

Rapaz, essa é uma pergunta cavernosa. Não sei nem o que vou lhe dizer. Eu nunca consegui entender isso. Já me perguntaram mais de mil vezes. Vou tentar explicar: você vai pro samba na Portela, mas a bilheteria tá cara, a cerveja tá quente. Vamos supor: na Portela não acontece isso. Mas vamos dizer que aconteça. Lá fora tem a barraca do Djalma, tem a barraca do Tio Nozinho. O samba tá lá, o pagode tá ali. Deu para você entender mais ou menos? O samba tá lá com a sua grande batucada e puxadores, e a Velha Guarda tá ali, os compositores que fazem aquele samba de roda estão do lado. Então dá pra você fazer aquela boa mistura. Quando já tiver sereninho, vai lá dentro, olha o samba e tal. Já dei essa resposta mais de mil vezes, mas não consigo esclarecer porque é muito grande. Mas deu pra entender, não deu?

O que te chateia na carreira? E o que te dá o maior prazer?

É bonito quando você tá no palco, é aplaudido, aquela vibração, aquela energia. Né, não? Mas meu sistema nervoso fica muito abalado, porque tem lugar que você não sabe o que vai encontrar. Não sabe o tipo de público que vai te ver porque, às vezes, você é contratado para ir a um lugar onde nunca foi, que tem gente que tá ali e nem sabe o que é samba, nem gosta. Gosto de fazer teatro, mesmo ganhando menos. Mas a gente se dá mais. Pode fazer uma música mais calminha para a pessoa ouvir e analisar. Show, não. Chega às três horas da manhã num show, tá todo mundo doidão, tu acha que eu vou cantar Cartola? Nego quer ouvir isso? Que nada. Grita logo: "Vambora, 'Brincadeira tem hora', 'Samba pras moças'!" O cara quer é batucada. "Meu candiá incandiou/ Eu vim pro samba, vim pro samba com meu amor/ Incandeia/ Incandeia..."

Eu soube que nos Estados Unidos você foi o maior sucesso.

Mais ou menos. A gente tá acostumado aqui a ir pra botequim e tal, e lá não pode. Incrível. Não tem botequim. Nem aos domingos, que é o dia que a gente tá mais inspirado pra tomar uma, não pode. Teve um dia lá que arrumaram um saco. Só podia beber dentro de um saco. Porque se tirar o saco você vai preso, mas no saco pode. Nunca vi coisa igual! Garrafa feia, quente pra dedéu. Mas aí nós bebemos assim mesmo. E fazer o quê? Mas só pode dentro do saco. Acho que é o saco que bota a pessoa bêbada.

Estou achando você mais elegante...

Mais bonitão, pode falar. Tomo belezol todo dia de manhã.

Está se vestindo com umas roupas legais...

Por quê? Não andava, não? Sabe o que é? Você pega um retrato seu de dez anos atrás, você vai dizer: "Que coisa horrível." Pega um de hoje e vai dizer: "Estou lindona!" Mas daqui a dez, quinze anos vai dizer: "Puxa, não podia usar aquele cabelo." É sempre assim...

Qual é a música que não pode faltar no seu show?

"Saudade louca", do Arlindo Cruz, Monarco e Ratinho, que é do primeiro disco. "Numa estrada dessa vida/ Eu te conheci, ó flor!..." Tem também uma e do meu compadre Wilson Moreira, "Judia de mim".

Qual é a melhor hora do dia?

Eu gosto da noite.

Birita é a cerveja mesmo?

Sim. Se estiver rouco, umas duas ou três garrafas de uísque também dão para o gasto. Mas só se eu estiver rouco.

E comida?

Gosto muito de uma galinha com quiabo, um cabrito com aipim. Ê, cumpade! Uma boa paca. Uma vez, o Zé Kéti chegou lá em casa e falou que tinha sido criado na roça e que adorava aquelas comidas, paca, tatu... Falei: "Rapaz, eu tenho uma paca aí. Vou te dar pra tu levar." Tava no congelador. Fui lá, vi uma porção de embrulho e peguei um e dei pro Zé Kéti. Quando a gente limpa a carne, tira aquelas coisas pra botar pra cachorro. Pelancas e tal. Um dia, fui descongelar pra fazer a limpeza, olhei e encontrei a paca. O que eu dei pro Zé Kéti? E pior que eu tinha perguntado pra ele, antes, se a paca tava boa e ele disse que tava uma delícia. Acho que ele quis ser gentil comigo. Porque eu não dei a paca para ele, e morreu sem me dizer o que foi que eu dei pra ele. Foi gentil, foi bacana, e ainda disse que, quando eu tivesse outra, era para mandar para ele. E foi uma tarde muito boa que nós passamos lá com ele.

E tua casa é sempre assim? Sempre tem cerveja, comida, gente?

Cerveja sempre tem. Pode até não ter gente, mas tendo cerveja, tá bom.

O que você ouve em casa? Samba também?

Gosto de Moreira da Silva, Almir Guineto, Fundo de Quintal, Beth Carvalho. Coisa boa, que é da minha praia. O Moreira não é minha praia, mas gosto dele. Gosto de Silvio Caldas. Gosto de seresta também. Geralmente no meu aparelho fica Monarco, Velha Guarda da Portela, Marçal. Tem época. Agora tá a Velha Guarda da Portela, que eu ganhei de um amigo em São Paulo e que eu não tinha. Todo dia. Até os cachorros já cantam.

E não toca Zeca Pagodinho na parada de sucessos da sua casa?

Não gosto de me ouvir, não. Quando a gente vai fazer o disco, fica ouvindo toda hora. Ouve a base, a voz guia, ouve não sei o quê. Quando o disco sai, a gente já tá cansado. Chega gente lá em casa, eu dou discos meus. Leva esse bagulho, não quero saber se é da coleção. Minha mulher guarda, faz coleção dos meus discos. Mas se eu descobrir onde está, eu dou.

Você tem ideia de quantas músicas já compôs?

Tenho não.

Tem alguém que você gostaria que gravasse suas músicas?

Não.

Antes de você ser famoso, você pensava: se fulano me gravasse, tirava meu nome do SPC?

Mas aí nós estamos pensando em números. Não em alegria pessoal. Aí estamos falando em *advantage*. É outro papo.

Esse é o Zeca Pagodinho. Não é bobo nem nada. Sabe tudo o que tem que fazer.

Finjo de morto para beijar o vivo.

Qual é a melhor frase de uma canção da música popular brasileira?

Américo Jacomino [o Canhoto, compositor, violonista e cavaquinista]: "É inútil prosseguir se forças já não tenho. Tu sabes bem que ela era minha vida, meu doce e grande amor." Aprendi com 12 anos e até hoje faz parte. Sempre que estou reunido com os amigos procuro lembrar as coisas que eu aprendi. Fora do samba, pra sair um caldo diferente.

O que você achou da declaração do João Gilberto, dizendo que você é o maior cantor de samba, que gosta da sua divisão?

Adoro ele também. É legal, porque jamais iria imaginar que João Gilberto sabia que eu existia. Ser elogiado por João Gilberto, né?

O que mais te alegra, te deixa cheio de orgulho de você mesmo?

Meus filhos.

E como você lida com as novas tecnologias dentro de casa? Liga computador, som?

Eu? Não sei mexer em nada. Se tiver de bom humor, sei ligar a televisão.

Você de mau humor é difícil de lidar?

Como todo mundo. É muito difícil eu ficar danado da vida. Mas o que me deixa assim é conversa que não leva a nada. Conversa fiada é bão, você ir para um botequim contar histórias. Fofoca, conversa da vida dos outros, é que me deixa danado. Se a gente olhar muito a vida dos outros, a gente esquece a nossa. E não vai ter progresso nenhum. Gosto muito de conversa boa. Pode ser fiada, mas boa.

Para encerrar, qual é o seu sonho?

Quero ver meus filhos estudando, formados, falando direitinho, crescerem e se casarem. Ver meus netinhos.

Você não estudou, mas fala direitinho.

Mas eu procuro me corrigir. Leio bastante.

Não quer filho no samba, não?

Eu quero filho na música. Seja ela qual for e que seja direito. Para não ficar igual a mim, fazendo as coisas no atropelo. Apesar de dar certo. É natural. Mas, podendo estudar, fazer as coisas direitinho, acho bem melhor. Sabendo tocar direito, você faz qualquer coisa, canta qualquer coisa. E assim, de orelhada, é mais difícil. A não ser que você venha com aquele dom. E nem todo mundo tem esse dom. Eu não estudei, não sei nada, mas sei fazer de tudo um pouquinho. Mas nem todo mundo tem esse dom e não pode contar com a bênção lá de cima sem fazer nada. Graças a Deus, eu tô feliz.

ZÉLIA GATTAI

Foi no dia 1º de dezembro de 2007 que me encontrei com dona Zélia Gattai pela última vez. Passamos juntas algumas horas maravilhosas. Vaidosa, dona Zélia pediu à fiel escudeira para tirar o aparelhinho que a ajudava a respirar. Queria poder andar, conversar livremente. E como conversamos. Falou das viagens com o amado Jorge, me mostrou quadros, fotos e desenhos. Relembrou o dia em que, na casa de Pablo Neruda, na festa dos 50 anos dele, quase teve um retrato pintado por Diego Rivera, o marido de Frida Kahlo. Quase, porque Diego recebeu um telegrama com más notícias sobre a saúde de Frida e partiu. Zélia tinha um jeito muito particular de encarar a vida e as mazelas do dia a dia. Sem perder o humor, mas também sem perder a visão crítica. No final do encontro, ela mesma foi até a estante da sala e pegou um último exemplar do livro que fez em 1986, *Reportagem incompleta*. Um livro de fotos da família e dos amigos. A foto da capa, me contou, foi a primeira que fez com máquina automática. Com um jeito meio maroto confessa: "Armei tudo e corri pra abraçar Jorge." Na dedicatória do livro, a delicadeza de Zélia me acompanha até hoje. Ela escreveu: "Para Leda, querida do meu coração..."

L.N: **É bom ser escritora, Zélia?**

Z.G: Eu acho ótimo. Tomei gosto. Antes de eu escrever, eu era fotógrafa. Comecei a escrever com 63 anos. Não queria escrever, não pensava nunca em escrever um livro. E agora tomei gosto. Quando termino de escrever um livro, sinto falta. Sinto uma saudade danada desse livro. Fica assim, como se estivesse preso pelo cordão umbilical.

Por que a Zélia escritora demorou tanto tempo para desabrochar?

Eu escrevo memórias. E para escrever memórias, é preciso tê-las. É preciso ter vivido e, sobretudo, ter amadurecido. Ter compreendido um pouco o ser humano. Ter se livrado de tantas coisas ruins que a gente carrega, como o sectarismo, o sentido de rancor, às vezes, de vingança. Pequenas coisas, que, às vezes, a gente nem sabe que tem e estão lá no fundo. De maneira que a gente chega assim num certo ponto da vida, depois de ter vivido, sofrido, que entende melhor os problemas.

A gente fica melhor?

Fica. Muito melhor. A gente é muito mais condescendente. Então, meus livros, eu acho, transmitem um pouco da minha maneira de ser. Meu otimismo.

E apesar de as memórias serem histórias do exílio, de um tempo de amargura, de sofrimento, como você consegue não ficar amarga?

Você vê que a palavra "exílio" sugere sempre tristeza, amargura. Mas sabe que o nosso exílio de quase cinco anos serviu de aprendizado. Foram anos que aprendemos muito. Desde o momento que não pudemos voltar para o Brasil, que fomos obrigados a ficar fora da nossa pátria, decidimos tirar proveito disso. Isso sempre foi uma filosofia minha e de Jorge. Tirar proveito, às vezes, de coisas péssimas. Tirar uma parte boa. E essa parte boa, nós aproveitamos muito. Nós conhecemos o mundo. Conhecemos as personalidades mais significativas da nossa época. Ficamos amigos de grandes homens. Coisas que nos enriqueceram enormemente.

Naquele momento em que você estava vivendo o exílio com o Jorge, você sabia, pensava, que iria escrever?

Nunca. Nunca imaginei, nem pretendia escrever livros. Tanto é que nunca fiz anotações. Nunca tive um diário, que é uma coisa que todo mundo gosta. Eu nunca tive paciência.

Tudo isso você tem gravado na memória?

Tudo isso está gravado em mim. Acho que as coisas que me falaram me calaram fundo, ficaram. E essas é que têm importância. O que eu teria de tomar nota não têm importância, porque não ficou em mim. Sou uma espécie de caderno. As pessoas até acham graça e perguntam: "Ô Zélia, como é o nome de fulano?" E eu digo na hora. "E o nome da mulher dele?" Digo também. Acho que tudo depende de um treinamento. A necessidade, às vezes, ajuda.

Você tem a maior intimidade com a chamada máquina de escrever e toda essa composição do livro através do Jorge?

Ah, sim. Desde o primeiro romance que ele escreveu na minha companhia, que foi *Seara vermelha* [1946], eu bati à máquina. E sempre. Tanto é que, quando eu escrevi o *Jardim de inverno*, o Jorge estava escrevendo *O sumiço da santa*. E eu bati o meu e o de Jorge. Quando ele me dava os capítulos, eu parava o meu, e batia os dele.

Quem batia os seus?

Eu mesma.

Quer dizer que até na vida de escritor e escritora a jornada dupla é da mulher mesmo?

É. Eu levantava da máquina para ir fazer uns quitutezinhos para ele.

Você gosta desse lado dona de casa, de cozinhar?

Gosto. Por obrigação, não. O dia a dia, não. Mas, quando necessitava, eu fazia com muito prazer. Inventava pratos, e ele se arregalava. E aí escrevia bem. Escrevia livros lindos. Eu acho isso tudo uma forma de colaboração.

E o teu futuro de escritora, como você lida com ele?

Eu não sei. As minhas coisas sempre acontecem. Desde o primeiro livro, que aconteceu por acaso. Eu não pretendia escrever. Nunca pretendi. Comecei a escrever, a pedido da minha filha, que queria que eu deixasse para as filhas dela uma historiazinha. E a história foi crescendo. Aí surgiu *Anarquistas, graças a Deus* [1979]. E assim foi indo um atrás do outro. Jorge me deu muita força. No primeiro livro, quando ele viu as páginas que eu tinha escrito, me aconselhou: "Escreva um livro da tua infância, uma infância rica. Você pode fazer uma coisa muito boa, sem nenhuma pretensão literária, coisa que você não tem. Escreva da maneira que você fala que você pode fazer um livro bom." Quando terminei o livro de agora, digo que com esse livro encerro minha carreira. Jorge me disse: "De jeito nenhum. Você vai escrever agora um livro sobre a nossa casa na Bahia." A nossa casa é uma casa de opereta e ópera. Lá acontecem as coisas mais incríveis. Tem histórias mirabolantes. Aí Jorge me disse: "Você pode fazer um livro divertidíssimo. Sério e divertido. E você vai escrever esse livro. Eu não abro mão." E quando Jorge não abriu mão e me deu uma credencial dessa, eu achei que tinha mesmo que escrever. Obediente.

Ele ficava orgulhoso?

Acho que ficava sim. Ele dizia: "Sou marido da autora." Eu achava isso divertidíssimo.

Conta a história de Portugal, que é muito divertida.

Nós fomos a Portugal para lançar o *Senhora dona do baile*, e os jornalistas vieram todos em cima de Jorge. Aí Jorge responde: "Hoje eu não estou aqui. Hoje não é comigo. Hoje vocês vão falar é com a dona Zélia Gattai, porque ela é a escritora hoje. Eu sou hoje o marido e pretendo voltar como gigolô." Eles não entenderam, claro. E perguntaram: "Como diz vossa excelência?" Aí Jorge: "Como gigolô. Que ela venda bastante e possa me sustentar, porque há muitos anos eu a sustento." E aí foi que ninguém entendeu mesmo. Se fosse aqui no Brasil dariam muitas gargalhadas. Mas lá eles olharam um pouco desconfiados.

E dona Zélia está escrevendo agora?

Vai sair um livro meu agora. Ainda hoje fiz revisão, a última. Vai se chamar *Memorial do amor* [publicado em 2004].

É um romance?

Meu personagem eterno é Jorge. Não sei escrever a não ser sobre ele, sobre nossa vida, sobre as coisas que nós vivemos, que foram muitas, e ainda teria muito o que escrever, porque foi uma vida intensa. Cinquenta e seis anos. Como eu diria, *full time*. Porque Jorge trabalhava em casa, não era homem de sair de manhã e voltar à noite, como em geral acontece, e também com a mulher que trabalha fora. E aí o casal se vê uma hora, duas assim de passagem. Não, éramos Jorge e eu ali, trabalhando juntos.

Era um casamento intensivo.

Viajamos o mundo inteiro juntos. Conhecemos os países mais distantes e mais estranhos. Às vezes fico sentada diante da televisão vendo passar esses acontecimentos por esse mundo afora e digo: "Meu Deus, eu já estive aí." Por exemplo: na China. Já andei pela Muralha da China. Aparece o Paquistão, eu já estive no Paquistão. Aparece o Ceilão, que agora é Sri Lanka, também. Em todos esses lugares nós estivemos, viajamos juntos e, muitas vezes, em companhia dos amigos mais interessantes, que ajudavam a alegrar a viagem. Só com o Pablo Neruda nós fomos três vezes à China. Mesmo a nossa casa no Rio Vermelho vivia cheia de amigos. Em breve, essa casa será o Memorial Jorge Amado, vai ser aberta aos leitores, aos admiradores de Jorge. É uma casa muito procurada na Bahia por pessoas que vêm de fora. Chegam ônibus lotados e as pessoas pedem por favor para ver a casa de Jorge Amado. Eu saí dessa casa com o coração apertadinho.

Você já saiu da casa?

Já. Os meninos me levaram porque eu estava sozinha. Passei um ano sozinha naquele casarão. Eu e meu cachorrinho, o Fadu. Paloma e João compraram três apartamentos num edifício novo. A Paloma mora no terceiro andar. Eu, no décimo-terceiro; e João, no vigésimo. Fizeram um sanduíche e eu sou o recheio. Até pensei: vou todos os dias lá na minha casa, porque o apartamento onde estou fica a cinco minutos. Mas não vou, não. Cada vez que vou, volto assim, passando a maior tristeza. Mal. Eu me sinto muito triste, porque, inclusive, as cinzas de Jorge estão lá, debaixo de uma mangueira. Ele pediu, ele quem escolheu. Então, vou com Fadu quando posso, quando crio coragem. Mas esta casa vai ficar como ela é. Não tirei nada. A pessoa que visitar a casa vai encontrar a mesa onde ele trabalhava, com a máquina onde ele escrevia, com os óculos dele, com a camisa pendurada na cadeira. Ele gostava de tirar a camisa pra trabalhar de peito nu. Tudo, tudo vai ficar. Com os objetos todos da casa. Os quadros de todos os artistas. A casa vai ficar como era. Para as pessoas que amam Jorge. Como um museu. Cada objeto tem uma história. Em *Memorial do amor*, conto uma porção de história dos objetos. Se eu tivesse tempo, eu contava a história do pato, que é uma coisa lindinha.

Conta, dona Zélia. Imagina se eu vou perder essa história. Não vamos perder isso mesmo.

Estávamos em Paris, passeando. Três dias antes de voltar para o Brasil e dois dias antes do aniversário de Jorge, eu olhei assim no quarto e era uma montanha de pacotes. Tudo o que ele via e gostava, ele comprava. E dizia: "Sem isso já não posso mais viver." Vendo aquele monte de pacotes eu disse: "Ô Jorge, por favor, não vamos comprar mais nada. Eu não sei onde botar isso tudo. Precisa comprar mais mala, porque não cabe em lugar nenhum. Chega na Bahia não tem lugar para colocar, as prateleiras estão cheias, as gavetas transbordando." E ele disse: "Tá bom, minha pequenininha. Vamos ver." Esse "vamos ver" significava "se ele não encontrar mais nada". Saímos e, logo em seguida, em uma loja, ele olha um pato na vitrine e diz: "Hum, que pato mais bonito!" E vai entrando. Eu pensei: Meu Deus do céu, ele vai comprar o pato. "Que lindo o pato", repetiu Jorge. Eu, muito sutilmente, cheguei perto do pato, peguei com as duas mãos e disse: "Ave Maria, que pato mais pesado!" Exagerei muito. "Pesado como o quê!" Ele olhou pra mim, saiu e foi embora. Pronto, ele se aborreceu, pensei. Eu não devia fazer uma coisa dessas. Coitadinho, cortar as asas dele. Ele tem vontade de ter esse pato. Não devia fazer isso. Devia deixar que ele comprasse. Uma coisa a mais, uma coisa a menos... E fiquei me remoendo de remorso. Quando foi depois do almoço, enquanto ele tirava uma soneca, eu saí correndo, fui pra loja e comprei o pato.

Não acredito nisso!

Comprei o pato e escondi no quarto do Calazans, que estava viajando com a gente. No aniversário de Jorge, dois dias depois, levantei cedo, desembrulhei o pato e vim com ele na mão, para causar maior impacto. Entrei no quarto: "Meu amor, parabéns! Presente de teu aniversário." Jorge olhou assim e disse: "Então foi você, sua peste!" Ele tinha ido lá comprar, escondido de mim.

O pato era dele de qualquer forma.

Ele disse uma frase tão bombástica: "Sem este pato, daqui por diante minha vida não terá mais a mínima significação." Essa e outras histórias que conto nesse livro. Neruda era outro: "Ah, que já não posso viver sem isso." E comprava. Uma vez nós fomos a um antiquário em Pequim. E Neruda viu um cavalo enorme, de madeira, todo esculpido. "Ah, que cavalo! Já não posso viver sem este cavalo." O nosso intérprete, que era também um artista, entendia, cochichou no ouvido do Neruda: "Não compre não, porque esse é falsificado. O verdadeiro está no Museu." E Neruda: "Que pouco me importa. Vou comprar esse autêntico falsificado." E comprou. Paloma esteve há poucos meses no Chile e foi visitar o Museu Neruda; viu o autêntico falsificado lá. Viu a bola de cristal de vidro que ele comprou no Rio, e disse que ia ver o futuro e o presente. Na minha casa do Rio Vermelho também tem vários autênticos falsificados. Jorge comprava porque gostava. Não queria saber se era verdadeiro.

Conta mais histórias de outros objetos.

Eu chamo de chorador, mas pode ser também engana-marido. É uma garrafinha azul, de vidro, que o bocal tem o formato de um olho. Quando o marido viaja, a mulher põe o olho neste bocal e chora dentro. Chora, chora, chora até ele voltar. Quando ele volta, ela mostra um mundo de lágrimas que ela chorou, o tanto que ela sofreu.

Toda viagem era assim: malas, malas e malas?

Nós voltávamos quase sempre de navio. E sempre tinha um quartinho reservado para botar as malas. Ele não só comprava para nós, como comprava presentes para todo mundo. Eram uns sessenta presentes. Todo mundo ganhava presentes: os amigos, filhos de amigos, todos. Ele era um presenteiro. Adorava dar perfumes de qualidade.

Agora você tem viajado menos?

Sim, porque o corpo não está mais obedecendo à cabeça. Já completei 88 anos, minha filha. Não há quem diga! Nem eu acredito. Só acredito quando vou começar a andar muito, porque me canso. O que está me mantendo é ainda poder escrever. Sento, escrevo, vivo o passado e conto. Nesse livro *Memorial do amor*, eu conto as coisas todas que nós passamos. A história de nós dois sentados, apostando em duas lagartixas que moravam na nossa sala, atrás de um quadro de Di Cavalcanti. Nós ficávamos depois do jantar, deitadinhos ali, vendo jornal na televisão. E, de repente, saíam duas lagartixas que moravam lá atrás. Uma era rosada, a outra tinha listas escuras em todo o corpo. Jorge logo disse: "A zebrinha é minha." Ficou sendo dele a mais bonita, a mais feia, de dona Zélia. Aí elas iam em direção à luz, que ficava acesa, onde pousavam bichinhos. Jorge dizia que elas iam jantar. E a gente ficava apreciando. De repente, a zebrinha era mais esperta e abocanhava o bichinho. Ele dizia sorrindo: "A minha já comeu. A tua não é de nada." A gente ficava contando quem ganhava. Se era a zebrinha ou se era a minha pobre rosadinha. Durante muito tempo, nos divertimos com essa tolice. Parece tolice, mas nós voltávamos à nossa infância. Eram coisas tão pequenas, bobas, mas para nós não eram.

Reviver, remexer nessas lembranças é uma maneira também de sobreviver, não é?

Acho que é por isso que eu me mantenho vivendo esse passado, lembrando, trazendo-o para a minha vida. Para mim, Jorge está sempre vivo ao meu lado. Tenho um retrato dele enorme, junto do meu computador, onde trabalho. Às vezes tenho algum problema, olho para o retrato de Jorge e tenho a impressão de que ele me dá uma piscada, dizendo assim: "Vai avante." Ele era o meu incentivador. Sempre dizia: "Vai em frente. Trabalha, porque é trabalhando que a gente vai em frente."

ZEZÉ DI CAMARGO E LUCIANO

A vida nem sempre foi fácil para esses meninos goianos. Basta ver um dos filmes de maior bilheteria do país para a gente se comover com a linda e sofrida história deles. Os dois filhos de Francisco, Mirosmar José de Camargo, Zezé, e Welson David de Camargo, Luciano, herdaram do pai a força e a determinação que os levaram ao sucesso, à fama e ao dinheiro. Com a mãe, parecem ter aprendido o melhor sentido da família. Sem perder a doçura nem a simplicidade. Eles bem que têm lá suas diferenças. Zezé é mais alegre, fala mais, talvez se sinta mais à vontade em entrevistas. Luciano dá a impressão de ser mais tímido, talvez um pouco mais inquieto, mas é articulado, gosta de relembrar as histórias da vida familiar. O filme *Dois filhos de Francisco* foi um sonho que eles sonharam juntos. Um desafio que enfrentaram juntos. Aliás, em matéria de desafios eles são vencedores por excelência. Durante 17 anos de carreira venderam mais de 26 milhões de discos, têm 19 álbuns, fazem mais de 120 shows por ano, têm dois Grammys latinos e inúmeros prêmios nacionais. Números que dão dão a Zezé Di Camargo e Luciano a marca da dupla mais popular e mais escutada do país.

L.N: **Vocês estão comemorando 17 anos de carreira?**

Z.C: São 17 anos que estamos na estrada juntos. Já é uma vida. É muito engraçado porque a gente constata isso nas estradas, fazendo shows; chegam fãs com 20 e poucos anos e dizem que gostam da gente desde os 7. Eu me sinto um velhinho. E a fã: "Casei, tive filho." Outro dia em Campo Grande chegou uma mulher muito bonita, de mais ou menos 1,70 metro de altura, morena, e o cara falou assim: "Zezé, faz uma foto com a minha namorada, senão ela morre do coração. Ela tem uma história com você." Eu até brinquei, subi no meio-fio para ficar do tamanho dela. Era uma mulher maravilhosa. E a história dela comigo era a seguinte: "Eu tirei uma foto quando tinha 9 anos sentada no teu colo." E eu: "Tira agora, pelo amor de Deus. A foto foi na hora errada, minha filha." O namorado levou na brincadeira, e ainda bem, porque ele era bem maior do que eu. Existe muito isso com a gente. A primeira vez que fizemos show no Rio de Janeiro, em 1994, infelizmente coincidiu com o final de semana em que o Ayrton Senna morreu. Foi um dos shows mais tristes que fizemos, e com a casa lotada. Esse show significava muito para a gente. O Canecão é uma das casas de shows mais famosas do Brasil. Fui cantar uma vez em Cruzeiro do Sul, no estado do Acre, na divisa do Brasil com o Peru, e a mulher de um capitão da polícia de lá disse assim: "Você um dia vai cantar no Canecão." E o Canecão tinha aquela tradição de todo final de ano apresentar o Roberto Carlos. Eu nem conhecia Rio de Janeiro. Pensei: "Essa mulher está louca. Sertanejo, no Canecão, lá onde canta o Roberto Carlos? Está maluca, delirando." Passou, e, em 1994, eu estava no Canecão cantando, e três semanas com os ingressos esgotados. Subi no palco e lembrei da história da mulher do Acre. Não sei o nome dela, mas ela profetizou. Quando ela falou, os anjos disseram amém. Era um desafio para a gente quando falava no Rio de Janeiro.

L: Mas continua sendo um desafio. Acho que o artista tem que ter isso. Senão ele perde a sua essência. A gente encara isso como um desafio. Quando vem pra cá, vamos trabalhar: vamos fazer televisão, vamos fazer rádio.

Queria falar um pouquinho da vida de vocês. Como é esse negócio de que às vezes não tinha prato, às vezes não tinha comida para botar no prato.

Z.C: É verdade. É um estigma que existe em todo artista que venceu na vida, aliás vários políticos também foram engraxates, lavadores de carros. Nós realmente fomos tudo isso. Nascemos no interior de Goiás, numa fazenda. Eu morei lá até os 12 anos. Depois mudamos para a capital, onde a gente estudou o quanto pôde, e daí para frente foi estudar de noite e trabalhar de dia para ajudar o pai nas despesas da casa. Meu pai era pedreiro e educou oito filhos.

L: Os vagabundos somos nós dois. O resto, todos trabalham.

Z.C: O artista já tem essa fama de que ganha dinheiro mole, e o Luciano ainda fala isso.

L: Na verdade, quem mais trabalha na nossa família somos nós, porque hoje, graças a Deus, todos vivem em torno de Zezé Di Camargo e Luciano. Tem o Emanoel, que trabalha junto comigo, que é quem cuida de toda a parte financeira da minha vida. Tem uma irmã que mora comigo. Outros irmãos são mantidos por nós, outros já trabalham na empresa junto com a gente.

Vocês levantaram e levaram todo mundo junto?

L: Graças a Deus.

Z.C: A gente vive falando em nepotismo.

Vocês cantavam desde crianças.

Z.C: Desde os 7 anos eu já tinha vocação. Vou ser artista. Esse era o meu ideal. A gente morava na fazenda e a diversão que a gente tinha era o rádio de pilha à noite.

E o que tocava nesse rádio?

Z.C: Eram só as duplas sertanejas. Tinha um programa na antiga Rádio Nacional de São Paulo em que toda noite três duplas se apresentavam. A gente já sabia o dia das duplas. Era Pedro Bento e Zé da Estrada; Léo Canhoto e Robertinho; Tião Carreiro e Pardinho. Alvarenga e Ranchinho eram de bem antes.

Pena Branca e Xavantinho?

Z.C: Pena Branca e Xavantinho, por incrível que pareça, é a parte elitizada da música sertaneja. Pintou depois de a música sertaneja já estar na mídia.

Quem foi o responsável pela virada da música sertaneja, por ela estar na mídia? Foi Chitãozinho e Xororó?

Z.C: Acho que vários artistas. Sérgio Reis teve uma parcela muito grande nisso. Ele era um artista que tinha na época um prestígio muito grande. De repente, um cara que fazia música popular começou a gravar música sertaneja tradicional mesmo: "Menino da porteira", "Mágoa de boiadeiro", enfim, o sertanejão mesmo. Aquilo deu um impulso muito grande. E depois as duplas que vieram surgindo. Milionário e Zé Rico têm uma grande parcela. Foram ídolos na China, a ponto de andar na rua com seguranças por causa do filme deles, que fez muito sucesso. Todo mundo alavancou isso. Chitãozinho e Xororó tiveram uma parcela muito grande. Foram a primeira dupla que fez um grande sucesso.

Quando pensaram em fazer o filme *Dois filhos de Francisco*, achavam que ia fazer o sucesso que fez? Vi muita gente que torcia o nariz se render.

Z.C: Ninguém sabia que o filme ia ser aquele sucesso, ninguém imaginava. Quando se falou que ia haver um filme do Zezé Di Camargo e Luciano, todo mundo achou que seríamos os atores do filme, que ia mostrar esse deslumbre que é a vida artística. Quer dizer, mostrar o que já foi mostrado na televisão. Ninguém imaginava que seria essa história linda.

L: É que a gente foi contra o glamour artístico desde a primeira reunião. Não era isso que queríamos.

Z.C: Minha filha, Wanessa Camargo, estava no cinema, passou um trailer do filme e uma senhora, um poço de preconceito, sentada atrás dela, disse assim: "Filme de Chitãozinho e Xororó. Quem quer ver esse filme?" Trocou o nome da dupla, não sei se de propósito para menosprezar a minha filha, e menosprezou o filme. Acho que ela se arrependeu amargamente do que falou. E junto dela, certamente, milhões devem ter se arrependido.

É muito boa a história e o filme foi muito benfeito.

L: Bati de frente com muita gente, porque peguei o começo do filme, desde o processo de roteiro. Os críticos, antes mesmo de sair o filme, já estavam falando mal. Eu ligava pra eles e dizia: "Poxa, espera. Vamos dar tempo ao tempo." E foi assim. Graças a Deus, cada um foi se redimindo aos poucos.

Z.C: Aquela famosa frase: "Não vi e não gostei."

L: Você perguntou se a gente sabia que o filme ia ser sucesso. Tenho até entrevistas nossas em que eu falava que ia bater cinco milhões. E bateu cinco milhões e meio. Eu tinha uma convicção comigo.

Z.C: Eu achava que seriam dois milhões de espectadores, pelo nosso universo em termos de venda de disco. A gente esperava que nossos fãs fossem ver Zezé

Di Camargo e Luciano independentemente do produto do filme. Pura e simplesmente para ouvir a gente, por gostar da gente. Mas o filme, para nossa surpresa, extrapolou. Para você ter uma ideia, a nossa maior média, dentro de uma sala de cinema, foi no Leblon, Zona Sul do Rio de Janeiro.

Isso é maravilhoso.

L: Quando fiquei sabendo em quais filmes passaria o trailer do nosso, eu fui assistir a esses filmes. Porque eu sou louco por cinema. Para ver como seria a reação do pessoal. E quando estava em cartaz, eu fui ao cinema A, B, C, D e E. Então você via a maneira diferente de as pessoas olharem o filme. Tinha cinema em que, quando começava a música: "No dia em que eu..." o povo já levantava o braço: "No dia em que eu saí de casa, minha mãe me disse..." Cantava junto. Em outros, era um silêncio total. Mas é engraçado: no final, todos, todos, todos estavam emocionadíssimos. Eu entrava no escuro, ficava lá no cantinho. E posso dizer que 80% dos cinemas em que eu fui, as pessoas levantavam e batiam palma, como acontece no final de um show.

Z.C: Tem uma passagem no filme muito engraçada. Meu pai fala que dupla sertaneja, aliás dupla caipira, porque ele é louco por Tonico e Tinoco, tem que fazer sua própria música. E eu: "Pai, mas a gente não sabe fazer música. Mal sei tocar algumas coisas na sanfona e cantar." E ele: "Tem um primo meu que mora na fazenda tal, ele vai ficar uns 15 dias aqui em casa e ele é compositor." Compositor? O cara fazia umas coisas lá. Um cara metido. Ficou lá em casa uns 15 dias a pão de ló. A gente fazia tudo o que ele queria. E ele fazendo umas músicas para nós.

L: Malandro.

Z.C: E as músicas passaram a ser nossas. Minha e do meu irmão. E ele fez uma música, na época da ditadura, em 1970, enaltecendo o Brasil: "Viva o nosso presidente, que é um homem onipotente..." Ele achava as palavras bonitas e punha na música, sem saber o que elas significavam. E a gente, pior ainda, cantava. Um dia fomos fazer a Rádio Jornal em Goiânia, um programa ao vivo, no domingo de manhã. Meu pai falou que a gente tinha nossas próprias músicas. Sorte nossa que o apresentador falou: "Deixa eu ver a música que vocês fazem." Puxou a gente para outro estúdio fora do ar e nos botou para cantar. O final da música é assim: "Viva as Forças Armadas com a sua tirania." Mas o primo achava que tirania era outra palavra. Queria colocar as Forças Armadas como se fosse uma coisa austera, de ordem. Ele achava que tirania fosse isso e nós cantávamos de boca cheia. Quando a gente dava viva à tirania das Forças Armadas, o cara deu um puxão na porta e disse: "Vocês estão malucos. Querem que a gente saia daqui todo mundo preso? Estamos no meio de uma ditadura."

Vocês não sabiam nada, nem seu pai?

L: Não. Lá no meio do mato...

Z.C: O compositor falou para nós, e fomos na do compositor.

E nunca mais vocês viram esse primo compositor?

Z.C: Nem quero ver. Vou mandar prendê-lo, mesmo atrasado. Quase que leva a gente em cana.

E quando vocês descobriram que eram compositores?

Z.C: Foi muito por acaso. Comecei a fazer músicas que acreditava que ninguém fosse gostar. Achava que não ia resultar em nada. Até que alguém gravou. Uma dupla que estava explodindo no Brasil, Leandro e Leonardo, gravou uma música minha que foi o primeiro disco de ouro dos dois. Eles eram amigos meus lá de Goiás. Quando gravaram a música e ganharam disco de ouro, senti que as minhas coisas poderiam dar certo. Comecei a compor para outros artistas que começaram a me procurar também. Já comecei a tirar meu sustento daí. Foi quando mudei para São Paulo. Comecei a fazer música todo dia. Cheguei num ano a gravar mais de cinquenta músicas com artistas diferentes, todos sertanejos. Depois a Bethânia gravou. Julio Iglesias gravou. Fiquei mais de cinco anos como o maior arrecadador de direitos autorais. Aquele papelzinho que vem do Ecad [Escritório Central de Arrecadação e Distribuição] de direitos autorais com meu nome em primeiro lugar. Eu olhava nomes como Tom Jobim, Roberto, Erasmo... e o meu nome em primeiro. Para mim era uma glória. Não menosprezando os outros. Mas era uma conquista. Eu plastifiquei e guardei o primeiro papelzinho do Ecad.

E como você consegue interpretar tão bem a alma do povo a ponto de ser o maior arrecadador do Brasil?

Z.C: Porque eu sou povo, minha origem é o povo. Antes de ser Zezé Di Camargo eu sou povo. Gosto exatamente daquilo que o povo gosta. É autenticidade. Faço aquilo e, quando ouço, me arrepio. Então a gente consegue chegar no coração do povo.

Qual é a música que não pode faltar nos shows de vocês?

L: "É o amor". Foi essa música que abriu as portas para Zezé Di Camargo e Luciano. Então, até o último show da nossa vida, da nossa carreira, vamos ter que cantar "É o amor".

Quando Bethânia gravou, como foi?

Z.C: Eu recebi um telefonema dizendo que a Bethânia queria gravar uma música minha. Perguntei: "Como está a sanidade mental dela? Está no seu juízo perfeito?" Depois de o pessoal me dizer que sim, quis saber que música era. "É o amor", responderam. Falei: "Essa música já foi gravada por nós e por outros, em bossa nova, em samba, em tudo." Disseram: "Mas a Bethânia vai gravar." Bom, ter uma música na voz da Bethânia é um privilégio, até brinco que é uma chancela de qualidade. A Bethânia gravou, foi sucesso e virou trilha sonora de novela. A gente até colocou na trilha sonora do filme a versão cantada por ela. Quem fez a trilha do filme fomos eu e o Caetano. E foi uma surpresa muito grande. Na primeira reunião que tive com o Caetano, levei um punhado de CDs, discos velhos, inclusive alguns municiados por mim e pelo Luciano, de duplas sertanejas antigas que eu achava que deveriam compor o roteiro musical. Quando mostrei para o Caetano, fiquei surpreso, porque ele conhecia tudo. Dizia: "Conheço Alvarenga e Ranchinho, conheço esse, aquele." E eu: "Mas você é da Bahia, tem outra formação musical."

L: Caetano é um celeiro musical muito grande.

Z.C: Fiquei encabulado com essa diversidade musical dele. Primeiro eu ia convidá-lo para cantar com a gente uma música na trilha sonora, tanto que perguntei isso para a Paula Lavigne. E ela: "Acho que ele vai adorar, porque adorou o filme." Ele já tinha visto um copião. Aí a Paula ligou para ele, comigo do lado dela. Eu falei: "Caetano, queria te convidar para fazer a trilha sonora do filme comigo." A Paula me tomou o telefone e falou: "Caramba, não era uma música?"

L: Eu tinha dito: se ele falar não, você pede para participar de uma música que ele aceita.

Z.C: Decidi jogar a rede inteira. E ele adorou. E respondeu: "Com o maior prazer. É um universo que quero aprofundar mais." O Caetano contribuiu muito também para o sucesso do filme. Ele fez matéria, foi para a televisão com a gente divulgar o filme, esteve com a gente nas *premières*. A Paula, além de ter trazido o Caetano, nos ensinou muito.

L: Por mais que eu gostasse de cinema, quando surgiu a ideia de fazer o filme, o Zezé decidiu que eu ia ser a ponte da família. A história toda é baseada no meu pai e no Zezé. A gente queria também surpreender o Zezé. Como a gente vai fazer um filme da história dele e ficar toda hora cutucando ele? Gostou disso ou daquilo? Tira a emoção. Então, a Paula ensinou isso para a gente. Eu assisti a cada corte. Participei de tudo.

Z.C: Eu só vi no cinema. Chorei pra burro. Um choro chique. Chorei ao lado do Caetano, do lado de todo mundo.

E você, Luciano, não ficou nem um pouco incomodado com isso? Gostou dessa homenagem ao seu pai e ao Zezé?

L: Pelo amor de Deus. Nem um pouco. Amei. Na verdade, poder fazer esse filme foi uma retribuição. Teve um dia em que o Breno [Silveira, diretor do filme *Dois filhos de Francisco*] queria me entrevistar e eu disse: "A minha vida é como a de qualquer outro menino urbano que é engraxate, começa a trabalhar de office-boy." O encanto desse filme está justamente na primeira parte da história deles, que é essa criança que nasceu e esse pai que sonhou em ter um filho cantando. E, de repente, queria o segundo filho cantando. Queria um time de futebol. E na primeira vez que meu pai deixou de acreditar nesse sonho, disse: "Tenho que fazer uma escola para esses meninos. Se eles não forem nada na vida, vão ter que estudar." O que fiz foi uma retribuição a toda a minha família. Não só ao Zezé. No dia da primeira apresentação, falei: "Quero sentar aqui, meus pais ali, o Zezé assim." Porque eu queria estar numa posição em que eu pudesse olhar e ver todos. A reação de cada um deles. Eu perguntei: "E aí, pai, gostou?" E ele: "Gostei, meu *fio*, mas aquela tela vai invadindo a cabeça da gente assim." Ele ficou com medo.

Z.C: Foi a primeira vez que meu pai e minha mãe entraram numa sala de cinema. Foi engraçado na pré-estreia porque eu ia assistindo e comecei a torcer para o menino do filme. Esse cara tem que vencer, tem que vencer. Aí percebi que esse cara era eu.

L: O intuito era esse, que ele fosse pego de surpresa.

O elenco muito bem escolhido.

Z.C: A gente tinha muito medo de trazer um ator que fosse figurinha carimbada. O cinema tem muito isso. Quando pega um cara, é só aquele. Não queria um assim para fazer o nosso pai, que era o personagem principal. Quebramos a cabeça. Veio nome, veio nome. Alguns não quiseram nem ouvir a proposta. Muitos que foram procurados recusaram. Aí o Breno falou: "Tem um nome aí que acho que vai preencher essa vaga, que é maravilhoso. É o Ângelo Antônio." Olhei para o Luciano, ele para mim e falamos: "É o cara." Ele ficou quase um mês com nosso pai lá na fazenda.

L: E sem nosso pai saber que ele ia fazer alguma coisa. Meu pai achou que ele era repórter. Papai o chamava de Sérgio Antônio.

Z.C: O Ângelo disse que havia sido cedido pela revista para fazer um trabalho com ele, e que precisava acompanhar o seu dia a dia. Meu pai às cinco da manhã está de pé. E sete da noite está dormindo. E é o dia inteiro andando, fazendo coisas. Arruma cerca aqui, solta galinha ali. Nunca termina um serviço. Mas começa todos. Pai é assim. E o Ângelo junto dele, e ficava perguntando as coisas para colher alguma informação dele. Liguei um dia para o meu pai e perguntei como estava lá na fazenda com o repórter. "Ah, meu filho, o Sérgio Antônio já virou meu amigo. Mas só que ele especula demais." Especula é aquela pessoa que pergunta muito. E continuou: "Especula demais. É o dia inteiro me perguntando as coisas. Não aguento mais responder. Até quando ele vai ficar aqui?" Papai só ficou sabendo que o Ângelo ia interpretá-lo no filme depois que o Ângelo colheu todas as informações. Porque era o que o Breno achava interessante: se avisasse meu pai, ele poderia fugir da originalidade dele.

L: Quando ele ficou sabendo, me disse: "Meu *fio*, por que você não me contou? Que aí eu ia contar a história da vez que bati em sete soldados." Respondi: "Por isso. O senhor ia começar a inventar histórias."

Z.C: Ele conta até hoje que com apenas uma rasteira derrubou cinco soldados.

L: O Ângelo Antônio tinha feito um trabalho com a Dira Paes e falou que tinha uma pessoa para fazer a mãe. Ela estava recebendo prêmio pelo *Amarelo manga* pra tudo que era lado. Aí eu falei: "A Dira não vem nada." E ela veio na fazenda. E o Zé Dumont? Quando o Breno me falou do nome dele, não tive dúvida. Os meninos foram selecionados entre mais de cinco mil.

Z.C: Tem uma coisa que digo sempre: o grande vencedor desse filme, o grande cara, realmente foi o Breno Silveira. Ele é um menino da Zona Sul do Rio de Janeiro, criado num meio totalmente diferente do nosso, e, quando decidiu fazer o filme, imediatamente comprou toda a nossa discografia. Ouviu todos os discos. A gente já estava com 15 CDs gravados. Ouviu a gente mais que nós mesmos. Viajou de verdade no nosso universo. Ficou três meses em Goiás andando lá onde a gente nasceu, onde foi criado. E foi a sabedoria dele que pegou uma história que já era boa e colocou-a melhor ainda.

GRANDES MOMENTOS, CURTAS PALAVRAS

Nove entre dez estrelas brasileiras se sentaram no sofá preto do *Jornal Hoje*. Não quero ser, nem parecer pretensiosa, mas foi assim mesmo. Foram tardes animadas, entrevistas esperadas, muito disputadas e muitas, muitas estreias. Ninguém desmarcou uma ida ao *Jornal Hoje*. Ninguém faltou ao programa quando chamado. Alguns chegaram mesmo a usar seu poder junto à direção da TV para se sentar naquele sofá. Algumas pessoas estão chateadas há trinta anos por não terem sido convidadas. Essas entrevistas valeram grandes momentos dos sábados à tarde.

Umas poucas pessoas foram entrevistadas em casa, como Janete Clair que, de tão tímida, teve febre minutos antes de a entrevista começar. Esperamos a febre ceder e ela me deu uma das poucas entrevistas que aceitou gravar para a TV. Ou a primeira longa entrevista dada pelo poeta Carlos Drummond de Andrade, ao lado da filha Maria Julieta, gravada numa das salas da Editora José Olympio.

Com o olhar de hoje, vejo que foram entrevistas curtas, datadas, às vezes editadas demais para durar de cinco a 11 minutos no máximo. Em outros momentos, e em outros formatos, as entrevistas foram feitas no *Jornal da Manchete Edição da Tarde*, no *Agenda*, do SBT, no *Leda Nagle com Certeza*, da TV Educativa e, nos últimos 13 anos, no *Sem Censura*, da TV Brasil.

A seguir, vale conferir palavras que ouvi em diferentes momentos do meu trabalho e que me permitiram fazer grandes amizades, conhecer pessoas bárbaras e dividir histórias e ideias delas com gente do país inteiro.

Pena que não deu para citar frases de todos os entrevistados dos últimos trinta anos...

A novela é um trabalho de equipe. O autor é o cabeça do projeto, mas ele lida com colaboradores, com atores, com diretores, com técnicos, e trabalha principalmente com o telespectador. Eu sempre digo que o telespectador entende mais de novela do que o próprio autor. Pelo menos o telespectador brasileiro. Então, eu trabalho com essa gente toda. Estou escutando tudo, estou ouvindo tudo. Sou um verdadeiro "vampiro".
— Aguinaldo Silva

Uberlândia é com certeza meu porto seguro. Foi lá que tudo aconteceu: a formação do grupo, a nossa formação musical. É uma missão de Deus. A música é uma coisa linda. Ela te deixa muito próximo do seu espírito, de Deus.
— Alexandre Pires

A vida da bailarina sempre é de dores. Mas dores musculares. Não deve ter machucados, mas claro que, ao longo de uma carreira, a gente se machuca. Às vezes até pela repetição do exercício. Repete muito um determinado balé pra poder ficar natural, pra ficar bonito depois. E aí que, às vezes, a gente tem dores musculares. Mas isso é normal. Bailarino que diz que não tem dor não trabalha. Mas são dores gostosas, na hora que a gente está em cena essas dores musculares são gostosas.
— Ana Botafogo

O apelido Sapoti surgiu numa passagem de ano na casa do [diretor da Rádio Nacional] Victor Costa, na La-

goa, que ofereceu essa festa para o [presidente] Getúlio Vargas, porque eram muito amigos. Ele falou para o presidente que iria convidar vários artistas e que faria uma lista para ele escolher quem ele gostasse. Eu encabeçava a lista. Quando chegou a hora de desejar "Feliz Ano-Novo", o Getúlio me recebeu de braços abertos: "Ô Sapoti!" Eu pulei: "Sapoti não!" Pensava que sapoti fosse um bicho. Aí o Getúlio acrescentou: "Não fique zangada, minha filha. Estou te elogiando. Sapoti é uma fruta que tem no Nordeste da tua cor e tem o mel da tua voz." Aí eu me derreti.

— Ângela Maria

A gente olha com intolerância, com estranheza, para uma pessoa na chamada meia-idade namorando, querendo brincar, se divertindo... Isso é muito ruim porque a própria natureza já se encarrega disso... Traz tantas limitações. Enquanto houver alegria no coração, vamos brincar. É sempre bom a gente se libertar e libertar as pessoas de algum tipo de preconceito. Preconceito aprisiona, reduz.

— Arlete Salles

Os artistas estão cada vez mais produzindo coisas inclassificáveis, misturando informações de diferentes universos musicais. É isso o que me interessa. Nunca agi assim como ouvinte. Então, não vai ser como criador que vou pertencer a um gênero muito específico.

— Arnaldo Antunes

É mais fácil falar quantas vezes não deu medo de morrer. Porque é óbvio que a gente faz o que gosta e tem uma certa experiência. Tem a noção do que faz, conhece os limites, mas o perigo é constante, é óbvio. A gente está em alta velocidade, não depende só da gente. Às vezes pode existir uma falha mecânica. Em certos momentos, você sente o coração vir até a garganta, dá um frio no estômago. Só que você aprende a conviver com isso. Eu acho que um piloto de Fórmula 1 aprende a conviver com isso de forma diferente. Não deixando que a emoção, num momento de perigo, tome conta do autocontrole, do domínio. E, dessa forma, diminui a possibilidade do risco ou do descontrole. Mas o medo é constante. É óbvio. Eu tenho medo de morrer e de me machucar, é lógico.

— Ayrton Senna

A minha geração, que levantou tantas bandeiras, não pode esconder a idade. Falar quantos anos eu tenho é uma maneira de sobreviver. Ou virava a coroa brasileira ressentida e ridícula com menos três ou quatro anos, ou me situava e assumia a minha idade. Digo com orgulho: nasci no dia 8 de maio de 1941, às 6:20h.

— Betty Faria

Eu acho que, sem rebeldia, sem possibilidade de revoltar-se, de delinquir, digamos assim, nenhuma liberdade é explicável. Eu acho que o homem afirma sua liberdade quando pode dizer "não".

— Belchior

Meus discos são todos bons porque, embora eu seja um pouco amadorístico sempre, sou uma pessoa interessante. Eu estou gostando e feliz com a ideia de que eu exista, de que faça música popular e de que seja no Brasil.

— Caetano Veloso

Cantor tem que ter voz. Isso é primordial. Tem que ter personalidade na voz para a gente identificar quem é que está cantando. E precisa ter estilo. Eu enlouqueço no palco. Incorporo uma entidade. Esqueço que estou cantando para o público.

— Cauby Peixoto

Aos 30 anos estou me sentindo maduro. Espero que não apodreça e caia. Tive uma adolescência muito longa. Eu nunca tinha parado para pensar na minha carreira, no que eu tinha a dizer para as pessoas. As coisas aconteceram sempre de roldão na minha vida. Nunca parei para pensar na minha vida. Eu sou a pessoa menos rejeitada do mundo porque lá em casa rejeição foi uma coisa que nunca teve. Ao contrário, fui sufocado de amor pra caramba.

— Cazuza

Eu senti, num determinado momento da minha vida, necessidade de buscar a minha individualidade, quem eu sou. E, também, de buscar uma forma de chegar a cada irmã minha. É esse trabalho dentro da família que tentei fazer... Porque eu sempre quis amar as minhas irmãs,

minha mãe, como eu as amo agora. Eu amo podendo ser eu mesma. E me sinto amada por elas.
— Claudia Gimenez

Nunca fiz programa para intelectual nenhum. Já fui e continuo sendo muito criticado. Aceito a crítica de todo mundo. Só não aceito crítica dos camaradas que têm programas no rádio e na televisão e usam os veículos para criticar a nós mesmos. Devia primeiro criticar o programa dele. Eu faço isso e a minha mulher, Florinda, também critica o meu programa. Há trinta anos tenho um VT montado em casa. Quando o programa acaba, eu venho assistir, para tirar os meus defeitos e os que ocorrem no transcorrer do programa. O que fico, assim, meio em dúvida é dizer que rico não gosta do meu programa. Não é privilégio do rico não gostar. Rico não, o intelectual. Tem o rico que é rico mesmo e pensa como o povo. O pobre também pode não gostar. Em cada classe, um pouquinho de gente gosta porque eu não sou radical, apresento várias tendências musicais juntas. O esquema do meu programa é o mais imitado no Brasil, sem falar que tem cara que me imita mesmo. Modéstia à parte, se eu for à Cidade de Deus, à Portela, ao Império Serrano, ao Hipopotamus, a qualquer lugar assim, o povo que está lá vem falar comigo da mesma maneira que na Central do Brasil. Como explicar isso? E digo aquela frase: vim para confundir e não para explicar!
— Chacrinha

Não queria fazer qualquer música. Uma música que me desse emprego. Eu queria fazer uma música que me alegrasse, que me desse sentido. Demorou um tempo, mas consegui.

— Chico César

A gente não sonhava com tanto sucesso. A gente veio do Paraná, de família humilde, e o sonho da gente era sobreviver da arte de cantar. Mas sucesso desse tamanho a gente nunca sonhou. Nóis *é jeca, mas* nóis drome *na nota (sic).*

— Chitãozinho & Xororó

É claro que entrar no palco sempre assusta um pouco. Mas isso não é só comigo. Acho que a grande maioria dos artistas sente isso. Depois, quando você está lá em cima, está tudo bem, funcionando legal, aí corre solto, corre legal. À vontade.

— Chico Buarque

Eu lembro que ditei vários romances para a Janete [Clair], eu já era um escritor profissional. Ela era uma ótima datilógrafa e eu, um péssimo datilógrafo. Aproveitei, uni o útil ao agradável. Aproveitei as habilidades datilográficas da minha namorada. Mas claro que ela tinha vocação. Se não tivesse, não teria se tornado escritora. Um escritor não se faz assim só porque é um bom datilógrafo. Nem se aprende na escola.

— Dias Gomes

Acho que as pessoas confundem muito o sucesso do artista com sua ascensão social. O que não é verdade. Pode até vir a ser. O sucesso é apenas um degrau que o artista subiu. Uma coisa que ele conquistou. Uma consequência.

— Diogo Vilella

Lá em casa cantar é um incentivo natural. É que todos já nasceram ouvindo uma música ao redor. Essa que é a verdade! E, você sabe, da infância se guarda a melhor recordação, se fixa a melhor! Todos eles têm fixações, têm respostas disso. Eles têm lembranças musicais da infância: Dori, Nana, Danilo.

— Dorival Caymmi

O ser humano é o único animal que os deuses permitiram melhorar dentro e fora. Por que eu não posso usar isso?

— Elke Maravilha

Dizem que eu tenho uma corda vocal a mais, mas não é isso. É que eu sou toda torta. Deus escreveu a minha vida por pernas tortas porque já existia uma garganta torta. E que dá certo.

— Elza Soares

A gente vai vivendo, amadurecendo e revendo certos conceitos, certos valores. E vai, inclusive, se libertando de muita coisa como o próprio machismo. Acho que é totalmente liberado, o homem brasileiro nunca vai ser liberal porque foi criado com aquela coisa toda, aquele

sistema, aquela sociedade machista. Por mais que ele se liberte, sempre vai ter coisinhas machistas, que é o meu caso. Acho que abri muito a minha cabeça, me acho um cara legal. Mas não vou dizer que não sou um pouquinho machista, porque não vou me libertar nunca, isso é mais forte do que eu devido à minha criação. Mas todos os dias eu me transformo, revejo valores.
— Erasmo Carlos

Às vezes, você faz um trabalho maravilhoso no teatro e não ganha uma página de revista alguma. Aí aparece um cara do Big Brother *e está em todas as capas, vai às festas, é o mais fotografado. Você se pergunta: "Meu Deus, ele é famoso por quê? Porque ele estava preso numa casa com comida e roupa lavada?"*
— Eri Johnson

Sou assumidamente brega. Gosto de cantar o amor, a paixão. Sem vergonha de sentar na cadeira e chorar um pouco. O brega é o popular, é o sentimento espontâneo do brasileiro.
— Fafá de Belém

A poesia, eu sempre ter tido muitos parceiros, isso ajudou muito o meu trabalho. O artista que fica muito fechado na sua obra, que se enclausura... tem hora que sente mesmo o problema do abatimento cultural. O que o Chico [Buarque] chama de "época da burrice".

O mercado do disco está acabando, mas a música não. Então, tem que se apostar na qualidade da nossa música e parar com essa história de inventar artistas. A gente tem muito artista aí.

— Fagner

Gosto de música dançante, de funk, mas com uma levada brasileira. No mundo de hoje, que é superinternet, que você pode viajar por milhares de lugares, que você pode navegar direto por todos os países e culturas, é bacana se colocar com certa identidade. Eu tento isso.

— Fernanda Abreu

Sou uma obstinada em termos de pôr de pé um ofício. É isso que eu acho que tem sido a minha vida. Sou uma mulher que, por graça do Divino Espírito Santo, um dia acordou e disse: "Meu Deus, graças por estar fazendo aquilo para o qual a minha vocação se fez definitivamente determinada." Acho que isso é um dom que Deus me deu. Deus me deu uma vocação e me botou no caminho da vocação. Não posso querer mais que isso na vida.

— Fernanda Montenegro

Acho que sou melhor compositor que cantor. Mas é um negócio difícil de avaliar porque entra em consideração a autocrítica. Acho importante um compositor deixar um registro: cantando da forma que vê aquilo que ele cria.

— Francis Hime

Trabalhei na feira por muitos anos. Todos os dias, tirando as segundas-feiras. A gente vendia macarrão seco e massa fresca. Quando acabava, corria no pastifício para pegar mais. Era uma vida, digamos, operária. E foi uma escola extraordinária de vida.

— *Francisco Cuoco*

Acho que não sei nada, aprendi muita coisa, mas ainda não sei nada, e é isso que faz meu trabalho crescer. Eu aprendi muita coisa, mas reconheço que estou sempre procurando, buscando ultrapassar meus limites. Quanto mais eu sei mais eu tenho que aprender.

— *Gal Costa*

A minha música ficou mesmo uma música mais simples, uma coisa de terreiro, de batuque, de preto, que é mais confortável pra mim e é do que eu gosto mais. A minha harmonia e a minha melodia se simplificaram e a coisa rítmica ganhou muito mais complexidade. A minha música se africanizou. Faço música negra ensolarada.
Se tivesse que abandonar a música por causa da política, abandonaria a política.

— *Gilberto Gil*

Aquele cabrinha [Gonzaguinha] é bom demais. Não estragou o dinheiro que dei para o colégio dele, não. Aproveitou bem. E é seguro, viu? Econômico.

— *Gonzagão*

Sou bisavó e tenho muito orgulho. Não tenho problemas com idade. Pelo contrário, adoro falar minha idade para todo mundo, assumir. Porque chega uma hora, ainda mais na nossa profissão, que eu costumo dizer o seguinte: se você não assume a idade, você fica dependurada no tempo. Porque você não tem 40, não tem 50, não tem 60 e não passa para o lado de lá. Você não tem nada. Você fica um ponto de interrogação.
Toda vez que eu começo um trabalho eu digo assim: "Ai, meu Deus, eu não vou conseguir, acho melhor pendurar as chuteiras... Acho que perdi todas as possibilidades de interpretar esse personagem..."
Eu tenho sempre um medo. Minhas estreias, ainda hoje, são de boca seca, com mal-estar, vontade de fazer xixi toda hora... Sempre é assim, mesmo na TV.
Eu vou muito de cabeça nas coisas. Tudo que eu faço é assim, eu vou inteira. Se eu erro, erro pra valer, não tem volta. Mas, se acerto, também é pra valer. Fico rezando pra acertar.
— Gloria Menezes

Acho que na televisão, mais que no cinema, precisa ter muita generosidade, realmente trabalhar em equipe. Não há tempo de trabalhar uma cena, discutir sobre seu personagem, sobre aquela situação. Você é muito jogado. Claro que há algumas exceções. Há diretores que até dão nó em pingo d'água para conseguir algumas reuniões a mais, para conseguir fazer um trabalho mais próximo. Aí, ver uma pessoa que não tem expe-

riência ser jogada ali é muito constrangedor, porque você também começa a querer ajudar e não é a sua função.

— Glória Pires

As pessoas acham que são donas da gente. Elas acham que aquelas músicas anteriores eram as melhores. Elas dizem: "Você não faz mais músicas iguais àquelas. Você não é mais aquele." Não sou mais aquele, com certeza, porque o tempo também não é mais aquele.

— Gonzaguinha

Meus filmes são quase festivos, são histórias de turmas, de patotas. Eu sou muito gregário. E para conseguir um resultado de alegria, de festa, de comunhão, é preciso que eu crie esse ambiente no próprio momento de filmar. Procuro transformar o set de filmagens numa festa. Em brincadeira permanente. Com isso eu descontraio o elenco e os atores fazem muito melhor.

— Hugo Carvana

O teatro permite que você envelheça com mais conforto. Haverá papéis maravilhosos aos 60, aos 70, aos 80. Sempre.

— Irene Ravache

Era uma casa muito alegre. Havia muita paz e compreensão. Num ambiente desse, só podia dar o quê? Samba.

— Dona Ivone Lara

Eu acho que o Rio precisa olhar mais pra dentro. E as pessoas que amam essa cidade devem começar a cantá-la de uma forma melhor, mostrá-la de uma forma melhor. E não se abater. A gente não pode mais se abater, abaixar a cabeça.

— Ivan Lins

Por que eu faço tanto sucesso? Acho que é porque entendo um pouco da psicologia do povo. Sei o que o povo gostaria de ver, de sentir naquele momento: é uma emoção de alegria, uma emoção de tristeza, uma emoção de drama. Acho que você sabendo dosar isso bem, não digo que é uma fórmula para atingir o sucesso, mas é uma maneira para se atingir o grande público. É uma comunicação de gente para gente, de emoção para emoção. Acho que é isso. Não pode ser outra coisa. Eu não estudei para isso. É uma intuição. Um sexto sentido. Sou criticada por uma minoria intelectual. Pelo público nunca. Ele me ama. O público ama meu trabalho, me aceita como sou. Acho que se a minha novela viesse assinada por um homem, não receberia essa crítica. Há uma crítica especial contra a mulher que consegue ser alguém, que vence. Às vezes até da própria mulher. Não sei por quê. Acho que é um problema até psicológico. Mas tem certas pessoas que não gostam de ver uma mulher chegar a um determinado lugar. Isso incomoda a certas pessoas, principalmente ao homem. Existe, sim, um preconceito muito grande contra a mulher que consegue chegar lá. Sou uma mulher independente desde os 13 anos de idade, com a graça de Deus.

Pode até ser um convencimento meu. Mas fui uma das primeiras a colocar a mulher com uma função, trabalhando, numa novela. Eu me orgulho de ter feito isso. Fui a primeira novelista a colocar a mulher com uma atividade atuando dentro da sociedade. Você pode analisar todas as minhas novelas e desde a primeira em televisão a mulher é participante, atuante como mulher do trabalho.
— Janete Clair

Pouca gente sabe que a música "Nos bailes da vida", do grande mestre Milton Nascimento, foi feita especialmente para mim. Fernando Brant me entregou a letra ainda manuscrita. "Está aqui o seu presente. Acho que a sua trajetória musical tem tudo a ver com a do Milton."
— Joanna

Eu fiz "Coisinha do pai" para ninar as minhas filhas, eu cantava sempre para elas dormirem. Ficava balançando as meninas no meu colo e cantando... Nunca teve o sentido assim de "vou fazer", "vou terminar para gravar ou para alguém gravar". Mesmo quando eu soube que tinha sido tocada em Marte, para ser sincero, essa surpresa nunca superou o momento que eu tinha de ficar cantando para as minhas filhas. Aquilo ali é o meu coração, o meu HD.
— Jorge Aragão

Não sei o que é talento exatamente. Não saberia definir talento. Mas sei que o talento por si só não basta, ele tem que ter informação para se exibir melhor, para se qualificar. Porque uma coisa é fazer determinado gesto, ou fazer determinada micagem, ou contar uma anedota uma vez. Outra é poder repetir aquela anedota durante um ano e ela ser sempre novidade. Um ator de teatro conta a mesma piada todo dia. Não pode ser, definitivamente, só desinibido. Para os desinibidos eu recomendo aquele curso no qual eu insisto muito, que é um curso importante, "de ator a modelo". O cara começa ator, vai piorando, piorando até virar modelo.

— José Wilker

Quando as luzes estão acesas, estou sempre acompanhado. Quando as luzes se apagam, estou sempre só.

— Julio Iglesias

Amo a minha profissão. Trabalho desde os 16 anos e não a trocaria por nada. Se eu voltasse, se nascesse de novo, ia outra vez fazer tudo o que já fiz. E quero fazer mais.

— Laura Cardoso

Gosto quando a escola de samba investe mais na prata da casa, valoriza as suas cores. Sou até suspeita porque gosto mesmo é de samba no pé, da comunidade presente.

— Leci Brandão

Sou uma cantora de música popular brasileira. E já que não sou compositora, sou uma intérprete aberta, ampla.

— Leila Pinheiro

Eu não saberia fazer outra coisa, senão música. Teve um fator primordial para eu manter minha sanidade, que foi o núcleo familiar, quando eu não conseguia sobreviver da minha arte. Primeiro, minha companheira, Aninha. Vinte e tantos anos, começamos juntos, trilhamos tudo juntos. Pude me dar ao luxo de dizer não a algumas coisas porque ela é uma grande profissional, trabalhava com televisão e bancava a casa.

— Lenine

A vida tem sido simpática comigo. O que eu diria para um jovem? Dê um tiro só. Não fique dando vinte tiros. Solucione com um tiro só a sua vida. Você é o quê? Cantor. Cantor para o que der e vier. Vai ser médico? Médico para o que der e vier. Assim mesmo: um tiro de bazuca, certeiro, para arrebentar mesmo.

— Leny Andrade

Como artista, como lido com utopia, tenho a minha liberdade de expressão. Então as pessoas dizem que sou uma metralhadora giratória porque me perguntam sobre as coisas e eu exprimo meu ponto de vista sobre elas.

— Lobão

O artista é um vaidoso. Ele quer o aplauso. Por isso que o artista diz: "Quero morrer no palco." Não é bem no palco. Ele quer morrer com aplauso.

— Lúcio Mauro

É bom desmistificar a impressão de que o escritor, normalmente, é um cara que tem um monte de grana, que não dá bola para ninguém, que não tem problema, que não tem conta para pagar e que, de preferência, nem ao banheiro vai. Hoje em dia está na moda e todo mundo quer ser escritor. É jogador de futebol, prostituta, dondoca, socialite, todos publicam livro. Acho que cada um tem o direito de se expor, de falar. Mas há isso e também há literatura.

— Lya Luft

Sempre fui uma pessoa reservada. Não sou o tipo de pessoa que vai sofrer a perda do namorado nas capas das revistas de celebridades.

— Maitê Proença

Acho que ninguém sabe disso, nem meu pai. Minha mãe morreu quando eu nasci. Eu tinha uma semana de vida. Morreu em consequência do parto. Eu nunca tinha me dado conta disso. Era uma coisa natural, não tive mãe, fui criado pela avó e pela tia. Mas me lembro nitidamente de um momento na minha vida. A professora pôs na lousa o tema da redação: "Minha querida mamãe." E todas as crianças se abaixaram para começar a escrever. E eu fui o último, fiquei com a cabeça em pé, olhando os meus colegas. É uma das pouquíssimas sensações que eu tenho da minha infância. E passei a escrever. Inventei uma mãe. Nem me lembro que mãe era, devia ser uma mãe ótima. Aos 7 anos de idade já fui premiado por esta primeira redação. E aí nasceu o autor. Engra-

çado que a professora tinha o mesmo nome da minha mãe: Vera.

Voltei a escrever porque a necessidade é a mãe da criatividade. Estava duro, sem emprego e escrevi Trair e coçar é só começar. *Isso já tem 26 anos. E surgiu de uma necessidade mesmo, aluguel atrasado, estava tudo atrasado. Eu era casado com a Jussara Freire na época, com duas crianças pequenininhas. Dois, três, quatro, cinco meses de desemprego você aguenta. Seis, já começa a pedir dinheiro para o pai. Sete, oito, você entra em pânico. Aí eu comprei uma máquina portátil, botei na mesa e falei: "Tenho que escrever alguma coisa. Vou oferecer, já que ninguém me quer como ator." E comecei a escrever. Conforme eu ia escrevendo, a máquina ia andando. Aquela máquina portátil horrorosa ficava se mexendo e eu trazia a máquina toda para o meu lado. Aí peguei um cobertor, pus embaixo da máquina e ela ficou muito alta. Aí, apanhei um travesseiro, pus embaixo de mim. Fiquei péssimo em cima do travesseiro. Coloquei a máquina no chão e deitei de barriga para baixo, coisa que eu nunca faço. Em três dias escrevi a peça.*

Estávamos em 1979. Ninguém montava autor brasileiro que não quisesse dizer absolutamente nada. E eu não queria dizer absolutamente nada com a peça. Escrevi a peça com o único intuito de fazer uma máquina de rir, sem nenhum palavrão, sem nenhuma sacanagem. A peça é muito ingênua até. É um vaudevile e o personagem principal é a empregada. Quer dizer, é o arlequim. O que eu pretendia? Uma gargalhada por minuto. Ela é matematicamente feita para isso. E consegui, graças

a Deus. Aí eu entreguei e as pessoas acabaram comigo, elas só queriam montar coisas políticas. A classe teatral inteira lia: "É muito engraçado, mas não quer dizer nada. Não vou montar isso, não." Era tempo somente de Guarnieri, Plínio Marcos, Vianinha, Paulo Pontes, não de um Marcos Caruso. As comédias vinham de fora, eram inglesas, americanas, francesas, todas com crachá de visita. E eram sucesso. Alguém do Primeiro Mundo não querer dizer nada, tudo bem. A peça ficou seis anos na gaveta. Posso dar uma lista dos nomes que leram essa peça, e hoje se martirizam por não tê-la montado.
— Marcos Caruso

A relação com o personagem é muito louca, porque você vai acreditando nessa paranoia de que tem uma outra pessoa ali. Teve personagem que eu achei que implicava comigo, pessoalmente. Problema de analista, eu sei. É meio uma loucura, mas você tem que acreditar na loucura, tem que dar margem a ela e achar que isso é verdade para chegar a algum ponto. O personagem, às vezes, tem ascensão, está numa posição melhor que a minha. É ele quem aparece. Eu viro objeto dele. As coisas se invertem. A posição dele é mais confortável. É ele quem decide. Então, fico numa situação acuada para dizer "você é um chato, sai daqui". E eu vou fazer o quê, se ele for embora?
— Marco Nanini

Pode ser uma utopia, mas acho que quanto mais forem criadas alternativas para melhoria de vida da nossa sociedade, menos gente vai ter interesse na vida dos artis-

tas. O sucesso do Big Brother *não será tão grande. Se na comunidade houver saúde, alimentação, transporte, lazer, cultura, não haverá a necessidade de as pessoas se projetarem nos famosos.*

— Marcos Palmeira

Ah, eu sinto agora falta da casa. Eu estou mais velha, né? Eu quero mais ficar em casa. O avião me estressa bastante, o aeroporto... A desorganização... Os táxis, os barulhos... Os aeroportos, os voos, as pessoas que gritam nos microfones... As alergias que vêm com isso... Então, tudo isso é cansativo. Mas quando você consegue chegar ao palco e o público está lá e é aquele grande sucesso... Vem o aplauso, o riso, o choro... É uma maravilha.

— Marília Pêra

Não sou fanática por nenhum estilo musical, não. Eu acho legal ter rock no Brasil porque tem rock no mundo e o Brasil faz parte do mundo. E a música é uma das poucas coisas em que nós estamos à altura do mundo!

— Marina

Eu não sou saudosista. Porque a saudade é um fantasma que esqueceu o endereço do castelo. Eu tenho lembranças. Mas a vida não compra passagem de volta. O que passou, passou. Tanto que eu tenho até uma frase sobre isso: "Fiz um acordo de existência pacífica com o tempo. Nem ele me persegue, nem eu fujo dele. Um dia a gente se encontra."

— Mário Lago

Tudo é Deus. Tudo o que é bom. As coisas de Deus que eu canto são as coisas bem suaves. Natureza. O sol, a terra, o mar. Vida, nascimento. Mulher é coisa de Deus. Alegria é coisa de Deus. Sensualidade é uma coisa divina.

— Martinho da Vila

Quilombo dos Palmares não era um reduto só negro! Era um reduto de pessoas que se achavam injustiçadas naquela sociedade, que era um país de imigrantes, um país de piratas, de bandidos, que corriam para Palmares. Tanto que uma das namoradas do chamado Zumbi era a Ana de Ferro, que era uma loura. Pelo menos está no papel. E a gente se esquece disso. Então, o negro entrou nesse país lutando pelas liberdades. O negro entrou nesse país participando de todas as lutas para a democratização do país. Isso significa que nós temos negros de extrema direita, de extrema esquerda e de centro. Não é a cor que diferencia!

— Milton Gonçalves

"Lá vem o Brasil descendo a ladeira" nasceu assim: o João Gilberto viu, de madrugada, aqui no Rio, uma mulata com muita energia, muita força e beleza descendo uma ladeira, e ele, João, poeta incrível, disse para mim: "Olha o Brasil descendo a ladeira." Depois dessa eu podia fazer o quê? Um samba. Isto foi nos anos 1980 e, até hoje, é música obrigatória nos meus shows.

— Moraes Moreira

No palco é a hora em que falo com Deus mesmo. Na hora que canto me desnudo para o mundo. Levo a minha vida e a dos compositores. No palco, não tem filho, ninguém me dá má notícia, ninguém pergunta, ninguém me chama de mamãe, é o paraíso.

— Nana Caymmi

Foi difícil gravar canções assim tão diretas, tão claras como "eu te proponho nós nos amarmos"... Para mim foi muito difícil; na primeira vez que cantei essa música achei que não ia conseguir. Foi muito difícil falar de uma coisa tão comum. Às vezes é mais fácil você falar de uma coisa muito extraordinária e que está longe de você.

— Nara Leão

É tão difícil saber, na construção da sua carreira, da sua vida, o que é mais importante. A porta, a janela, a cumeeira? Ainda mais que eu, graças a Deus, ainda estou em construção!

— Nathália Timberg

Para mim, cantar é tudo. É vida. Cantar é como respirar. Canto desde menino, desde os 5 anos de idade. De forma que cantar, para mim, é uma coisa importante demais. No meu caso, é um mal congênito. Nasci assim, para cantar mesmo.

— Nelson Gonçalves

A gente sempre prega que arte é desabafo. De certa forma é. Mas, na verdade, quando é um profissional, você capricha. Quando você sabe que é uma besta quadrada como eu sou em pintura, você não capricha. Aí o desabafo é total. Mas isso é uma merda visual. Claro que é. É para eu desabafar. Sinto-me dentro de um quadro que vivo pintando o tempo todo. Eu faço vários projetos para me desafogar. Faço isso para não ir para o hospício.
— Oswaldo Montenegro

Tenho loucura pelo teatro. Sempre sonhei com o teatro, desde menino. Em Alagoas, eu era garoto e papai me fazia estudar terrivelmente. Mas, no cantinho que eu ficava, eu escondia os livros todos e lia peças. Isso aos 10 anos de idade. E dizia: vou ser ator. Tinha essa intuição. E naquele tempo eu já me considerava ator. Eu me via sendo aplaudido. E era até um pouco vaidoso, porque via o povo dizendo "Bravo!" Uma coisa rara hoje em teatro é alguém gritar "Bravo!" E com a peça Preço *aconteceu exatamente isso. Com o velhinho que fiz, os vi gritarem pela primeira vez "Bravo!". Foi um negócio que me emocionou muito.*
— Paulo Gracindo

A função social do ator eu acho que é importante. Através do nosso trabalho, estamos sempre denunciando alguma coisa. Independentemente do aspecto do lazer, do divertimento, o teatro ajuda a plantar uma sementinha.
— Paulo Goulart

Acho que a maior revolução interior que me aconteceu foi quando fiquei grávida pela primeira vez. Naquele momento, além de estar me tornando mãe, estava me tornando cidadã, consciente, preocupada com o mundo e o país onde vivia. E hoje, sendo avó, esse sentimento é mais intenso ainda — a preocupação com o planeta, com a Terra, com a água, com o aquecimento global. Estou preocupada com o mundo em que a minha neta vai viver. Estou preocupada em contribuir para ver se a gente consegue reverter esse quadro apavorante, que está sendo divulgado aí.

— Regina Duarte

A gente deseja que todos tenham um flerte fatal com a vida.

— Rita Lee

A situação da criança pobre, sinceramente, me preocupa muito. A educação, de modo geral, a criança abandonada. Isso me preocupa muito. Quando eu vejo essas crianças nos sinais, entende, fazendo aqueles malabarismos, sabe, eu fico olhando aquilo com muito carinho, com muito amor... E fico pensando assim: "Puxa, qual o futuro dessas crianças aí?" Eu gostaria de fazer uma canção falando disso.

— Roberto Carlos

Acredito na literatura que cria o mistério e deixa em aberto a questão. Sou um prisioneiro de Hilda Furacão. Quando falo que ela é uma personagem que não exis-

tiu, mas que eu recriei, mudei e tudo, as pessoas não acreditam. Querem que ela tenha existido. Minas é um mistério que não foi resolvido até hoje. Então, o livro Hilda Furacão *é um livro da alma de Minas.*

— Roberto Drummond

Em 1964, quando produzi o LP Wanda vagamente, *a gente era tão besteirão que foi para o estúdio e não apareceu ninguém. Horas depois chegou o técnico, aí gravamos guitarra e baixo com ele. Estranhamos de a orquestra não aparecer, achamos que tínhamos marcado em outro dia. Não, não era nada disso. Era o dia da Revolução e nós não sabíamos de nada. Estávamos lá, gravando "Inútil paisagem"...*

— Roberto Menescal

O que é a música negra, o que é cantar raiz? É cantar samba? Mas o que é música negra? É o funk, é o jazz? Acho que é até o rock. Acho que tudo tem esse pedaço do negro. Acho que o africano é, assim, o cara mais musical que pintou, que tem por aí! Porque eles tocam de tudo. Eu, quando faço um show, eu canto funk, danço samba, danço funk. Quando canto rock, danço funk, danço samba, danço tudo! Se dá pra dançar, é porque está tudo ali!

— Sandra de Sá

Bati com o violão no banquinho e atirei dizendo: "Vão pro diabo que os carregue." E saí falando palavrões. Mas isso aí não se ouvia. E a primeira pessoa que veio me

abraçar foi Elis Regina. Abraço fortíssimo. Meu pai nunca tinha ido me ver cantar. E nesse dia ele foi. Quando viu aquela história do violão, saiu correndo lá do meio do público para virar o meu defensor. E eu fui defendido você não sabe por quem: pelo delegado Sérgio Paranhos Fleury, do Dops [Departamento de Ordem Política e Social]. Os garotos, uns quatrocentos, a plateia, queriam me linchar. Uma contradição histórica muito grande.
— Sergio Ricardo

Desde que entrei para o cinema, só queria fazer isso. Nunca pensei em ser outra coisa na vida. Eu queria entrar ali naquela fantasia. Pensava que todo mundo queria trabalhar no cinema. Quem não conseguisse, ia fazer outra coisa: ser presidente da República, médico, advogado. Para mim era impossível que alguém quisesse fazer outra coisa na vida a não ser trabalhar no cinema. Primeiro foi Hollywood que fez a minha cabeça. Depois, eu descobri a chanchada. Adorava a chanchada porque achava que era uma coisa mais possível, por causa da língua que eu entendia. E era mágica pura. Tudo acontecia nessa cidade chamada Rio de Janeiro, que era linda, que tinha aquela calçadinha de Copacabana onde a Eliana dançava, onde o Oscarito encontrava o Grande Otelo. Eu era garoto em São Paulo — devia ter uns 13 anos — e o meu sonho era conhecer o Rio, o que só aconteceu aos 20 anos de idade. A emoção que eu tive ao chegar ao Rio pela primeira vez não se compara com a emoção que tive ao chegar a nenhum outro lugar do mundo.
— Silvio de Abreu

Chego ao palco e posso botar outra roupa e cantar as músicas que canto de uma maneira diferente, a emoção pode variar na hora. Posso ter vontade de chorar, de gritar, e eu faço. Não tem nada que me segure, não. Sou uma pessoa muito livre. Falo o que eu quero, faço o que eu quero, o que posso. Na medida do possível não tenho nenhuma barreira. No palco e na vida.
— Simone

Ser atriz exige muita coragem porque rompe com tudo e encontra muito preconceito no caminho. Até hoje tem um pouquinho. Em certas capitais eles nos convidam para examinar a gente. Mas não como gente igual. Para ver se está bonita ainda, se está velha. Isso tudo interessa. Mas conviver de igual para igual é meio estranho. "Esses artistas...", falam. Um pouco assim, marginais. Assim, você vai vencendo, vai abrindo caminhos.
— Tônia Carrero

Para mim, a beleza complicou um pouco. Eu não recebia convites bons. As pessoas achavam: "É uma loura burra que não sabe fazer nada." Tive de provar com o tempo que, realmente, eu poderia fazer alguma coisa. E a gente continua provando até hoje, né? Acho que mudei muito. Fui aproveitando todas as fases da vida e acho que aproveitei bem. Fui muito fundo em todas essas fases. E não me arrependo, não. Acho que isso fez parte da minha vida mesmo. Não quero que seja a vida de ninguém, mas para mim sempre foi importante. Hoje em dia estou mais caseira. Estou muito mais para ir pro sítio e levar os amigos, os amigos dos meus filhos e curtir o fim de semana de brincadeiras, de piscina, de comer e beber bem. Estou mais para esse lado agora que para festas e tal. Mas, de vez em quando, uma festinha é bom.

— Vera Fischer

O jornalismo tem muito da fofoca... Eu era jornalista de comportamento. Trabalhei vinte anos em jornalismo, em vários lugares... Eu ia entrevistar e de repente a pessoa me contava a vida, tudo que eu queria saber. Eu falava: "Eu sou fofoqueiro! Jornalista tem um pé na fofoca."

—Walcyr Carrasco

Acho que é do que mais me orgulho nesses 25 anos de carreira: fechar os olhos e jogar as sementes, e elas irem nascendo desordenadamente. E eu vou colhendo como posso. Algumas ficam no chão, outras eu vou pegando como posso.

— Zélia Duncan

No futebol, a gente quer contar sempre com os melhores, mas você ganha outros de outra forma, quando age corretamente, com critério, com lealdade, com sinceridade. Um jogador só é o melhor quando todos os outros fazem por onde para ele ser o melhor. Não adianta ele ser o melhor e o time ser derrotado. Isso vale para futebol, vôlei, basquete, todos esses esportes coletivos. Então, o princípio é o mesmo. O melhor jogador é o conjunto.

— Zico

Este livro foi composto em ATPacella e
impresso pela Ediouro Gráfica sobre papel
offset 75g para a Agir em junho de 2009.